SV

Band 900 der Bibliothek Suhrkamp

Martin Walser
Gesammelte Geschichten

Suhrkamp Verlag

Erste Auflage 1985

Druck: Nomos Verlagsgesellschaft, Baden-Baden
Printed in Germany

Gesammelte Geschichten

Ein Flugzeug über dem Haus

Ihren Vornamen weiß ich nicht mehr. Die Familie hieß, glaube ich, Bergmann. Ich war eingeladen worden, den Geburtstag der Tochter mitzufeiern. Im Garten fanden wir alles vorbereitet. Das Geburtstagskind lief hin und her, drängte jeden einzeln auf einen Stuhl, als hätte sie dann nichts mehr von ihm zu befürchten; dann nahm sie, schon etwas erschöpft, endlich selbst am Kopf der Tafel Platz. Noch saß ihre Mutter an ihrer Seite.
Obwohl alles unter hohen alten Bäumen stattfand, war es heiß. Wo die Sonne zwischen all dem Gartenlaub und Baumbestand einen Durchlaß fand, brannte sie weißglühende Flecken herab. Die breitgezogene bequeme Villa schützte den Garten zwar vor der Straße, aber die Insekten lärmten lauter als die Straßenbahn. Und doch waren sie nicht so schlimm wie die Flugzeuge, unter denen unsere Stadt seit einigen Jahren leidet, unter deren Geheul unser Geschirr in den Schränken Tag und Nacht klirrt, unter deren rasenden Schatten unsere Häuser ächzen; in dieser grünen Gartenhöhle hörten wir nichts von ihnen; wir genossen den sirrenden Gesang des auf- und niedertanzenden Insektengewölks.
Immer noch saß die Dame des Hauses neben ihrer Tochter. Als sie die Tasse, die sie zusammen mit der Geburtstagsgesellschaft trinken wollte, ausgetrunken hatte, stand sie auf und verabschiedete sich. Bis zu diesem Augenblick hatte man sich dann und wann ein Wort über den Tassenrand zugelispelt, jetzt erstarb

auch das leiseste Geflüster. Alle sahen ihr nach, als sie dem Haus zuschritt, über zwei Stufen die Terrasse erreichte, sich umdrehte, allen noch einmal zuwinkte, ihrer Tochter, der Siebzehnjährigen, besonders innig, wie bei einem Abschied, ja, sie schien traurig, alle sahen es, wie sie die Hand in der Luft plötzlich hängen ließ wie ein welkes Blatt, wie sie sich dann sehr rasch abwandte und im Haus, in der Tiefe eines Zimmers verschwand. Wir sahen uns an. Die Augen der Mädchen wurden weit, ihr Atem kürzer, noch hoben sie hilflos ihre Schultern, dann brach rund um den Tisch ein großer Lärm aus. Es waren die Mädchen, die ihn aufführten; allen voran das Geburtstagskind. Sie lachten, wurden geschüttelt von einer Art Fröhlichkeit, die ich nicht verstand, die man hätte für einen Anfall halten können.

Wo man hinsah, weit aufgerissene Münder, breite Zahnreihen, vom Lachen verzerrte Gesichter und durch die Luft fliegende, meist unbekleidete Arme, an denen die Hände losgelassen flatterten. Die Mädchen waren in der Überzahl. Wir saßen, von ihren Bewegungen und Kleidern überflutet, recht vereinzelte junge Männer. In all der weiblichen Turbulenz wirkten wir starr und eingefroren. Manchmal versuchten wir, durch die über uns niederrauschenden Hände, Oberkörper und Haare hindurch einander Blicke zuzuwerfen oder gar ein Wort, es gelang nicht; die Mädchen waren ein Strom geworden, wir schwammen, verlorene Holzstücke, durch nichts mehr gerechtfertigt, zum Scheitern und Stranden verurteilt, und dazu noch schweigend, dahin. Was sie sich über unseren Köpfen zuschrien, verstanden wir nicht. Anfangs versuchten wir noch, hinaufzuhören, uns gar einzuschalten, vergeblich. Dazu kam, daß wir uns nicht kannten. Jeder von uns war von einer dieser Freundinnen mitgebracht worden, hatte rasch eine Vorstellungszeremonie absolviert, dann hatte man sich auf einem Stuhl gefunden, so weit vom nächsten Mann entfernt, daß es unmöglich war, ein Gespräch anzuknüpfen und sich ein bißchen kennenzulernen. Solange die Dame des Hauses die Tafel noch beherrschte, hätte man glauben können, wir seien wohlaufgenommene und für den Verlauf des Geburtstagsfestes einigermaßen wichtige Gäste. Das hatte sich dann – man kann es wirklich nicht anders sagen – schlagartig geändert. Wenn die Freundinnen uns plötzlich ergriffen, gefesselt, an die Hauswand geschleppt und mit Dolchen oder Hackbeilen hingerichtet hätten, ich wäre nicht sonderlich verwundert gewesen. Mich tröstete nur, daß sie alle redeten und schrien, ohne daß noch eine der anderen zuhörte. Sie konnten sich auf diese Weise ja über nichts verständigen und in etwa noch strittigen Fragen auch keine Einigung erzielen. Aber vielleicht war ihnen unsere Hinrichtung schon keine strittige Frage mehr. Vielleicht hatte man uns nur deswegen eingeladen. Ich versuchte, Pia, meine Kusine, die mich hierher mitgenommen hatte, zu fragen, aber sie schüttelte mich ab, ohne mich auch nur mit einem Auge zu streifen. Vielleicht hielten sie es untereinander so, daß sie sich zum Geburtstag jeweils eine Handvoll junger Männer opferten. Auch meinen Gefährten, so stellte ich fest, war inzwischen die letzte Spur von Heiterkeit auf dem Gesicht erfroren.

An den Haarrändern traten ihnen Schweißperlen aus der Haut und funkelten; es sah aus, als habe man sie aus einem erschreckend feierlichen Anlaß geschmückt. Sollten wir nach der Hausfrau schreien? O dieses zarte Geburtstagskind! Und ich hatte geglaubt, sie sei von all der Festlichkeit schon zu Beginn erschöpft gewesen! Jetzt schwang ihr biegsamer Körper am Kopf der Tafel durch die Luft wie die Peitschenschnur in der Hand eines Dompteurs und ihrem ehedem kaum sichtbaren Mund entfuhren gellende Schreie, die, Raketen gleich, über die lange Reihe der Freundinnen und über uns paar Verstreute hinfuhren; die lachten noch greller, wir zuckten zusammen. Hilfesuchend drehte ich meinen Kopf zum Haus hin und – erschrak: Türen und Fenster waren jetzt geschlossen, eiserne Markisen hatte man herabgelassen, eine Villa – so sah es aus – deren Besitzer entweder verstorben oder auf eine Weltreise gegangen waren. Nur im Dachstock, aus einem Mansardenfenster, winkte ein Mann. Ein alter, schier hundertjähriger Mann mußte es sein. Ich winkte zurück. Er bemerkte mich, und es dauerte keine Viertelstunde, dann kam er um die Hausecke herum, kam direkt auf mich zu, und was tat er: er fädelte mich und dann meine Leidensgefährten aus dem weiblichen Dickicht heraus! Einen nach dem anderen holte er mit großer Ruhe und Übersicht an Land und setzte uns nebeneinander auf die Stufen, die zur Terrasse führten. Wir sahen dankbar zu ihm auf, und wenn er in diesem Augenblick mit der dazugehörigen Handbewegung gesagt hätte: »Platz, schön Platz!«, wir hätten uns wie vom Tode errettete Hunde zu seinen Füßen gekuschelt. Er aber überraschte uns ganz anders, er sagte: wir sollten doch Mitleid haben mit den Mädchen! Wie der Angler den am tödlichen Haken immer verzweifelter um sich schla-

genden Fisch beobachtet, der ihm doch nicht mehr entgehen kann, so seien wir am Tisch gesessen und hätten der Angst der Mädchen zugesehen und sie spüren lassen, daß diese freundlich grüne Gartenhöhle ihnen noch an diesem Nachmittag zum Verhängnis werde. Wir sollten doch Mitleid haben, vor allem mit Birga (ja, so hieß sie, jetzt fällt mir der Name des Geburtstagskindes wieder ein). Er sei Birgas Großonkel und beobachte ihre Entwicklung mit Sorge. Die Eltern hätten leider nicht so viel Zeit, als nötig wäre, um Birga vor den Gefahren, die einem Mädchen heute drohten, zu bewahren. Er allein habe Zeit dazu, aber er habe keine Kraft mehr. Als er das sagte, weinte er fast.
Und nun treibe dieses zarte Wesen in die Jahre hinein und was seien denn die Jahre für so ein verletzliches Mädchen wie Birga? Raubtierrachen seien's, nichts anderes, und jeder Monat sei ein Zahn, jeder ein noch größerer! Und er bat uns, Birga doch unseren Schutz angedeihen zu lassen! »Ich weiß«, rief er aus, »ihr seid die Wölfe, die an den Gartentoren lungern, um über sie herzufallen, wenn sie auf die Straße hinaustritt! Ich weiß, wie töricht es ist, euern Schutz zu erbitten! Und ich tu's doch. Sie kann nur gerettet werden, wenn auch das Törichteste, das Sinnloseste versucht wird. Es ist schrecklich, von der Mansarde aus zusehen zu müssen, wie sie euch in die Hände fällt, ihr jungen Schufte!«
Wir hörten zu und atmeten immer schneller. Er schrie: »Da, schaut die Eltern an! Türen und Fenster haben sie zugeschlossen, eiserne Läden heruntergelassen, um es nicht sehen, nicht hören zu müssen! Sie haben Birga euch ausgeliefert, glauben nicht mehr an Rettung. Ich bin heruntergerannt, weil einer gewinkt hat, durch die

Waschküche bin ich aus dem Haus gestürmt, weil ich an das Unmögliche glaube: laßt Birga in Ruhe!«
Ich bemerkte, daß meine Gefährten sich langsam von den Stufen hoben und ihre Lippen von den Zähnen nahmen. Die Sonne, die da und dort durchs Laubwerk in den Garten brach, musterte uns schwarz-weiß, schwarz-weiß, schwarz-weiß. Wir schauten zu den Mädchen hin, die plötzlich aufgehört hatten zu schreien, die sich jetzt mit farblosen Gesichtern und rotgeränderten Augen um den Tisch drängten und zu uns herstarrten.
»Ach so«, sagte einer von uns.
Der Großonkel breitete seine Arme aus und trat vor uns hin und schrie, er träume manchmal, daß Birga von Fischen gefressen werde. »Wie unangenehm«, sagte einer von uns und schob den Großonkel weg. Da stürzte Birga vom Tisch her und schrie ihren Großonkel an, der ihr zitternd wie ein getretenes Tier entgegensah: »Warum bist du nicht droben geblieben! Wir hätten es geschafft! Du hast uns an sie ausgeliefert. Wir hätten es geschafft! Du hast uns an sie ausgeliefert!«
Aber wir standen immer noch, atmeten tief und laut und sahen auf die Mädchen, keiner hob auch nur den Fuß und auch die Mädchen rührten sich nicht mehr. Jetzt merkten es alle, wie heiß dieser Nachmittag war. Die Baumkronen hingen tiefer und alles Laubwerk war schlaff und durchglüht, machte die Hitze feucht, aber hielt sie nicht ab. Es war so still, daß man die Äste ächzen hörte. Wahrscheinlich wären wir für immer so stehen geblieben oder wir wären später langsam heimgegangen – weiß Gott was wir getan hätten –, auf jeden Fall wäre auch jetzt noch alles unentschieden geblie-

ben, wenn nicht plötzlich über das Haus her, ganz dicht über Kamine und Bäume her, ein Donner hereingebrochen wäre, ein tosender Lärm, so hart einschlagend wie ein Koloß aus Stahl, ein Flugzeug, das dicht über uns hinschoß, das uns von der Treppe löste, dessen rasender Schatten uns mitriß, daß wir den Großonkel wegfegten und zum Tisch stürzten: auch jetzt noch kein Laut aus den aufgerissenen Mündern der Mädchen, nur ihre Augen weiter als je zuvor: und ehe der Motorenlärm, ehe auch nur der Schatten des Flugzeugs verschwunden war, waren wir Herr über den Garten, das Haus und die Mädchen. Aber wir waren so sehr Herr geworden über alles, daß wir uns nicht einmal rächten. Trotzdem weinte aus dem Fenster der Mansarde der Großonkel über uns hinweg, in die Zukunft hinein.

Ich suchte eine Frau

Bei jedem Schritt zögernd, als müsse ich wie ein junger, noch ungeübter Seiltänzer ein bißchen Halt ertasten, die Hände schlaff an den Seiten und nur verhalten atmend, so trat ich in den Saal und ließ mich vom Strom der anderen Besucher auf die Stuhlreihen zutreiben; so betritt einer die Kirche einer fremden Religion. Jeder Besucher im Saal war für mich ein Eingeweihter, von jedem fühlte ich mich beobachtet, beargwöhnt sogar, weil ich ein Neuling war bei diesem Verein; oder war's eine Sekte, eine Partei oder noch Schlimmeres! Jetzt bereute ich es schon fast, daß ich mich hereingewagt hatte.

Aber wie anders konnte ich versuchen, die Dame wiederzufinden, die draußen auf dem Bürgersteig vor mir hergegangen war. Meine Augen hatten sich in ihrem Nacken verfangen, genau an der Stelle, wo aus der kleinen Grube zwischen den Sehnen ihre Haare aufstiegen zu einer Frisur, die ich nicht beschreiben kann, weil ich es nicht vermocht hatte, meine Augen von ihrem Haaransatz zu lösen. Dann war dieser Nacken vor mir plötzlich nach links abgebogen.

Ich hatte es eigentlich erst bemerkt, als ich an der Saaltüre, durch die sie verschwunden war, von einem Saalordner aufgefordert wurde, meine Garderobe abzugeben. Ich hatte wortlos gehorcht, um so rasch als möglich wieder hinter meine Dame zu kommen. Nachgerade hätte mich ihr Gesicht interessiert. Aber als ich in den Saal eingetreten war, sah ich sie nicht mehr. Ich

hoffte, sie wiederzufinden, wenn alle Besucher Platz genommen haben würden.
Das dauerte sehr lange.
Es war, als wolle sich keiner zuerst hinsetzen. Alle trippelten durcheinander, schüttelten Hände, wo immer sich Hände boten; viele schienen miteinander befreundet oder doch so gut bekannt zu sein, daß sie es wagen durften, sich auf die Schultern zu klopfen. Ich hatte natürlich nicht die mindeste Lust, mich als erster zu setzen; ich trippelte nicht weniger eifrig, wenn auch viel ängstlicher als die anderen, durch die Stuhlreihen und Seitengänge, hatte ich doch immer noch die Hoffnung, die Dame zu finden, um derentwillen ich mich hier hereingewagt hatte. Sah ich irgendwo eine Frau, spielte ich mich rasch in ihren Rücken, prüfte den Nakken, den Haaransatz und war immer enttäuscht, denn es waren immer andere Nacken, mir ganz fremde Haaransätze. Da sah ich runde Säulenhälse, die jene zarte Grube längst verloren, vielleicht sogar nie besessen hatten! Noch schlimmer waren die dürren Spindelhälse, deren Sehnen messerscharfe Grate bildeten, über die hin geräuschvoll harte Haare raschelten. Nirgends der Hals, nirgends die Nackengrube, die mich hierher gezogen hatten. Und jetzt klingelte es schon. Das Trippeln rundum wurde hastiger, das Händeschütteln verendete, die Grüppchen lösten sich auf, jeder suchte sich eine Stuhlreihe, in der er sich, unter erneuten Verbeugungen nach links und rechts, behutsam setzte.
Ich sah noch einmal über alle hin, strengte meine Augen an, daß sie brannten, dann ließ ich mich auf den ersten besten Stuhl fallen und nahm mir vor, während der Veranstaltung – von deren Verlauf ich noch keine

Ahnung hatte – ein bißchen herumzusehen; vor allem aber wollte ich die Pause benützen – wenn es eine solche gab –, meine Suche fortzusetzen. Von einer durch alle Stuhlreihen flutenden Bewegung erfaßt, drehte auch ich meinen Kopf zur vorderen Saalhälfte hin und sah, daß dort eine Bühne war und ein Vorhang, der in diesem Augenblick bewegt wurde, sich teilte und einen Herrn entließ.

Der trat bis an den Bühnenrand auf ein Rednerpult zu – – – da interessierte mich der Vorgang schon nicht mehr, ich schweifte ab, konzentrierte meine Augen wieder auf die Stuhlreihen.

Ich hörte reden. Wahrscheinlich war es der Herr, der gerade ans Pult getreten war. Ich suchte nach der Frau. Der Herr redete weiter. Ich aber ließ meine Augen langsam wie Suchscheinwerfer über den Saal gleiten, bewegte dabei den Kopf so gut wie gar nicht, um denen, die um mich her saßen, nicht zu verraten, wie wenig der Redner mich störte.

Manchmal, wenn ich glaubte, jemand habe bemerkt, daß ich nicht zuhörte, erstarrte ich für einige Sekunden völlig und fror vor Angst, man würde mich öffentlich zurechtweisen. Dann nahm ich mir vor, nicht mehr zu suchen, die Pause abzuwarten, fürchtete aber sofort, daß es vielleicht gar keine Pause gebe, daß ich also darauf angewiesen sei, jetzt zu suchen – und ich suchte. Ich weiß nicht, wie lange der Redner sprach, ich weiß nicht, wie viele Redner einander ablösten.

Manchmal brach Beifall aus. Dafür war ich sehr dankbar. Für mich war das doch eine Gelegenheit, rascher umherzuschauen, intensiver zu suchen. Ich klatschte mit, mehr als alle anderen, und schaute hitzig nach allen

Seiten, tat so, als hielte ich Ausschau nach einem Bekannten, dem ich zunicken wollte, um ihm dadurch gewissermaßen mitzuteilen, wie sehr wir uns freuen durften, solchen Reden lauschen zu können. Obwohl der Beifall oft lange anhielt und ich sogar manchmal aufsprang und kühn im Saale herumblickte, als wolle ich alle zu noch größerem Beifall auffordern, es gelang mir nicht, jene Frau zu entdecken. Aber ich war nun einmal an diesen Nacken gefesselt; und wer je Ähnliches erlebte, weiß, daß ich mich am Ende der Versammlung nicht mit einem billigen Trost abspeisen konnte, der Art vielleicht, daß ich es am besten dem Zufall überlasse, mich noch einmal in die Nähe dieser Frau zu bringen. Und wenn der Zufall nicht will, dachte ich dann ... nein, nein, so leicht konnte ich es mir nicht machen! Ich fragte einen Saalordner, wann wieder eine Versammlung sei. Er sagte mir, wenn ich an einer engeren Verbindung interessiert sei, möchte ich ihm meine Anschrift geben, er werde dafür sorgen, daß ich zu allen Veranstaltungen eingeladen werde.
Ich gab ihm meine Anschrift und ein Trinkgeld dazu, das meine Verhältnisse bei weitem überstieg. Ich war so glücklich! Es handelte sich doch offensichtlich um einen richtigen Verein, dessen Veranstaltungen fast immer nur von Mitgliedern besucht wurden. Wahrscheinlich war sie Mitglied. Dann würde es mir auch gelingen, sie wiederzufinden. Ich frohlockte, als ich wenige Tage später die erste Einladung erhielt und – wer beschreibt meine Freude – ein Formular, das ich nur ausfüllen mußte, um Mitglied dieses Vereins zu werden. Die Statuten durchzulesen war mir unmöglich, weil mich der Gedanke, Mitglied eines Vereins zu werden, dem auch

sie angehörte, zu sehr erregte. Als ich dann die zweite Versammlung verließ, ohne sie gesehen zu haben, war ich ein bißchen niedergeschlagen, aber ich sagte mir gleich, daß ich dazu eigentlich keinen Grund hatte. Wie hatte ich hoffen können, daß mich der Zufall gerade auf den Stuhl setzen würde, von dem aus ich ihren Nacken entdecken konnte! Ich mußte meine Suche mit System fortsetzen. Das war mir um so leichter möglich, als der Verein ja auf Jahre hinaus ein reichhaltiges Veranstaltungsprogramm garantierte. Zuerst stellte ich einmal im Mitgliederverzeichnis die Zahl der Frauen fest. Und all diesen weiblichen Mitgliedern mußte ich mich jetzt vorstellen lassen. Das schien eine langwierige und große Gewandtheit erfordernde Arbeit zu werden, genügte es doch nicht, daß ich der jeweiligen Dame verschämt meinen Namen entgegenmurmelte; es genügte auch nicht, daß ich ihr so lange als schicklich und möglich ins Gesicht starrte; ich mußte mich, kaum daß ich ihr ins Gesicht gesehen hatte, in ihren Rücken spielen, um sie auf Haaransatz und Nackengrübchen hin prüfen zu können. Ich war bis dahin ein einsilbiger Mensch gewesen. Diese Aufgabe aber, so vielen Frauen in öffentlicher Gesellschaft in den Nacken zu starren, diesen Anblick sorgfältig und ausgiebig mit dem Bild zu vergleichen, das ich in meiner Erinnerung bewahrte, diese Aufgabe, die ich Abend für Abend unter Wahrung von Sitte und Schicklichkeit zu lösen hatte, machte aus mir einsilbigem Menschen einen geschmeidigen Wortefinder.

Obwohl ich aber in all den zahlreichen Versammlungen in dieser Weise mit meinen eigenen Plänen beschäftigt war, ließ es sich doch nicht verhindern, daß mir gewissermaßen nebenher und ohne meinen Willen die Reden, die hier ununterbrochen gehalten wurden, in die Ohren drangen und sich in meinem Unterbewußten ablagerten und breitmachten. Ohne daß ich je mit wacher Aufmerksamkeit begriffen hätte, welche Ziele mein Verein hatte, hatte ich doch schon nach wenigen Jahren eine ganze Menge Einzelheiten im Kopf; es waren Fetzen aus vielen Reden, wahrscheinlich immer die lautesten Stellen; aber ich konnte, wenn ich gefragt wurde, mit solchen Brocken, die ich wörtlich aus meinem Unterbewußten heraufzuholen vermochte, wie ein gutes, interessiertes Mitglied antworten. Und dann läßt es sich ja gar nicht vermeiden, daß man als halbwegs intelligenter Mensch ganz von selbst Beziehungen herstellt zwischen solchen unwillkürlich aufgefangenen Bruchstücken. Ich darf von mir behaupten, daß ich solche Beziehungen niemals absichtlich herstellte, dazu war ich viel zu sehr mit der Suche nach jener Dame beschäftigt.

Nun wurde allerdings auch diese Suche mit der Zeit zu einer Tätigkeit, die sich von selbst vollzog. Ohne daß ich mich dazu anhalten mußte, ließ ich mich Abend für Abend weiblichen Mitgliedern vorstellen – der Bestand schien unerschöpflich –, und ohne daß ich noch genau wußte, was ich tat, spielte ich mich alsbald der jeweiligen Dame in den Rücken. Die Enttäuschung, den gesuchten Haaransatz wieder einmal nicht gefunden zu haben, spürte ich allmählich nicht mehr. Für mich war es bloß noch wichtig, auch diese Dame wieder auf der Liste der weiblichen Mitglieder als geprüft abhaken zu können. Vielleicht ist dem und jenem Mitglied aufgefallen, daß ich mich so danach drängte, allen Damen vorgestellt zu werden, vielleicht belächelte man meine Sucht, die Damen aus nächster Nähe von hinten zu bestarren, aber man ließ mich machen, das genügte mir, das erfüllte mich diesem Verein gegenüber mit wirklicher Dankbarkeit. Und wenn man einmal an mich herantreten wird, mich bitten wird, auch einmal eine Rede, ein Referat zu halten, so werde ich – obwohl ich eigentlich uninteressiert bin – diesem Wunsche nachkommen.

Aus dem Verein auszutreten, bloß weil die Zahl der noch zu prüfenden Damen sich im Laufe der Jahre doch sehr verringert hatte, das hätte ich nicht über mich gebracht. Ich verlangsamte mein Arbeitstempo, benützte nur noch jede fünfte und später nur noch jede zehnte Versammlung zu meinen Recherchen. Daß ich Versammlungen überstand, ohne meinen eigenen Plänen nachzugehen, erfüllte mich mit großer Verwunderung. Später beschloß ich sogar, gar nicht alle Damen zu prüfen und die Nachforschungen ganz einschlafen zu lassen. Vielleicht war die Gesuchte ausgetreten, vielleicht hatte sie ihre Frisur geändert oder gar ihre Haarfarbe, vielleicht war dieser Nacken fett geworden, von mir aus: die Reden unzähliger Vereinsabende hatten alles zugedeckt, eingeebnet mit dem Flugsand ihrer unmerklichen Worte. Und heute bin ich soweit gekommen, daß es einer Anstrengung bedarf, wenn ich mich daran erinnern will, daß ich früher einmal die Vereinsabende zu recht persönlichen Zwecken benützte. Wenn ich daran denke, schäme ich mich, und ein schlechtes Gewissen rötet mir die Schläfen.

Mich tröstet der Gedanke, daß meine Verfehlungen einer wohlbehüteten Vergangenheit angehören. Manchmal ertappe ich mich zwar noch dabei, wie ich mich einer Dame, der ich gerade vorgestellt wurde, um die Schulter herumspiele, während meine Lippen irgendeine zarte Ausflucht formulieren, um den Sog, der mich in den Rücken meiner Gesprächspartnerin zerrt, gesellschaftlich zu rechtfertigen; aber ich reiße mich immer noch rechtzeitig zurück, murmle eine Entschuldigung, spiele für einen Augenblick den Zerstreuten, sammle mich dann aber rasch zu heller Aufmerksamkeit und sehe meinem Gegenüber voll und breit ins Gesicht. Diese Anfälle beunruhigen mich nicht weiter. Sie verlieren sich nach und nach, und selbst wenn sie auftreten, sind sie leicht zu bestehen, sie sind gewissermaßen ziellos, und erst eine nachträgliche Gedankenarbeit erweist sie mir als Überbleibsel aus meinem Vorleben. Was mich aber am meisten über dies Vorleben tröstet, ist der Nutzen, den ich dem Verein dank meiner Erfahrungen gestiftet zu haben glaube. Einmal sollte nämlich darüber abgestimmt werden, ob Nichtmitglieder zu Versammlungen zugelassen werden dürfen oder nicht. Viele plädierten für eine strenge Kontrolle am Saaleingang, um zu verhindern, daß Fremde in den Genuß einer Versammlung kämen. Ich sprach gegen diese Ansicht. Ich hielt bei dieser Gelegenheit die einzige Rede meiner Vereinslaufbahn. Unsere Türen müßten offen bleiben, sagte ich, ganz gleich, wer von der Straße hereinirre und mit welchen Absichten! Der Verein müsse stark genug sein, sagte ich, solche Fremdlinge zu verdauen! Ich sprach dabei vom »mächtigen Schoß unseres Vereins« und fand viel Beifall. Meine Rede bewirkte, daß unsere Türen offen blieben und offen bleiben werden. Ich glaube, darauf darf ich stolz sein, denn wie anders sollten wir je zu neuen Mitgliedern kommen!

Der Umzug

Wir waren schon längere Zeit verheiratet, hatten es auch zu einem Kind gebracht – zu einer Tochter übrigens –, da sagte Gerda, meine Frau: allmählich beginne sie es meinem Vater übelzunehmen, daß er mich nichts anderes habe lernen lassen, als Fahrräder zu reparieren. Nun bin ich ein fröhlicher Mensch und gebrauche meine Lippen vor allem dazu, vor mich hinzupfeifen. Aber als ich meine Frau so sprechen hörte, bogen sich mir die Lippen ganz von selbst zu einer mir gänzlich ungewohnten Rundung und daraus entfuhr ein Pfiff, den ich bei mir noch nicht gehört hatte. Ich erinnerte mich, in den Filmen, die ich samstags besuchte, ließen sich einschlagende Granaten von solchen Pfeiftönen begleiten. Da ich aber diese Situationen nur als Zuschauer ertragen kann, in gut gepolsterten Sitzen, die mindestens in der zehnten Reihe oder noch weiter hinten liegen müssen, wandte ich mich ab und versuchte zu vergessen, was ich aus dem Munde meiner Frau hatte hören müssen.
Aber ich vergaß nicht, konnte nicht vergessen, denn Gerda sagte schon am nächsten Tag: »Ich geniere mich so vor den Leuten.« Und ihre Augen sahen mich nur noch wie durch gut eingefaßte, wenig benützte Knopflöcher an.
Nun muß ich aber die Entwicklung der Dinge in aller Sorgfalt ausbreiten, wenn ich verstanden werden will. Und das will ich, denn inzwischen wurde begonnen,

Schuld auf meine Schultern zu laden, die ich nicht tragen kann.
Meine Frau hatte ich im Kino kennengelernt. Ja, so fing es an. Samstags. Vierzehnte Reihe. Auf der Leinwand flog ein breitschultriger Mann mit Tropenhelm, flog mit einem winzigen Flugzeug tief über dem Urwald dahin, und zuletzt holte er die weiße Frau doch noch aus den sehnigen Armen des dunklen Barbaren, der sie gerade in die Schilfhütte schleifen wollte. Als der Mann mit dem Flugzeug und den breiten Schultern die Frau an sich preßte, der Wilde aber in seinem Blut, das durch die Revolverwunde sickerte, verröchelte und vergeblich das wenige Weiße seiner Augen zu dem ineinander versunkenen Paar der hygienischen Europäer hinaufdrehte, da atmete ich erleichtert auf, seufzte auch und sah zufällig nach rechts, wo ein Mädchen saß, das in diesem Augenblick auch so aufatmete und nach links schaute, wo ich saß.
Ich trug samstags immer meinen guten Anzug. Schmal stach daraus mein Hals auf und die glänzende Krawatte stand wohlig und anziehend vor meiner Brust. Wir gerieten also aneinander. Heirateten sogar. »Kommen wir aus mit 65 Mark die Woche?« hatte ich übervorsichtig gefragt, weil ich sah, wie schmal ihre Hände waren. Sie hatte solche Fragen geradezu verboten und war beleidigt, wenn ich Überlegungen dieser Art anstellen wollte. Ich machte Überstunden in der Werkstatt und begann abends an Erfindungen zu arbeiten, auf die die Menschheit nun nicht länger warten sollte. Um genau zu sein: es war Gerdas Wunsch, daß ich mich allabendlich über das mit Papier bespannte Bügelbrett bücken sollte, um Neues zu entwerfen. Ihr zu-

liebe bedeckte ich das schöne Papier mit allerlei Linien. Flüchtete mich aber bald zu Blech und Draht und ähnlich vertrautem Material. Da krümmte und bog und fädelte ich dann abstruse Gegenstände zusammen, bis Gerda, die mich streng beobachtete, zufrieden lächelte und beteuerte, daß sie das alles ihren Eltern schreiben werde, um denen endlich einmal zu beweisen, daß die Tochter in die Arme eines ihrer durchaus würdigen Mannes eingegangen sei. Auf solche Redensarten achtete ich damals viel zu wenig. Erst heute klingen sie in mir bedeutungsvoll auf.
Meine Erfindungen wurden leider nicht im rechten Maß gewürdigt von der mitlebenden Umwelt. Eine Fahrradklingel, gekoppelt mit der Rücktrittbremse, hatte ich konstruiert. Sie wurde abgelehnt, weil überkluge Spezialisten wissen wollten, daß es zu spät sei, zu klingeln, wenn man schon gebremst habe. Das Klingeln soll das Bremsen unnötig machen, meinten diese Herrn, nur so habe es im stets sich beschleunigenden Straßenverkehr seine Berechtigung. Nun gut. Ich wollte nicht streiten. Hoffte auf die Nachwelt, ließ meine Lippen pfeifen, soviel sie wollten, und brachte, angetrieben von Gerda, im Lauf der Zeit doch vier Erfindungen unter Patentschutz. Ich gestehe allerdings, daß mir dieser Schutz angesichts meiner Erfindungen fast ein bißchen überflüssig vorkam.
Gerda wollte nun an unserer Wohnungstür ein Schild anbringen, auf dem unter meinem Namen das Fremdwort »Ingenieur« stehen sollte. Das erlaubte ich nicht. Wenn die Erfindungen Erfolg haben würden, sagte ich, dann schon.
So lebten wir denn vorerst weiter von den Einkünften

meiner Werkstattarbeit und waren auch damit zufrieden; ich mehr, Gerda weniger. Dann aber starb Gerdas Onkel, der als Junggeselle im vornehmsten Viertel unserer Stadt seine Tage gezählt hatte. Daß er außerdem noch etwas getan hätte, ist mir nicht zu Ohren gekommen. Und Gerda, die ihn manchmal besucht hatte, erbte jetzt seine Wohnung. Das war ein Aufschwung. Unter Beteuerung meines ehrlichen Mitleids ließ ich die Bewohner unserer um so viel ärmlicheren Straße zurück. Gerda fand keine Zeit mehr, sich von unseren bisherigen Nachbarn zu verabschieden.

Mit unseren schmalen Möbeln stießen wir nicht ein einziges Mal an, als wir in die Wohnhallen des verblichenen Onkels einzogen. Als wir dann unsere Stücke gleichmäßig auf die sechs Zimmer verteilt hatten und einen ersten Rundgang machten, hatten diese heimtükkischen Hallen alle unsere Möbel gefressen. Wir fanden da und dort noch einen Stuhl, aber nur, wenn wir ganz nah hingingen und danach tasteten. Aber wir waren doch sehr stolz auf diese große Wohnung, die uns gar nichts kostete, weil der gute Onkel sie als Eigentum erworben hatte. Jeden Morgen frühstückten wir jetzt auf dem geräumigen Balkon und grüßten händeschwingend hinüber, hinunter und hinauf zu den anderen Balkons, die an den großen stillen Häusern klebten. Wir waren fröhlich und wollten auf gute Nachbarschaft halten. Aber ringsum saßen Menschen, die sich nicht bewegten. So sehr ich auch hinschaute, niemals sah ich einen die Hand regen, den Kopf heben oder gar den Mund auftun. Am Vormittag schoben sich unsere neuen Nachbarn aus den Zimmern heraus auf die

Balkone. Aber so langsam waren ihre Bewegungen, wenn es welche waren, so langsam, daß man sie einfach nicht erkennen konnte. Na ja, dachte ich, beim Mond bemerkt man's ja auch nicht. Diese Leute waren wohl viele hundert Jahre älter als das gelenkige, immer händeschüttelnde und durcheinanderlaufende Volk, das in unserer alten Straße gewohnt hatte. Die hier mußten wahrscheinlich fürchten, in ein Häufchen weißlichen Mehls zusammenzufallen, wenn sie sich in einer allzu plötzlichen Regung ihrer wenigen Festigkeit beraubten. Beim Frühstück saßen sie aufrecht und ernst. Von jedem Mund führte eine farblose Röhre in eine Schale hinein. Ich vermutete, daß ihnen mit solchem Röhrenwerk die kostbare Nahrung ins Innere gepumpt wurde. Nach dem Frühstück wurden sie durch den Druck auf irgendeinen Knopf samt ihren Stühlen ins Innere ihrer Häuser gesogen. Wenige Minuten später rollten große Autos unhörbar aus den Gärten, darin saßen hinter den steifen Chauffeuren, weit zurückgelehnt und wieder bewegungslos, die silbrigen Herrn, denen in der Zwischenzeit jemand senkrechte Hüte aufgesetzt hatte. Die Frauen dieser Herrn rollten später mit kleineren Autos ebenso still davon. Erst dann kam ein kleines Geräusch auf in der Straße. Klappern dünnen Geschirrs und motoriges Brummen praktischer Hausgeräte.

Wenn ich einmal mein Fahrrad gerade in dem Augenblick aus dem Tor schob, in dem eines dieser mächtigen Autos seine Bahn vorüberzog, spürte ich einen Hauch unendlicher Kälte, der mir auch in Hochsommertagen schaurige Gänsehäute verursachte und alles Pfeifen meiner Lippen jäh einfrieren ließ. Aber nur für eine

Sekunde, dann fand ich mich wieder und pfiff, daß die regungslose Straße ängstlich klirrte.
In all der Zeit dachte ich nicht viel nach über diese Straße. Wir hatten eine Wohnung, mußten keine Miete bezahlen, obwohl die Wohnung so groß war, daß ich oft lange laufen und tasten mußte, bis ich Gerda schmal vor einer der riesigen Wände fand. Was kümmerte es mich, wenn diese Straße oft so erfroren aussah. Ich hatte die Vögel nicht vertrieben aus den Vorgärten. Das hatten die getan, die die Bäume und die Büsche vertilgt und gußeisernes Schmiedewerk an deren Stelle aufgerichtet hatten. Kunstvoll zwar, aber ganz ohne Atem. Da und dort hatte man Zwerggewächs gesetzt. Zerrbild des Natürlichen, traurig an Wald und richtigen Baumwuchs erinnernd. Hatten die in aller Äußerung so verhaltenen Bewohner Angst vor natürlicher Baumgröße? Fürchteten sie, daß die kräftigen Wolken, die im Frühjahr aus den Blüten fahren, ihre empfindlichen Schleimhäute ätzten oder gar das sorgfältig behütete Innere in Aufruhr brachten?
Am Anfang hielt ich's für eine Marotte, jetzt denk' ich, es muß eine Krankheit sein, die noch keinen Namen hat. Als ich es noch für eine Marotte hielt, meinte ich, die Leute hier seien spaßig geworden durch ihre besonderen Verhältnisse. Ich dachte, vielleicht wissen sie nicht, daß man sich tatsächlich bewegen kann, ohne gleich einen Arm und den Hals dazu zu brechen. So trat ich denn oft am Morgen auf den Balkon und turnte ein bißchen. Keine körperliche Raserei und waghalsige Akrobatik, o nein, das ist auch mir zuwider. Mehr ein Räkeln in der Frühluft, ein kleines Spiel der Gelenke und dann und wann ein kindliches Muskelmanöver.

Ich dachte, die alten Menschen rundum sehen zwar nicht her, sollen sie auch gar nicht, aber wenn ihre Augen überhaupt noch Augen sind, dann muß ihnen meine schüchterne Bewegung doch eine Spur von Leben in die Pupille streuen; und vielleicht gelingt es so, diese Pupillen noch einmal zur Regung zu bringen, bevor sie brechen. Vielleicht löst sich die Starre der Augen, teilt sich noch dem Genick mit, der Kopf fängt an sich zu drehen, die Schultern gar, und rundum auf allen Balkons begänne ein Tanz, der später bis zu einem wirklichen Händedruck könnte erweitert werden. So meine Hoffnung. Aber umsonst. Ich bewegte mich und ich muß auch bemerkt worden sein. Denn, wie von einem einzigen großen Motor gelenkt, drehten sich die alten Menschen ringsum von mir weg. Ruhig, kaum merkbar kreisend, wurden sie alle so gedreht, daß sie später unserem Balkon den Rücken zuwandten. Und als ich es dann mit Pfeifen probierte, die Lippen spielen ließ wie niemals zuvor, alle vertriebenen Vögel ersetzte und sogar übertraf, da ließen die seltsamen Nachbarn sich von ihren Häusern einsaugen, so fließend, wie eine Schnecke sich bedächtig in ihren verhärteten Schutz zurücknimmt, wenn ihre empfindlichen Fühler es wollen. Wie sollte ich diese Nachbarn begreifen? In den Straßen, die ich kannte, war das anders gewesen. Da hatte man sich abends vor dem Haus getroffen, hatte irgendeinem in die Wohnung geschaut, und wenn einer in den Blumentopf spuckte, der auf dem Fenstergesims stand, so mäkelten höchstens die Frauen und machten es unter sich aus, die Männer zu strafen. Aber hier? Auf allen Balkons die gleichen ununterscheidbaren Gesichter aus Schlafgips und Totenkalk.

Gerda bemerkte natürlich, wie sehr man uns allein ließ. Sie war den ganzen Tag zu Hause und erfuhr manches, was ich nur ahnen konnte. Sie wurde anders als sie war. Früher hatte sie beim Frühstück auf dem Balkon gelacht, daß es weithin quirlte. Sie hatte die Hände zusammengeschlagen, wenn ich etwas erzählte, und flink waren ihre Bewegungen gewesen, wenn sie auf dem Tisch hantierte. Jetzt aber lachte sie nicht mehr. Dann und wann hob sie noch die Augenbrauen, aber nur sehr langsam und vorsichtig, als tue sie heimlich Verbotenes. Das schallende Klatschen ihrer Hände war zusammengeschrumpft zu einer kaum noch wahrnehmbaren Bewegung des kleinen Fingers, den sie sanft auf das Tischtuch klopfen ließ. Und den Tisch richtete sie nur noch im Zimmer, schob ihn langsam wie einen Schwerkranken auf den Balkon und folgte vorsichtig nach. Mir verbot sie zu pfeifen und sah mich mißbilligend an, wenn ich in lautes Lachen ausbrach. Jeden Tag gab sie mir neue Anweisungen, wie ich das Fahrrad vors Tor zu schieben habe, wie ich mit der Hand das Tor zu öffnen und wie ich es zu schließen habe. So ging es fort, bis die Sätze kamen, die ich nicht umsonst an den Anfang dieser Mitteilungen stellte. Jene Sätze, in denen sie es offen sagte, daß mein Beruf nicht gut sei. Sie sprach, ohne die Lippen zu bewegen. Ihre Augen hatten allen Glanz verloren. Ihre Reden aber waren beladen mit Mißbilligung und Vorwurf, so schwer, daß sie schließlich meine Ohren eindrückten und mich in dumpfe Taubheit versetzten. Ich begann zu grübeln und pfiff dazu traurige Melodien. Ich begann zu begreifen, daß Gerda von jener Krankheit befallen worden war, für die ich noch keinen Namen gehört hatte. Je länger ich sie beobachtete, desto genauer erkannte ich, daß ich sie nie mehr würde heilen können. Ohne daß ich es bemerkt hatte, war jene Lähmung durch die Wände gedrungen und hatte sie angesteckt mit der zähen Langsamkeit, die ihr Wesen war. Ich versuchte, Gerda wieder beweglich zu machen, ihre Lippen zum Lachen zu bringen, aber die Krankheit hatte sich schon zu tief in sie eingefressen. Gerda ließ sich nichts mehr sagen von mir. Jedes meiner Worte empfand sie als Beleidigung, als ungehöriges Betragen. Und immer wieder mußte ich hören, so wie ich könne sich nur ein Fahrradmechaniker aufführen.

»Oh«, sagte ich da und wandte mich um und pfiff tonlos in mich hinein. Dann machte ich einen letzten Versuch: ich versuchte, mich auch von dieser Krankheit anstecken zu lassen. Was ich auch immer an Seltsamem bemerkte – und das wurde täglich mehr –, ich ahmte es nach, bewegte mich so langsam, daß mir oft tagelang alle Glieder einschliefen und zum Verrücktwerden kribbelten. Ich brauchte für alle Wege dreimal so lang, wie ich gebraucht hätte, wenn ich normal gegangen wäre. Mit der Stoppuhr maß ich meine Wege und ging wieder zurück, machte den Weg nochmal, wenn ich sah, daß ich mich ungebührlich schnell bewegt hatte. Das Frühstück dehnte sich oft bis zum Mittagessen und ins Geschäft kam ich erst nachmittags. Daß ich meinen Arbeitsplatz in der Werkstatt verlor, ist selbstverständlich und kann meinem Meister nicht zum Vorwurf gemacht werden.

»Gut, daß das dein Vater nicht mehr erleben mußte«, sagte er. »Ich bin verheiratet«, sagte ich bedeutungsvoll ins Ungefähre und ging. Jetzt saß ich tagelang zu Hause

und strich wie der Schatten einer Schnecke an unseren großen Wänden entlang. Ich wurde langsamer, aber nicht ruhiger. Alles, was ich unterdrückte, staute sich in mir von Tag zu Tag höher, drängender, erstickte mich fast. Gerda beobachtete mich und bewegte beifällig ihr linkes Ohr. Das war für ihre Begriffe eine schon fast zügellose Äußerung ihrer Gefühle. Deshalb stieg ihr ein blasses Rosa in die bleichen Wangen.
So ging es, bis ich es eines Morgens nicht mehr ertrug. Es war ein warmer Tag im Frühjahr. Wir saßen starr auf dem Balkon, als wären wir die Schneemänner vom letzten Winter. Gerda schenkte Tee ein und goß sich etwas vom dampfenden Getränk über die Hand. Auf der Haut schoß eine fahle Blase auf, Gerda aber schob lediglich ihre linke Augenbraue um einen schwachen Millimeter höher. Der Schmerz aber, der sie zweifellos plagte, zerrte ihre Augen zuckend nach oben, daß ich nur noch das Weiße sah. Kein schöner Anblick, aber ich mußte lachen. Zum erstenmal nach langer Zeit brach ich aus. Und als hätte dieses zuerst recht harmlose Lachen meinem ganzen Körper das Signal zum Aufruhr gegeben, schüttelte jetzt ein Krampf meine Nerven, die Muskeln hüpften, die Arme schlugen und aus dem Munde stürzte mir ein nicht endenwollendes Gelächter, das schrill und hart in immer neuen Sturzbächen in die totenstille Straße stach. Gerda erstarrte. Die Nachbarn ließen sich familienweise in ihre Wohnungen hineinsaugen, ich sprang auf, rief »Pfui Teufel«, hüpfte die Treppe hinunter, rannte hinaus und hielt erst ein, als ich Menschen sah, die verhärmten Gesichts, aber mit vielerlei Bewegungen ihren täglichen Geschäften nachgingen.

Um es kurz zu machen: ich arbeite wieder in meiner Werkstätte. Abends bin ich noch einigemal durch jene reglose Straße gegangen. Auf den Balkons saßen wie Säulen die alten Menschen. Ein Gesicht wie das andere. Gerda konnte ich nicht mehr erkennen.

In den nächsten Tagen will ich meine Tochter holen. Ich glaube, Gerda wird sie kaum vermissen. Das Kind ist viel zu unruhig und würde Gerda und der ganzen Straße nur Ärger bereiten. Vielleicht merkt sie es gar nicht, wenn ich heimlich in die Wohnung dringe und das Kind mitnehme. Ich hatte nämlich den Eindruck, als sei die allgemeine Erstarrung noch ungeheuer fortgeschritten, seit ich nicht mehr in der Straße wohne. Sollte ich doch eine Störung gewesen sein für jene Art von Ruhe, so wird die endgültige Versteinerung jetzt nicht mehr länger auf sich warten lassen.

Und davor möchte ich meine Tochter bewahren.

Sollte aber auch sie in reiferem Lebensalter unmäßige Forderungen an mich stellen, so werde ich ihr zu beweisen versuchen, daß es keinen Grund gibt, auf dieser Welt nach etwas anderem zu streben, als ein Fahrradmechaniker zu sein. Alles andere ist, werde ich sagen, sündige und ungesunde Fassadenkletterei. Und wenn sie es halt gar nicht einsehen kann, daß es gut ist, einen Vater zu haben, der sich einiges Geschick in der Reparatur auch der zerstörtesten Fahrräder erworben hat, dann kann ich sie ja immer noch auf den Balkon zurücktragen und sie neben die Kruste ihrer Mutter setzen. »Pfui Teufel« werde ich dann nicht mehr sagen, aber ich werde den Balkon und das Haus und den Garten und die Straße ebenso schnell verlassen wie damals, als ich mich dieses Ausrufs nicht enthalten konnte.

Die Klagen über meine Methoden häufen sich

Der Mut, den man braucht, Sparkassenräuber zu werden, auf blankem Steinboden in die taghelle Schalterhalle einzudringen, dieser Mut fehlte mir, als ich von meinen Erziehern gedrängt wurde, einen Beruf zu wählen. Gerne wäre ich auch Förster geworden; aber selbst für diesen Beruf, so schien es mir, brauchte man den Mut eines Sparkassenräubers. Fast für alle Berufe, wenn man sie näher betrachtet, braucht man diesen Mut eines Mannes, der in die Schalterhalle eindringt, alle mit einer geladenen oder noch öfters mit einer ungeladenen Pistole im Bann hält, bis er hat, was er will, der dann noch lächelt und rückwärts gehend plötzlich verschwindet.

Schließlich entschied ich mich, Pförtner zu werden. Und ich wurde Pförtner in einer Spielzeugfabrik. Ich kann mir vorstellen, daß viele meiner Kollegen durch diesen Beruf hochmütig werden, daß sie auch nach Feierabend noch mit kaltem Gesicht herumlaufen und abweisende Handbewegungen um sich her streuen.

Ich bin nicht so geworden, obwohl ich mich nach Kräften bemühe, meinen Dienst tagsüber gewissermaßen unbarmherzig zu tun. Ich fühlte mich von Anfang an zu Hause in meiner gläsernen Loge. Die Knöpfe, mit denen ich die mir anvertrauten Türen öffnen kann, wurden mir ein einziges Mal zur Handhabung erklärt, und schon hatte ich alles verstanden; das Verzeichnis der Telephonanschlüsse im Haus kannte ich auswendig, kaum daß ich's einmal durchgelesen hatte. Den ersten Besuchern gegenüber war ich – das gebe ich zu – ein bißchen scheu: ich befürchtete Fragen, die ich nicht beantworten konnte, ich war noch nicht sicher, ob mir die Formulierung meiner Auskünfte in jedem Augenblick so gelingen würde, wie es der Besucher erwarten darf. Wie leicht kann doch ein Pförtner scheitern! Da kommen Herren der vornehmsten Art in die Fabrik, und der Pförtner weiß nicht, ob es seinen Vorgesetzten im Haus lieb ist, gerade diesen oder jenen Herrn zu empfangen. Und jeder im Haus glaubt, er sei der Vorgesetzte des Pförtners. Der Pförtner hat keine Kollegen, er hat nur Vorgesetzte. Und er muß es allen recht machen. Nun meint man, der Pförtner müsse ja nur zum Haustelephon greifen, hinaufrufen in die Büros und fragen, ob der Herr Soundso willkommen sei oder nicht. Aber die in den Büros sind so empfindlich, daß sie oft schon durch eine telephonische Anfrage in schreckliche Erregung versetzt werden können; dann schreien sie den Pförtner durchs Telephon nieder, daß der Mühe hat, seine Fassung zu bewahren und nicht in Tränen auszubrechen. Das darf er nicht, weil doch vor ihm, den Kopf dicht an der Scheibe und ganz auf den Pförtner konzentriert, der Besucher steht, dem er gleich Antwort geben muß. Diese Antwort wiederum darf nichts von dem Geschrei verraten, das der feinnervige und hochbezahlte Herr aus dem Büro gerade in die Ohren des Pförtners prasseln ließ, nein, des Pförtners Aufgabe ist es, diesen Wutschrei des gestörten Herrn sofort zu übersetzen in ein bedauerndes Lächeln, in eine höfliche Geste, die den Besucher so sehr tröstet, daß er, wenn er gleich zur Türe hinausgeht, schon vergessen hat, daß er abgewiesen wurde. Solche Dolmetscherarbeit will gelernt sein, das darf man mir glauben. Oft muß ich darüber hinaus noch den Kopf mit dem Hörer weit weit zurückbiegen bis in das dämpfende Futter meines Mantels hinein, der hinter mir hängt, um die gereizte Stimme aus dem Büro vor den Ohren des Besuchers zu verbergen, denn es besteht eine Anordnung von der allerhöchsten Geschäftsleitung, vom Besitzer selbst nämlich, daß kein Besucher, wer es auch immer sei, schroff behandelt werden dürfe. Obwohl diese Anordnung der Direktion für alle gilt, ist es doch der Pförtner, der ihr in der Praxis Geltung zu verschaffen hat. Ich habe dies immer mit Freuden getan, weil ich gerade diese Anordnung mehr billige als irgendein anderes Gesetz des Betriebes.

Deshalb habe ich mir angewöhnt, so selten wie möglich zum Telephon zu greifen. Ich prüfe die Besucher selbst und entscheide, ob sie mit Recht verlangen, mit dem Einkaufschef, mit dem Prokuristen, dem Leiter der Entwurfsabteilung, mit der Kantinenpächterin oder gar mit einem der Direktoren oder dem Personalchef sprechen zu dürfen.

Mag sein, daß ich am Anfang meiner Tätigkeit manchen zu rasch wegschickte. Aber allmählich habe ich mir eine Fähigkeit erworben, jeden so lange zu fragen, unauffällig, gar nicht wie ein Detektiv oder sonst ein Schnüffler, ganz beiläufig, im Gange einer für beide Teile recht erquicklichen Unterhaltung, aber doch mit aller nützlichen Gründlichkeit, daß ich am Ende dieser Unterhaltung so genau informiert bin über die Wichtigkeit dieses Besuches für unsere Firma, daß ich die Entscheidung darüber, ob ich ihn abzuweisen habe

oder nicht, mit einem vollkommen ruhigen Gewissen fällen kann. Wenn ich einen Besucher aber abweise – und die meisten muß ich abweisen –, dann weiß ich ihn während dieser Unterhaltung davon zu überzeugen, daß es für ihn ganz sinnlos wäre, mit dem Herrn unserer Firma, bei dem ich ihn anmelden sollte, zu sprechen. Ich habe mir in allen Fachgebieten, die bei uns vorkommen, so viele Kenntnisse erworben, daß ich einem Vertreter, der wegen Weißblechlieferung mit dem Einkaufsleiter sprechen will, genau Bescheid geben kann, ob seine Angebote Aussicht auf Erfolg haben oder nicht. Ebenso habe ich gelernt, protestierende Einzelhändler, die den Verkaufschef sprechen wollen, zu befriedigen, oder Landleute, die unsere Kantine beliefern wollen, oder bleichsüchtige Erfinder, die in Rudeln zu dreien und vieren den Leiter unserer Entwurfsabteilung überfallen wollen, um ihm ihre unverwertbaren Spielzeugerfindungen aufzuschwatzen, sogar entschlossen blickende Schriftsteller und Maler, die sich an unserem Reklamechef für die vielen Absagebriefe rächen wollen, vermag ich vom Schlimmsten zurückzuhalten, obwohl gerade die Erfinder und die Künstler – das muß ich den Landleuten und Vertretern zu Ehren sagen – am schwersten durch vernünftiges Reden zu überzeugen sind.
So vertrete ich also – ich kann es nicht anders sagen – alle leitenden Herren des Hauses an der Pforte, und die immer rascher steigenden Umsätze sind nicht zuletzt dem Umstand zu verdanken, daß ich die leitenden Persönlichkeiten unserer Firma – sie sind ja die verletzlichsten – vor lästigen Besuchern schütze. Leider wird dies von eben diesen Herren überhaupt nicht bemerkt. Vor

allem verstehen diese Persönlichkeiten nicht, daß ich Zeit brauche, um die einzelnen Besucher wirklich und ohne alle Schroffheit von der Nutzlosigkeit ihrer Besuche zu überzeugen. Die langwierigen Unterhaltungen, die ich durch mein Logenfenster mit den hartnäckigen Besuchern führen muß, haben zur Folge, daß schon eine halbe Stunde nach Geschäftsbeginn eine von Minute zu Minute länger werdende Schlange vor meinem Schalter steht. Sei es nun, daß da mal einer ungezogen genug war, die versammelte Menschenmenge als Tarnung zu benutzen, und unangemeldet ins Haus schlüpfte, sei es, daß einmal einer der leitenden Herren rasch aus dem Haus wollte und durch die Schlange der Wartenden eine Sekunde Zeit verlor, auf jeden Fall häufen sich im Haus die Klagen über meine Methode, Besucher zu behandeln. Ich arbeitete zu langsam, zu schwerfällig, zu wenig sachlich . . . das muß ich hören! So kurzsichtig sind all diese Vorwürfe und Klagen, so wenig Kenntnis meines Berufs beweisen sie, daß ich mich eigentlich gar nicht verteidigen kann. Ich möchte sehen, was geschehen würde, wenn ich die Besucher kurz und barsch abfertigen würde! Dann wäre die Vorhalle zwar immer leer, aber in der Direktion würden die Telephone vor Protestanrufen nicht mehr aufhören zu klingeln, der Ruf der Firma würde leiden, der Umsatz sinken. Die Anordnung der Direktion, keinen Besucher vor den Kopf zu stoßen, ist nicht umsonst erlassen. Ich kann natürlich nicht zum Direktor rennen und ihn bitten, denen, die gegen mich klagen, den Mund zu stopfen. Er würde mir einfach sagen, ich müsse das eine tun, dürfe aber das andere nicht lassen. Wie aber soll ich die Besucher höflich davon überzeugen, daß die Firma sie nicht empfangen kann, wenn ich sie rasch abfertigen soll? Davon, daß einer das große Los gewonnen hat, kann man ihn mit einem einzigen Satz überzeugen. Einem aber wirklich beizubringen, daß seine Erfindung oder sein Werbetext oder sein Blech oder Gemüse für die Firma nicht in Frage kommen – und ihm das so beizubringen, daß er mit einem Loblied auf die Firma das Haus verläßt –, das soll mir einer meiner Gegner einmal in zwei Minuten vormachen. Aber was soll ich tun?

Die Menschenschlange vor meiner Loge wird täglich länger; weil ich die Gefahr, in die sie mich bringt, jetzt kenne, macht sie mich unruhig, unsicher auch, meine Rede fließt nicht mehr wie ehedem, ich schwitze, stammle, brauche länger als früher, erreiche nie mehr das Maß an Tröstung, das ich sonst in jedem Fall erreicht hatte, schon kommt es vor, daß manche mir einen Fluch zuwerfen, die Türe zuschlagen und wütend hinausstürzen, was soll ich tun? Ich kann nichts mehr ändern. Ich muß es endlich eingestehen, warum ich die Entwicklung, die ich in meinem Beruf genommen habe, so ausführlich aufzeichne: zur Rechtfertigung nämlich, um irgendwo außerhalb meines Betriebes wenigstens Verständnis zu erlangen, denn für morgen bin ich zum Personalchef geladen. Erst dachte ich, es handle sich bloß um eine Mahnung, um eine Art Vorwarnung. Das glaube ich nicht mehr. In der Schlange, die gestern vor meinem Schalter stand, war einer, ein grober Mann mit einem lippenlosen Mund, der forderte mich auf, ihn beim Personalchef zu melden, er sei bestellt. Ich fragte, als mein Finger schon über der Wählscheibe schwebte, in welcher Angelegenheit er

den Personalchef denn sprechen wolle: er bewerbe sich um die ausgeschriebene Pförtnerstelle, sagte er.
Ich wählte die Nummer der Personalabteilung gleich auf das erste Mal richtig und meldete ihn an, mein Zeigefinger allerdings, mit dem ich die Wählscheibe gedreht hatte, war danach wie erfroren.
Der Mann ging ins Haus, nach einer halben Stunde kehrte er fröhlich zurück. Er pfiff sogar vor sich hin. Ich sah ihm voller Bewunderung nach. Seinen Mut müßte man haben, dachte ich. Oder überhaupt Mut. Da hatte ich mich die ganze Zeit ein bißchen geschämt, weil ich bloß Pförtner geworden war. Jetzt sah ich ein, daß man sogar dazu den Mut eines Sparkassenräubers braucht. Jenen Mut, den ich bei mir immer noch vergeblich suche.

Die Rückkehr eines Sammlers

Alexander Bonus, der wegen eines Herzleidens schon früh pensioniert worden war, hatte als Junggeselle bis in die schlimmsten Kriegsjahre hinein in unserer Stadt gelebt und war dann fast gewaltsam aufs Land gebracht worden, in ein Weinbauerndorf, wo er seitdem eine winzige Dachkammer bewohnt hatte. Mit einer von ihm selber hergestellten violett schimmernden Tinte hatte er einige Jahre nach dem Krieg vielseitige Briefe an das städtische Wohnungsamt geschrieben und gebeten, man möge ihm jetzt endlich die Rückkehr in seine Vaterstadt ermöglichen. Die Herren des Wohnungsausschusses hatten ihn wieder und wieder mit vorgedruckten Schreiben auf eine baldige Besserung der Verhältnisse vertröstet. Alexander Bonus hatte jedesmal mit einem liebenswürdigen Brief geantwortet, hatte aber bei Wahrung aller möglichen Höflichkeit doch immer dringender gebeten, seine ihm eigene Sechs-Zimmer-Wohnung für ihn und vor allem für seine an verschiedenen Orten lagernde Sammlung freizumachen. Er habe die Jahre nach dem Krieg durchwartet, weil er gewußt habe, daß seine sechs Zimmer in der Stadt gebraucht würden, der ersten Not Herr zu werden; auch jetzt würde er es noch nicht wagen, im Ernst um die Einweisung in seine Räume zu bitten, wenn er nicht gerade von einer Reise zurückkäme, die ihn an die Orte geführt habe, an denen seine Federsammlung in ländlichen Kellern und Scheunen lagere. Aber wie! So eben, wie man in den Kriegsjahren mit einer für jene

Zeiten ganz unwichtigen Sammlung von Vogelfedern verfahren sei. Das Holz seiner Vitrinen sei von Feuchtigkeit zermürbt oder von Hitze zerrissen worden, die Glaswände vom Schimmel befallen und blind, vom Zustand seiner kostbaren Federn aber habe er sich erst gar nicht überzeugen wollen, der sei schon dem flüchtigen Eindruck nach nur als katastrophal zu bezeichnen.

Alexander Bonus hatte sich auch an jene Stadträte gewandt, die seine Sammlung aus der Zeit vor dem Kriege kannten, er hatte sogar angedeutet, daß er, der allein stehe und den größten Teil seines Lebens hinter sich habe, seine Sammlung schließlich einmal der Städtischen Oberschule vermachen wolle, wozu er natürlich nur imstande sei, wenn man ihm helfe, die Sammlung vor dem endgültigen Zerfall zu retten.

Die älteren Stadträte mußten diese Briefe des Herrn Bonus gegen das Lächeln jener Kollegen verteidigen, die erst durch die Kriegsläufte und gewissermaßen zufällig in unsere Stadt geschwemmt worden waren. Diesen älteren Stadträten war es denn auch zu danken, daß die zwei Familien, die in Herrn Bonus' Wohnung untergebracht waren, zwei Zimmer räumen mußten und Bonus einen Brief von unserem Bürgermeister erhielt, in dem ihm mitgeteilt wurde, er könne wenigstens zwei Zimmer seiner früheren Wohnung wieder beziehen, was ihm, dem Junggesellen, doch die Möglichkeit gebe, einen Teil seiner Sammlung wieder aufzustellen und zu pflegen. Und er dürfe hoffen, in nicht allzu ferner Zeit ein drittes, ein viertes und fünftes und schließlich auch einmal das sechste Zimmer wieder ganz für sich und seine Sammlung zu besitzen.

Vier Tage später hielt ein ländliches Fuhrwerk vor dem

Haus, in dem Bonus seine Wohnung hatte, und er selbst kletterte hastig vom Schutzblech des Traktors, auf dem er während der Fahrt vom Land herein gesessen war; er ging auf die Haustür zu, den Schlüssel schon in der Hand, führte ihn zitternd aufs Schloß zu, aber die der Handbewegung vorauseilenden Augen bemerkten schon, daß es nicht mehr das alte Schloß war. Der Schlüssel entfiel ihm. Er klirrte nicht, weil von Bauarbeiten noch Sand auf dem Pflaster lag.
Dann läutete Bonus.
Ja, die zwei Zimmer waren schon geräumt. Die beiden Familien aber, die sich in die restlichen vier Zimmer teilten, beobachteten mißtrauisch jedes Stück, das er herauftragen ließ. Zuerst kam ein Tisch, dann ein Stuhl, ein Schrank, ein Bett und dann viele Vitrinen, deren Glaswände schmutzig waren, so blind von Schimmel, Staub und Spinngewebe, daß man nicht sehen konnte, was sie enthielten. Die Kinder der beiden beobachtenden Familien versuchten mit den Fingern, die sie mit der Zunge befeuchteten, an den Gläsern herumzureiben, um wenigstens mit einem Auge reinsehen zu können. Ihre Eltern aber riefen sie zurück und erlaubten ihnen nur von der Flurtür aus, wie sie's selbst taten, zuzuschauen. Sie wußten noch nicht, was sie von diesem alten Mann mit dem fleischigen Jünglingsgesicht und den milchweißen Haaren halten sollten. Herr Bonus aber hatte sich sofort mit allen bekannt gemacht, hatte sich zu jedem Kind extra hinabgebeugt – und die zwei Familien hatten es immerhin zu sieben Kindern gebracht –, und jetzt versprach er den Kindern sogar, er werde ihnen seine ganze Sammlung zeigen, wenn er sie nur erst wieder ein bißchen hergerichtet habe. Es sei ja

leider nur ein kleiner Teil, fügte er hinzu; dann sah er auf seine kleinen weißen Händchen hinab und sagte mit dem mildesten Lächeln: Er lebe nur noch auf den Tag hin – und dieser Tag werde kommen –, an dem er wieder Platz genug haben werde, um seine ganze Sammlung hier aufzustellen.
Als Alexander Bonus dies sagte, sahen ihn die Eltern der sieben Kinder finster an. Es war, als fürchteten sie sich plötzlich vor diesem zarten weißhäutigen Mann. Sie drehten sich um, zogen ihre Kinder an Händen und Haaren von Bonus und seinen Glaskästen weg und verschwanden hinter ihren Türen. Bonus sah ihnen nach, und als er hörte, wie dort ein hastiges Getuschel anhob, das sich oft bis zum lauten Stimmenstreit steigerte, und als er hörte, daß es sein Name war, der diesen Streit speiste, da lehnte er sich gegen eine mannshohe Vitrine, rieb den Kopf liebkosend an der Holzkante, lächelte und überlegte, ob er die Kormoranfedern nicht doch mit den Federn des Tropikvogels zusammen in eine Vitrine legen sollte, wenigstens solange er nur zwei Zimmer hatte. Lieber sollten sich die Federn gegenseitig ein bißchen verdecken, als daß er auch nur eine einzige Vitrine länger als unbedingt nötig in jenen feuchten Dorfkellern wissen wollte. Wahrscheinlich würden sich solche Zusammenlegungen fürs erste gar nicht vermeiden lassen, da sicher einige Vitrinen bis zur Unbrauchbarkeit beschädigt waren. Und die Kormoranfedern und die des Tropikvogels stellten in seiner Sammlung sowieso eine Ausnahme dar, waren sie doch die einzigen Federn, durch die die Schwimmvögel bei ihm vertreten waren, alle anderen Stücke seiner Sammlung stammten von den Familien der Eulen und Falken,

also von Raubvögeln, und da insbesondere von Adlerarten. Um während der Jahre, die er, wie er es selbst nannte, in der Verbannung leben mußte, nicht ganz untätig zu sein, hatte er begonnen, seiner Sammlung eine Abteilung »Hühner und Hühnervögel« anzugliedern. Da er aber im Grunde seines Herzens nur an Adlerfedern mit Leidenschaft interessiert war, hatte er diese neue Abteilung nur in der Hoffnung aufgebaut, sie später einmal als Tauschobjekt benützen und Adlerfedern dafür einhandeln zu können. Nicht einmal die stolzen weißen Personensträuße des Tropikvogels und die schlanken schwarzen Kormoranfedern hatten Aussicht, für immer in seiner Sammlung bleiben zu dürfen. Für eine einzige Harpyienfeder hätte er sie sofort hergegeben. Die Harpyien waren Bonus' liebste Vögel. Und wenn das Angebot an Harpyienfedern oder gar an Harpyienflaumen groß genug gewesen wäre, wer weiß, vielleicht hätte er seine ganze Sammlung allmählich für die Federn dieser besonderen Adlerart hergegeben. Um der Vielfalt seiner Sammlung willen konnte Bonus dafür dankbar sein, daß die Harpyien in den wasserreichen Urwäldern Süd- und Mittelamerikas nur sehr schwer zu erlegen waren.
In den ersten Tagen nach seiner Rückkehr war Herr Bonus für niemanden zu sprechen, niemand sah ihn. Die sieben Kinder, die die zeitweilige Abwesenheit ihrer Eltern gerne zu einem Besuch bei Bonus benutzt hätten, klopften umsonst an seine Tür. Bonus kämpfte gegen Schimmel, Staub und Spinngewebe.
Er entriß seine Vitrinen, die Glaswände, die Holzkanten und die Messingbeschläge der Fäulnis, dem schon dicht bevorstehenden endgültigen Zerfall. Dann

machte er sich an die Federn. Starr, glanzlos und von einem alle Farbe tötenden Überzug befallen, lagen sie tot auf ihren Polstern; und Bonus dachte daran, wie sie ehedem in vielen Farben schimmernd vor ihm gelegen hatten, diese zarten, seidigen, biegsamen Wundergebilde. Bonus nahm jede Feder einzeln in die Hand und zupfte und blies Stäubchen für Stäubchen ab; eine ungeheure Arbeit. Aber er wollte auch nicht das kleinste Flaumhärchen verlieren. Dann mischte er sich jenes Fett zusammen, das ihn schon vor Jahrzehnten in den Kreisen, die sich mit Vogelpräparationen beschäftigten, berühmt gemacht hatte, jenes Fett, das er so zu mischen verstand, daß es fast dem Sekret gleichkam, das die Bürzeldrüse der Vögel zur Einfettung des Gefieders ausscheidet; mit diesem Fett bestrich er alle Federn seiner Sammlung, dann erst öffnete er die Tür und ließ die Kinder ein.

Aber Herr Bonus hatte keine Ruhe, die Kinder von Kasten zu Kasten zu führen und ihnen zu erklären, was er früher mit Leidenschaft getan hatte, wo alle diese Federn herstammten und wie die Vögel, die sie einst getragen hatten, beschaffen seien und lebten. Zu sehr war er beunruhigt worden durch den Zustand, in dem er seine Sammlung vorgefunden hatte. Vielleicht war er schon zu spät gekommen, vielleicht würden die Federn in Kürze zu Staub zerfallen, wer konnte das wissen! So sehr er sich freute, wieder mit seinen Federn umgehen zu können, die mächtigen schwarzbraunen Schwingenfedern des Kaiseradlers über seine weiche Gesichtshaut gleiten zu lassen, diese Federn, die einst den mächtigsten Vogel über die baumlosen Steppen der Mongolei getragen hatten, er konnte sich nicht darüber hinweg-

täuschen, daß die Sammlung nur noch ein Schatten ihrer selbst war. Die Farben waren ermattet und die Federhärchen waren trotz aller Bemühungen spröd geblieben. Und der größere Teil seiner Sammlung, das beunruhigte ihn am meisten, zerfiel von Stunde zu Stunde noch mehr in jenen ländlichen Kellern und Scheunen. Die beiden Zimmer, die man ihm zugewiesen hatte, konnten ja nicht einmal den Teil der Sammlung aufnehmen, den er mitgebracht hatte.
Er hatte das Bett noch nicht aufgeschlagen, der Stuhl stand auf dem Tisch und die Vitrinen waren zu Türmen übereinandergeschichtet, die bis zur Decke reichten; eine Anordnung, die bei dem Zustand, in dem sich das Holz befand, zu einer Katastrophe führen mußte, eine Anordnung auch, die es jedermann und ihm selbst unmöglich machte, in den Genuß der Sammlung zu kommen.
Er fragte die Kinder, die mit platten Nasen an den Scheiben klebten, ob in den Zimmern ihrer Eltern nicht noch ein bißchen Platz wäre, er würde gern seine schönsten Stücke zur Verfügung stellen; das sei doch ein Schmuck, so eine Vitrine mit Steinadlerfedern, oder vielleicht die mit den Federn des Schlangenbussards, bitte, sie könnten sich's raussuchen. Die Kinder schrien auf vor Freude und schleppten sofort drei, vier, fünf Vitrinen in ihre Zimmer. Abends kamen die Eltern, klopften schüchtern, traten ein, grüßten und entschuldigten sich bei Herrn Bonus für neulich, sie hätten eben Angst um ihre Zimmer gehabt, sie hätten ihn auch – das müßten sie gestehen – für einen mürrischen Sonderling gehalten, für einen launischen Greis, sie seien halt einfache Leute, aber die Glaskästen, sie verstünden zwar

nichts davon, seien doch sicher sehr wertvoll und es ehre sie, daß Bonus ihnen so teure Stücke anvertraue. Ob er nicht rüberkommen wolle, zu sehen, wie sie die Vitrinen aufgestellt hätten. Das sei die einzige Bedingung, gab Bonus lächelnd zur Antwort, die er mit diesen Leihgaben verknüpfe, daß er dann und wann hinüberkommen dürfe, um sich an den Federn zu freuen. Das wurde ihm von allen freudig versprochen. Dann ließ sich Bonus hinüberführen. Zwischen Betten und Kommoden glänzten ihm die Glaswände entgegen. Es sei zwar ein bißchen eng, sagten die beiden Hausfrauen, aber einem so kostbaren Zimmerschmuck zuliebe schränke man sich gerne ein. Die beiden Männer bewegten ihre Köpfe so lange heftig nickend auf und ab, bis sie sahen, daß Bonus ihre Zustimmung bemerkt hatte. Wahrscheinlich hatten sie an ihren Arbeitsstellen und die beiden Hausfrauen bei ihren Nachbarinnen schon voller Stolz erzählt, daß sie jetzt über einen Wohnungschmuck verfügten, wie ihn wohl keiner im Bekanntenkreis je gesehen habe. Bonus lächelte. Er winkte seinen Vitrinen zu, als wären es Lebewesen, dann ging er in seine Zimmer zurück und schrieb einen Brief. Ein paar Tage später ratterte ein Traktor vors Haus. Der Wagen, den er zog, war über und über mit Vitrinen beladen, die verstaubt und vom Schimmel befallen waren wie die ersten. Diesmal halfen die Kinder der beiden Familien bei der Säuberung. Die Feinarbeit an den Federn aber besorgte Bonus selbst. Er mußte allerdings, um die neuen Stücke auch nur notdürftig in seinen Zimmern unterzubringen, seinen Tisch, den Stuhl, das Bett und den Schrank auf den Flur stellen, so daß er gezwungen war, seine Mahlzeiten fürderhin auf dem düsteren Flur einzunehmen und nachts auch hier zu schlafen. Die Eltern der Kinder schüttelten den Kopf, als sie ihn vor ihren Türen, denn es war ja auch ihr Flur, im Bett liegen sahen. Sie sagten nichts, nur die Kinder kicherten und öffneten immer wieder die Tür, um zu sehen, ob er schon schlafe. Bonus lächelte. Und am nächsten Tag, als die Väter bei der Arbeit und die Mütter beim Einkaufen waren, fragte er die Kinder, ob sie nicht noch ein paar Vitrinen wollten, er habe genug. Die Kinder waren sofort einverstanden und schleppten gleich sieben Vitrinen in ihre Zimmer. Diesmal kamen die Eltern nicht, um sich bei Bonus zu bedanken; im Gegenteil, abends hörte er, wie die Väter die Mütter schimpften, mit unterdrückter Stimme bloß, um nicht von Bonus gehört zu werden, und die Mütter weinten und schlugen die Kinder, daß auch die zu weinen begannen. Aber als die Eltern am nächsten Tag außer Haus waren, kamen die Kinder wieder, um sich Vitrinen zu holen, Bonus lächelte mild und gab sie ihnen. Abends stand er dann wieder an der handbreit geöffneten Tür und hörte dem Streit zu, der bei beiden Familien aufbrach, noch heftiger als am Abend zuvor. Die Kinder ließen sich schelten und schlagen und kamen am nächsten Tag wieder zu Bonus und bettelten ihm ab, was er ihnen so gerne gab. Die Mütter, die sich in ihren Zimmern jetzt wirklich nicht mehr bewegen konnten, wollten ihre Kinder zwingen, alle Vitrinen zu Bonus zurückzutragen. Da verweigerten ihnen die den Gehorsam. Sie krallten sich mit ihren kleinen Händchen an den Holzleisten fest, blieben allen Vorwürfen und Aufforderungen gegenüber taub und waren nicht einmal durch Schläge zu irgendeiner Bewegung zu bringen. Sobald sich aber die Mütter abwandten, legten sie sich mit ihren ganzen Körpern über die Vitrinen und sahen auf die unbegreiflichen Federn hinab und ließen sich von denen, die schon lesen konnten, immer wieder die auf weiße Schildchen geschriebenen Namen vorlesen und sprachen sie andächtig und im Chor nach. Da summte es dann durch die Wände dem lächelnd lauschenden Bonus ins Ohr: Phaeton aethereus, Aquila audax, Harpyia destructor ... Als die Väter abends heimkehrten und ihre Kinder in all der Enge lateinisch vor sich hinsummend antrafen, wurden sie von großer Ratlosigkeit befallen. Endlich, als die Kinder schon in den Betten lagen, schlichen sie zu Bonus hinüber. Sie baten ihn, er möge die Vitrinen zurücknehmen, sie verstünden zu wenig davon, auch die Kinder verstünden nichts davon, sie würden nur verwirrt und in ihrer normalen Entwicklung vielleicht schädlich beeinflußt, da sie ja in wenigen Tagen alle anderen Interessen verloren hätten und wie süchtig und unverständliche Namen murmelnd über den Vitrinen hingen; das sei doch ein Zeichen für die Gefahren, die in diesen Kästen für so einfache Menschen, wie sie es nun einmal seien, schlummerten. Und dann die Platzfrage! Man könne jetzt wirklich nicht mehr atmen. Seit auch der letzte freie Quadratmeter den Vitrinen zum Opfer gefallen sei, vermöge man nicht mehr, zu den Fenstern durchzudringen, geschweige denn, daß man sie noch öffnen könne.

Bonus strich sich mit seiner kleinen Hand über sein weiches weißes Gesicht und lächelte. Warum die Eltern die Federn nicht so anschauen könnten, wie er und wie die Kinder es täten, fragte er dann. Die beiden Männer

verstanden ihn nicht und sagten, sie würden, wenn er es erlaube, jetzt gleich beginnen, die Vitrinen auf den Flur herauszustellen, dann könne man weitersehen. Bonus zuckte mit den Schultern. Die beiden Männer drehten sich um, gingen in ihre Zimmer und griffen nach den Vitrinen. Da zeigte es sich aber, daß die Kinder wach in ihren Betten gelegen waren, daß sie gewissermaßen nur darauf gewartet hatten, daß jemand ihre Heiligtümer berühre. Schon hingen sie grell schreiend und mit kralligen Fingern an den Vitrinen, und ihre Entschlossenheit, die Glaskästen zu verteidigen, war so fürchterlich in ihre kleinen Gesichter eingegraben, daß die Mütter ihren Gatten sofort in die Arme fielen und sie baten, die Kleinen doch nicht bis zum Irrsinn zu reizen. Die Männer ließen ab. Sie hatten keine gute Nacht. Und sie hatten auch keinen guten Tag mehr.
Inzwischen war nämlich in der Stadt bekanntgeworden, daß Bonus zurückgekehrt war, und es begannen sich die verschiedensten Leute für den zarten Greis mit dem erschlafften Jünglingsgesicht zu interessieren. Die beiden ansässigen Zeitungen, sonst immer gegensätzlicher Meinung, im Fall Alexander Bonus waren sie sich einig. Die Schlagzeilen ihrer Lokalseiten lauteten: »Keinen Platz für Kultur?« und »Zerfall der Werte!« Und in den Artikeln, die zu diesen Schlagzeilen gehörten, wurde das Schicksal Alexander Bonus' geschildert: seine jahrelange Sammelarbeit vor dem Krieg, die von ihm selbst aus den nicht gerade fürstlichen Pensionsbezügen finanziert worden war, seine Absicht, diese Sammlung dereinst der Städtischen Oberschule zu vererben, seine Evakuierung, die rohe Auslagerung seiner Sammlung, das Verderben, das ihr von Feuchtigkeit

und Hitze drohte, Bonus' Initiative, seine Rückkehr, seine aufopferungsvolle Arbeit, die Sammlung zu retten, sein liebenswürdiger und selbstloser Versuch, die Sammlung vorerst in Leihgaben aufzuteilen und dadurch unterzubringen, das schnöde Unverständnis der Mitbürger, ihre brutale Handlungsweise gegen Bonus und ihre eigenen Kinder, die natürlich wieder einmal mehr Verständnis für die echten Werte bewiesen hatten als die Erwachsenen! Wenn ihr nicht werdet wie die Kinder ... so etwa endeten die Artikel, in denen schließlich noch die Stadt aufgefordert wurde, diesem unwürdigen Zustand ein Ende zu bereiten, Bonus sofort mit großzügigen Subventionen zu unterstützen und ihm wenigstens seine sechs Zimmer zur Verfügung zu stellen.

Als Bonus von diesen Umtrieben Kenntnis erhielt – denn er war es nicht, der das alles veranlaßt hatte, das war wahrscheinlich gar kein Individuum, sondern so etwas wie das Kulturgewissen der ganzen Bürgerschaft, oder zumindest des Teiles der Bürgerschaft, der von sich behaupten durfte, dieses Kulturgewissen zu besitzen –, da gab Bonus sofort zwei Telegramme auf. Er wußte, jetzt war die Zeit gekommen, die ganze Sammlung zurückzuholen. Wenn sie auch ihren Wert durch die mangelhafte Lagerung weitgehend eingebüßt hatte, er wollte jetzt nicht daran denken, er mußte zuerst einmal wieder alle alle Stücke, die vollständige Sammlung um sich haben.

Als Bonus die Telegramme aufgegeben hatte und in seine Wohnung zurückkehrte, begegnete er den beiden Frauen. Sie schlugen die Augen nieder und entwichen in ihre Zimmer. Sie schämen sich, dachte Bonus und

lächelte. Sicher haben sie gelesen, was in den Zeitungen steht.
Abends begannen sie in aller Heimlichkeit, alle Vitrinen, die sie in der vergangenen Nacht auf den Flur geräumt hatten, wieder zurück in ihre Zimmer zu bringen. Ihren Kindern erlaubten sie, bei Bonus weitere Vitrinen zu holen. Und als dann die Fuhrwerke vor dem Haus hielten, die alle restlichen Stücke der Bonusschen Sammlung brachten – und das waren etwa doppelt soviel, wie schon da waren –, da scheuten die Eltern der sieben Kinder weder Staub noch Fäulnis, sie griffen selbst zu und ihre Kinder mit ihnen, und sie trugen so viele Vitrinen in ihre eigenen Zimmer, daß Bonus freundlich abwehren mußte. Nun zeigte es sich aber bald, daß sich die beiden Familien einfach zuviel zugemutet hatten. Tagelang kletterten sie mühsam und ohne zu klagen zwischen den zu hohen gefährlichen Türmen gestapelten Vitrinen herum, bis sogar die Kinder dem völligen Zusammenbruch nahe waren, dann beschlossen sie, um Herrn Bonus und das Gewissen der Öffentlichkeit nicht weiter zu beunruhigen, heimlich in der Nacht auszuziehen und sich irgendwo am Stadtrand in einer Notbaracke oder – wenn es nicht anders ging – sogar im Freien niederzulassen. Die Kinder wehrten sich nicht im mindesten, als sie tief in der Nacht geweckt wurden und der Auszug begann.
Alexander Bonus aber stand hinter seiner Tür und hörte draußen das behutsame Schlurfen vieler Füße.
Schließlich ging er zum Fenster, um dem kleinen Trupp der Eltern und Kinder nachzusehen, der, ein paar hochbeladene Handwagen mit sich schleppend, in der Dunkelheit verschwand.

Herr Bonus drehte sich um und lehnte sein schlaffes Jünglingsgesicht an eine mannshohe Vitrine, in der die Federn eines Seeadlers aufbewahrt waren, dann rieb er seine jetzt ganz farblosen, fleischigen Wangen wie zur Liebkosung an der Holzkante und öffnete die Vitrine, um eine mächtige schwarze Schwingenfeder herauszuholen, aber weil sie spröde war, zerbrach sie in seinen kleinen weißen Händen. Trotzdem begann Herr Bonus noch in dieser Nacht, seine vielen Vitrinen gleichmäßig auf die sechs Zimmer zu verteilen.

Was wären wir ohne Belmonte

Eine Zeitlang war ich versucht, auf Herrn Belmonte zu schimpfen. Aber das war eine Zeit, da wußte ich noch wenig von ihm. Er ist dick und glatzköpfig. Sowas sieht man schnell. Und seine fetten Hände sieht man, die langsam wie Mastgänse über den Schreibtisch hinwakkeln, wenn man mit Herrn Belmonte spricht. Aber man spricht ja gar nicht mit ihm. Ihn bittet man nur. Auch ich habe allwöchentlich die Tür zu seinem Büro belagert, habe nicht nachgelassen, bis seine Sekretärin erschöpft vor mir zu Boden sank, daß ich sacht den Fuß heben konnte, über sie hinwegzusteigen, ohne ihr noch einmal weh tun zu müssen.

Belmonte empfing mich immer in der gleichen Haltung: sein Kopf hing so schwer auf sein zweites Kinn, daß dieses, durch eine schwarze Quetschfalte vom Gesicht getrennt, im Halbrund von Ohr zu Ohr reichte. Hart stach die schwarze Falte aus dem weichen weißen Gesicht, das sich bemühte, jedem Besucher gütig entgegenzusehen. Er breitete seine Hände aus, schwer und mühsam, als hätte er in den fahlen, von kleinen Fetthügelchen gesäumten Handflächen große Gewichte zu tragen. Und es war, als drückten diese für den Besucher unsichtbaren Gewichte ihm die hilfsbereiten Hände wieder herab; ein dumpfes Klatschgeräusch zeigte dann auch gleich an, daß die Hände wieder in den weißen Papierwüsten des Schreibtischs gelandet waren.

Damit waren meine Besuche bei Herrn Belmonte immer schon zu Ende. Worte waren nicht nötig. Herr

Belmonte wußte, warum ich kam. Gleich als ich vom Konservatorium gekommen war, hatte ich ihm geschrieben, ihm und vielen anderen Agenturen, hatte ihnen Zeugnisabschriften geschickt, die bewiesen, daß ich ein Pianist bin, dessen Name dereinst die Stadtverwaltungen zwingen wird, die Konzertsäle zu vergrößern. Alle anderen Agenturen waren taub geblieben für die Erfolge, die sie mit mir in Zukunft hätten feiern können. Nur die Agentur Belmonte hatte geantwortet. Herr Belmonte selbst hatte mich aufgefordert, ihn zu besuchen. Und ich hatte ihn besucht. Belmonte war aufgestanden, als ich eintrat, war mir entgegengekommen, hatte mir die Hand gereicht, und ich hatte Platz genommen vor ihm, wie einer, der viel zu verschenken hat. Damals war Belmontes Gesicht nicht so schwer vornüber gehangen, war auch nicht so blaß gewesen, wie es dann wurde im Laufe der Jahre. Immer weniger Worte hatten wir gewechselt. Wir warteten beide nur noch auf den Kassenerfolg, der es Herrn Belmonte ermöglichen würde, mich groß herauszubringen. Anfangs schwärmten wir davon, wie wir den Reklamefeldzug inszenieren würden. Ganz neue Wege wollte Belmonte schon in der Vorbereitung meines ersten Konzerts ersinnen, um das Publikum darauf vorzubereiten, daß ihm etwas bevorstehe, was die üblichen Konzerterfahrungen vollends einschlafen lasse. Als wir oft genug von dieser Reklameschlacht gesprochen hatten, wurde es uns beiden peinlich, dieses Thema zu berühren. Wir wollten voreinander nicht als kindische Schwärmer erscheinen. Wichtig war der große Kassenerfolg, den Belmonte mit einem seiner prominenten Künstler früher oder später ja zweifellos haben würde.

Ich übte unterdes in meiner Dachstube. Tage und Nächte. Nährte mich karg von Kopierarbeit. Aber was schadete das bei meinen Aussichten, bei dem Wohlwollen, das ein Mann wie Belmonte mir entgegenströmte, so oft ich ihn besuchte! Wurden sie auch immer kürzer, diese Besuche, wurde es schwerer und schwerer, die unverständige Sekretärin auf den Teppich zu zwingen, es gelang mir doch jede Woche, Belmonte zu sehen. Daß wir nichts mehr zu sprechen hatten, daß er die Hände wie zur Entschuldigung ausbreiten mußte, sie in wirklicher Ohnmacht wieder auf den Schreibtisch zurückklatschen ließ, das war zwischen uns zum Zeichen geworden, daß jener notwendige Kassenerfolg immer noch auf sich warten ließ. Ich hatte mir angewöhnt, seine Gesten dadurch zu beantworten, daß ich mich verneigte. Das hieß, daß es schon gut sei, daß ich nur wieder einmal habe fragen wollen, wie es stehe. Aus dieser Verbeugung drehte ich mich um, ohne den Kopf noch einmal zu heben; ich wollte es ihm und mir nicht dadurch schwerer machen, daß ich ihm in die Augen schaute.

Im Vorzimmer pflegte sich gerade erst die Sekretärin vom Boden aufzuraffen, wenn ich zurückkehrte, so kurz waren meine Besuche bei Herrn Belmonte. Längere Besuche hätte ich um des von zahllosen Papieren geplagten Belmonte willen nicht ertragen.

Aber dann kam ein Tag, da breitete Belmonte nicht die Hände aus, um sie traurig niederfallen zu lassen. An diesem Tag lächelte er und bat mich, Platz zu nehmen. Ob ich bereit sei, sagte er, er sehe eine Möglichkeit. Es werde alles ein bißchen anders verlaufen, als wir es uns ehedem vorstellten. Aber das sei meistens so auf der

Welt. Immerhin, es sei eine Möglichkeit für mich. Und er nannte mir gleich einen Termin. Ich rannte hinaus. Rannte in mein Zimmer und spielte jämmerlich schlecht meine Programme durch.
Am Tag meines Konzertes ging ich um vier Uhr nachmittags in den Saal, in dem es stattfinden sollte. Man hatte schon geheizt. Lorbeer stand in den Ecken. Die Stuhlreihen glänzten. Es roch feierlich. Ich ging auf und ab. Setzte mich. Tastete auf dem Flügel herum. Meine Hände waren heiß und feucht. Rutschten ab. In den Ohren rauschte das Blut.
Um fünf Uhr kam ein Herr. Mein Alter. Sah mich mißtrauisch an. Ging auf und ab. Setzte sich. Sah auf die Uhr. Sah mich noch einmal an. Dann kam ein zweiter, ein dritter. Und zwei Stunden vor Beginn meines ersten Konzertes war der Saal zur Hälfte gefüllt. Ich spürte, wie mir im Gesicht brandrote Male wuchsen. Mit einem Taschentuch rieb ich die Haut, um die Aufregung ein bißchen zu verteilen. Dabei dachte ich an Herrn Belmonte. Welch eine ungeheure Propaganda mußte er für mich gemacht haben, daß die Leute so früh kamen. Und ich hatte in der Stadt nicht ein einziges Plakat gesehen. Belmonte mußte etwas ganz Neues erfunden haben. Wem war es je gelungen, einen Konzertsaal zwei Stunden vor Beginn des Konzerts so voll zu haben! Und wie erregt waren all diese Gäste! Wie schrecklich erregt! Die wenigsten hielten es auf einem Stuhl aus! In den Gängen standen sie, stapften auf und ab, die Füße hebend, als liege auf dem Saalboden ein Meter hoch Schnee. Und ihre Lippen flatterten, stießen Worte aus, dann kleine Lachversuche, Lügen gestraft von den weit aufgerissenen Augen, die regellos hin

und her sprangen unter der schmerzlich zuckenden Stirn.

Es war, als machten sie von meinem Konzert noch mehr abhängig als ich selbst. Wahrscheinlich hatte Belmonte zuviel versprochen. Erwartungen, wie sie hier aus fanatisch blassen Gesichtern aufbrannten, kann kein Pianist mehr befriedigen. Mein Puls sprengte mir schier die Haut, als ich daran dachte. Und Schauer überfuhren mich, pflügten mir die Haut mit einer Pflugschar aus Eis.

Und diese Herren, Einzelgänger alle, sahen aus, als ob sie was von Musik verstünden. Fein gebildete Köpfe wogten da durcheinander, nach hinten weit ausladend und von seidigen Haaren wie das Kostbarste beschützt. Und schmale Hände sah ich, weißen Vögeln gleich, an meinen Augen entlangflattern.

Ach, Herr Belmonte, dachte ich, Sie haben sicher zuviel getan. Die jahrelange Wartezeit hat auch Sie mürbe gemacht, hat Ihnen das rechte Maß verdorben, und Sie haben jetzt wahrscheinlich einen Meister angepriesen, wie man ihn in irdischen Konzertsälen noch nicht gehört hat. Vielleicht haben Sie aus mir einen Gast gemacht, der nur ein einziges Mal auf dieser Erde spielt. Wie sonst wäre die knisternde Spannung zu erklären, die den Saal in jedem Augenblick in ein Flammenmeer verwandeln kann!

So richtete ich meine ängstliche Rede an Herrn Belmonte. Wenn er wenigstens dagewesen wäre! Hatte er nicht versprochen, rechtzeitig zu kommen?

Ich ging zum Ausgang. Die alte Frau an der Kasse schnarchte vor sich hin. Na ja, dachte ich, du weißt es nicht besser. Und ich freute mich darauf, daß die Besu-

cher ihr heute abend nicht gestatten würden, größere Schlafpausen einzulegen. Aber von Herrn Belmonte war auch hier noch nichts zu sehen.
Ich drängte mich durch den Mittelgang wieder nach vorne, mich in die erste Reihe zu setzen. Hatte mich doch Herr Belmonte ausdrücklich gebeten, in der ersten Reihe so lange Platz zu nehmen, bis er selbst kommen würde. Als ich endlich nach vorne gekommen war, war die erste Reihe schon besetzt. Ein paar Gäste schienen sich doch so weit beruhigt zu haben, daß sie die Zeit bis zu meinem ersten Anschlag sitzend verbringen konnten. Ich nahm also in der zweiten Reihe Platz. Man kannte mich ja nicht. Und mir wäre es peinlich gewesen, zu einem Herrn meines ersten Publikums sagen zu müssen, er möge sich in die zweite Reihe setzen, um mir Platz zu machen. Kaum saß ich, wurde das Licht ausgelöscht, und aus einem schwarzen Vorhang, der die Bühne nach hinten abschloß, schälte sich plötzlich Belmonte. Da sein Anzug schwarz war wie der Vorhang hinter ihm, sah man eigentlich nur sein großes weißes Gesicht und die runden weißen Hände, die er bei seinen ersten Worten vor der Brust ineinanderlegte. Grußworte an sein Publikum waren es. Eine leise Stimme, die ein wenig traurig im stillen Saal verrann. Er habe nur Bekannte eingeladen für diesen Abend, nur Freunde, möchte er sagen, ihm Freund und der Musik. Darum habe er auf Plakate verzichtet, überhaupt auf das grelle Reklamegeschrei, zu dem die Kunst im Wettbewerb mit den Muskelkämpfen leider gezwungen werde. Er habe sich aus diesem entwürdigenden Wettbewerb befreit, habe darum jene Einladungen verschickt, die wahrscheinlich manchem lieben Gast, der

jetzt hierhergekommen sei, ein bißchen Kopfzerbrechen gemacht hätten. Nun, er wolle jetzt den Schleier lüften, sagte Herr Belmonte und fuhr sich mit dem Taschentuch zum erstenmal über die Stirn. Was Belmonte jetzt von sich gab, was jetzt geschah, kann ich nur mit großer Anstrengung wiederholen; es war damals schwer zu ertragen für mich.
Belmonte sagte: Das Publikum selbst müsse sich die Pianisten wählen, die es in Zukunft hören wolle. Die großen Meister, die jetzt noch die Säle füllten, könnten jeden Tag sterben, so groß seien sie geworden, so alt auch. Der Nachwuchs aber sei da, stünde immerfort vor der Saaltür und warte darauf, eingelassen zu werden. Er, Belmonte, habe ihn eingelassen und habe verschiedene junge Pianisten hierhergebeten, um denen Gelegenheit zu geben, sich dem Publikum vorzustellen. Diese Pianisten bitte er, jetzt auf die Bühne zu kommen. Das Publikum aber möge entscheiden, wen es zuerst hören wolle und was es hören wolle. Möge auch entscheiden am Ende dieses neuartigen Konzerts, wen es in Zukunft wieder und wieder hören wolle.
Ich erhob mich, als Herr Belmonte dies sagte. Ich war betäubt, meine Finger waren gefühllos geworden, hingen schlaff an den Händen: wie tot. Mir war auch nicht mehr heiß. Und während ich zusammen mit meinen Kollegen auf die Bühne trat, dachte ich daran, daß ich mich wachhalten müsse, da ja nun kein Konzert, wohl aber ein Wettbewerb beginne, der über meine Zukunft entscheide.
Herr Belmonte sprach noch, als wir schon auf ihn zugingen, ihn links und rechts in loser Ordnung säumten. Er sagte in den Saal hinab, als entschuldige er sich für

die große Zahl von Pianisten, die jetzt auf die Bühne strömten: er habe diese jungen Herren ja nicht aufs Konservatorium geschickt, er habe sie nicht bewogen, Pianisten zu werden. Jetzt aber seien sie da und sie brauchten Publikum, um zu leben. Nun kämen diese Pianisten aber einmal, zweimal, manche sogar dreimal die Woche zu ihm; belagerten in nicht abzuschüttelnden Trauben sein Büro, zertrampelten ihm Sekretärin um Sekretärin. Er sei zu schwach, sie abzuwehren, weil sie jung seien und kräftig und in der Überzahl. Sie kämen zu ihm, als habe er sie nicht nur in die Welt gesetzt, sondern sogar gezwungen, Pianisten zu werden; als habe er ihnen auch in die Hand versprochen, ihnen nach beendeter Ausbildung Ruhm und Geld in beliebiger Fülle zu verschaffen. Er wisse auch, sagte Belmonte jetzt mit lauter Stimme, daß es sein Schicksal sei, eines Tages unter den vor Untätigkeit wahnsinnig gewordenen Pianistenhänden zu sterben. Erwürgen würden sie ihn, das sei unabwendbar; ihre Hände seien ja langfingrig und in kräftigen Griffen geübt; aber bevor ihn dieser Tod ereile, ein Berufstod gewissermaßen, wolle er die Öffentlichkeit auf diese schrecklichen Entwicklungen hinweisen. Aber vielleicht sei der Staatsanwalt, der dann die Mörder des Agenten Belmonte anzuklagen habe, heute im Saal; dann möge er heute schon erfahren, daß Belmonte selbst jedem seiner Mörder schon im voraus verziehen habe. Belmontes Stimme hatte zugenommen an Glanz und Stärke, war zu einer großen Peitsche angewachsen, die in regelmäßigen Schwüngen auf die Stuhlreihen niederschlug, während aus dem Saal immer noch junge bleiche Männer mit glühenden Augen zur Bühne drängten.

Nun war die Bühne gefüllt, dicht gedrängt standen wir jungen Pianisten und sahen, daß noch immer nicht alle Platz gefunden hatten. Vor der Bühne wurde eine Reihe und noch eine zweite gebildet, dann endlich schienen sich alle aufgestellt zu haben. Wie ein riesiger Männerchor standen wir, eine schwarzträchtige Schar von Wölfen auch, die mit nervösem Nüsterngebläse und zuckenden Gliedern um ihren Bändiger tänzelt.
Als aber alle sich eingefunden hatten, als Belmonte zum Wettbewerb aufrufen wollte, da sahen wir, da mußte auch Belmonte sehen, daß der Saal nunmehr nicht einen einzigen Menschen barg.
Die Stuhlreihen glänzten leer und feierlich. Alle, alle Besucher waren also Pianisten gewesen. Belmontes Ruf an seine Freunde, die Freunde der Musik auch, war verhallt. Wirkungslos.
Wir sahen zu Belmonte hin. Der hatte wohl schon früher als wir bemerkt, wie es um sein Unternehmen bestellt war. Er war bleicher als je. Sein Kopf war nach vorne auf das zweite Kinn hingesunken, preßte die schwarze Falte von Ohr zu Ohr, als lege sich schon eine schwarze Drahtschlinge um seinen Kopf: Belmonte schwankte, warf die rund gepolsterten Händchen von sich. Fiel und wurde von uns im letzten Augenblick aufgefangen. Wir trugen ihn heim in sein Büro, legten ihn auf den Teppich und saßen, standen, lagen und hingen um ihn herum, eine Traube hungriger Herren, wortlos, blicklos und wenig atmend. Als er sich wieder regte, die Augen aufschlug und sich erheben wollte, da drehten wir uns ab, verneigten uns und verließen auf Zehenspitzen Belmontes Büro.

Es folgten Wochen ohne Belmonte. Vielleicht habe ich geatmet in jenen Wochen, vielleicht habe ich sogar die Augen geöffnet, die Hände bewegt: ich weiß es nicht mehr. Es gibt keine Erinnerung an jene Zeit. Daß ich sie überlebt habe, ist noch kein Beweis dafür, daß ich auch in jenen schrecklichen Wochen noch atmete. Ich war ausgelöscht. Zertreten. Wochen ohne Belmonte. Ich vermute, daß ich mich in den Lampenschirm legte zu den toten Stubenfliegen. Dorrte. Starrte. Bewegungslos. Vielleicht auf eine Putzfrau hoffte, die mich aufwischen würde, mich beerdigen würde im Staubsauger, zusammen mit den toten Fliegen. Sicher ist, daß es so gekommen wäre, wenn Belmonte nicht noch einmal eingegriffen hätte.

Belmonte war fortgegangen nach jenem Abend. Er hatte eine Stelle angenommen in einem großen Hotel. War Empfangschef geworden. Und dann hat der gute Mann mir wieder einen Brief geschrieben. Hat mich eingeladen, ihn zu besuchen. Und ich besuchte ihn, und er stellte mich ein. Portier wurde ich. Und ich erkannte in den anderen Portiers des riesigen Hotels bald den und jenen Kollegen aus dem Saal.

Belmonte hat uns alle gerettet.

Nachts, wenn wir in den Dachboden hinaufklettern, das letzte Stück über schmale schwarze Eisenleitern, nachts, wenn wir uns auf dem Dachboden schlafen legen, in einem weiten Kreis, in dessen Mittelpunkt unsere Köpfe liegen, nachts haben wir Zeit, Belmonte zu danken: wir verfassen Lieder, die seinen Namen singbar machen, wir murmeln Sprüche, Gebete für Belmonte. Und wenn wir einschlafen und wenn wir aufwachen und wenn wir uns irgendwo während der Ar-

beit begegnen, dann grüßen wir uns mit unserem Gruß, und der heißt: »Was wären wir ohne Belmonte!«
Der Dienst, den uns Belmonte im Hotel verschafft hat, zeugt von seiner großen Weisheit: die weinroten Uniformen stehen uns jungen Männern gut zum blassen Gesicht! Und wenn wir mit unseren geübten Fingern nach den glänzenden Messingbeschlägen der Hoteltüren greifen, den Gast mit schön gebogener Hand durch die Halle geleiten, zum Empfang, zu Herrn Belmonte, dann muß jeder Gast spüren, daß diese schlanken Herren mit den tiefliegenden Augen aus einer guten Schule kommen. Wahrscheinlich vermutet mancher, daß wir unsere federleichten Bewegungen einer besonderen Aufzucht verdanken, hält uns gar für eine kluge kluge Hunderasse. Tänzertiere. Hellohrig, feinädrig und im Lautlosen geübt.
Und wirklich: wir freuen uns der schlanken Dienlichkeit unserer biegsamen Körper und sind Belmonte und unserem Dienst so sehr verfallen, daß wir freundlich und dankbar hinaufkläffen zu Belmonte, der in der Empfangsloge thront. Und wenn einmal einen Augenblick gar keine Gäste zu sehen sind, wedeln wir mit den Ohren und kneifen einander mit den Zähnen in Schultern und Arme, verharren möglichst lange so ineinander verbissen, genießen die Sicherheit des Hotels, das uns schützt vor der eisigen Gleichgültigkeit der Welt. Und Herr Belmonte wirft uns zum Überfluß noch Zuckerwerk zu. Wir schnappen danach mit Maul und Händen und stecken es ein, wenn wir riechen, daß Gäste kommen – und das riechen wir. Dann geht es bücklings, voll bleckenden Übermuts zur Drehtür hinaus und fröhlich winselnd richten wir uns dem

Auto entgegen, das anfährt und mit sanft singenden Reifen dicht vor uns hält. Wir greifen Gepäck, nicken zu allen Weisungen der mächtigen Herrschaft mit aufrechten Ohren und rollen uns geräuschlos wie Teppiche vor den Herrschaften her in die Halle hinein und liefern Herrn Belmonte die Gäste aus wie eine gute gute Beute.

Das Hotel blüht auf. Die Fensterscheiben gleißen wie nie zuvor. Selbst der Direktor gibt zu, daß er es uns zu danken hat. Er achtet uns sehr. Streicht uns über die Schultern mit seiner großen Hand, verwöhnt uns mit Süßzeug und Schmeichelworten, knurrt zu uns herab, weil er glaubt, er müsse sich so mit uns verständigen. Daß wir Menschen sind, kann auch er sich nicht mehr vorstellen! So weit werden es Menschen in der Dienstfertigkeit nie bringen! Warum soll der Direktor nicht glauben, daß Belmonte ein geheimnisvoller Züchter neuer Lebewesen ist? Warum soll Belmonte nicht der Mann sein, der endlich erkannt hat, daß Menschen ihresgleichen nie recht bedienen werden. Was zweifüßig herumläuft, den Mund zum Widerspruch gebraucht, aussieht wie die Herrschaft selbst, das wird nie zum vollkommenen Dienst sich finden. Belmonte aber hat uns, die wir von der Gleichgültigkeit der Menschenwelt längst erwürgt waren, er hat uns ganz herausgenommen aus jener Welt und hat uns in weinrote Uniformen gestekt, hat uns einen warmen Dachboden verschafft und uns eine Lebensart beigebracht, die uns ein fröhliches und gemeinsames Atmen ermöglicht. Wir wollen uns nicht mehr mit den Menschen messen. So tut der Direktor gut daran, wenn er fast zärtlich zu uns herabknurrt, um uns seine Anerkennung zu zeigen.

Wir antworten ihm dann auch mit Zwinkeraugen, beweisen ihm, daß wir sein Knurren besser als alle Worte verstehen.

Wie sehr die aufrecht gehenden Menschen uns schon als besondere Wesen erkennen, bewies uns der Antrag einer diamantenbestickten Dame, die uns dem Direktor abkaufen wollte, um uns mitzunehmen nach Amerika in ihre Villa, in der sie einsam und unbeschützt leben muß. Der Direktor hat es abgelehnt, auch nur ein einziges seiner gelenkigen Wesen zu verkaufen. Kein Preis war ihm hoch genug gewesen. Das hat uns gerührt. Eine kleine Lache Tränen stand inmitten unseres Kreises, als Belmonte uns dies erzählt hatte.

Und doch ist unser Glück nicht vollkommen. Nicht daß einer von uns mit einem besonderen Gram durch die weiten Hotelgänge trabte, daß einer gar im Schlafsaal unterm Dach einsam hinter einer Kiste kauerte, um sich nicht-mitteilbaren Kummer aus der Seele zu weinen. Das liegt hinter uns. Wir sind so ununterscheidbar geworden, haben auch alle trennenden Namen Gott sei Dank abgeworfen, daß wir alles gemcinsam genießen und ertragen.

Ertragen müssen wir aber, daß uns manchmal die Finger wahnsinnig werden, daß sie plötzlich wie wild zu trommeln beginnen. Und dagegen kann sich keiner wehren. Das überfällt einen plötzlich. Ob man da gerade müßig zu Füßen Belmontes kuschelt oder vor einem Gast hertrabt, man läßt fallen, was man in Händen hat, und beginnt, als sei man ein Pianist, als sei der Koffer des Gastes ein schwarz glänzender Flügel, beginnt zu spielen. Ein stummes Spiel. Dem Gast scheint es stumm, dem Fremden, Nichtsahnenden. Uns kreischt es in den Ohren. Eine schreckliche Musik. Da können wir nicht anders, wir müssen singen. Das ist natürlich kein Singen mehr, sondern ein Jaulen, das in den Marmorgängen des Hotels widertönt. Das ist peinlich und der einzige Anlaß für einen Gast, sich über uns zu beschweren. Aber Belmonte hilft auch hier. Er geht zum Direktor, spricht mit den Gästen, erklärt unsere besondere Herkunft so gut, daß die Gäste uns dann nur noch neugierig und gerührt betrachten.

Nun wären diese Anfälle auch für uns ein steter Anlaß, traurig zu sein, wenn Belmonte nicht wäre. Belmonte aber hat uns einen Plan enthüllt, der es uns leicht macht, diese Anfälle zu bestehen; einen Plan, der sie geradezu vermeidbar macht. Belmonte sagte eines Abends, als wir im Schlafsaal um ihn herumlagen: wenn wir lange genug diesen Hoteldienst versehen hätten, würden wir so sehr zu jener besonderen Hunderasse geworden sein, für die man uns heute schon halte, daß unsere ehemalige Herkunft auch dem Fachmann nicht mehr erschließbar sei. Diese Entwicklung müsse man reifen lassen. Man müsse alle die Änderungen, denen wir unterworfen seien, außen und innen, sorgfältig beobachten und mit sorgsamer Gärtnerhand befördern. Das wolle er tun. Wenn wir dann ganz geworden seien, was wir jetzt zu werden angefangen hätten, wolle er für uns den Dienst hier kündigen und die alte Agentur Belmonte wieder errichten. Und wir würden die begehrtesten Pianisten werden in den Musiksalons dieser Erde. Noch niemals habe es eine Hunderasse zu so virtuosen Leistungen in der Interpretation klassischer und moderner Werke gebracht. Der Erfolg, der in seinen Ausmaßen jetzt noch gar nicht vorstellbare Erfolg,

den wir haben würden, entschädige uns für alle Mühen, die wir vorerst noch ertragen müßten.
Belmonte hatte gesprochen wie früher. Unsere Ohren gerieten in Bewegung, unsere Mäuler jappten nach Luft, die Zungen schlugen rot vor unseren blassen Gesichtern herum, ein sieggewisses Jaulen erhob sich aus unserem Kreis. Die verdorrten Balken unseres Dachbodens glühten auf im Widerschein unserer Augen, das Hotel schien zu beben. Und es hat nicht zu beben aufgehört seit jener Stunde, da Belmonte uns von unserer Zukunft unterrichtete. Alle Talente der Bewegung sprangen in uns auf: Schlange und Vogel und Wasser und Blumenstiele im Frühjahrswind, wir haben's in uns und jubeln fort durch die Gänge, wie schwer das Gepäck auch ist. Wir wissen ja: Belmonte wird uns früher oder später – er wird schon den rechten Zeitpunkt wählen – in die Konzertsäle führen. Kläffend werden wir auf die Bühne stürmen, die Zuschauer einen Augenblick tief erschrecken, dann aber werden wir uns mit einem Sprung auf den Klavierstuhl setzen und werden aufrecht sitzen, als wären wir Menschen: und mit einer an Hunden noch nie beobachteten Musikalität werden wir die großen Werke der Musikliteratur spielen.
Was bedeutet da der Fußtritt eines Gastes, der uns die Treppe hinabwirft! Was bedeutet die Bosheit der Köchin, die uns Knochen servieren läßt, die sie zuvor von ordinären Hofhunden peinlich sauber abnagen ließ! Nicht einmal der Haß der Kellner kann uns verdrießen, obwohl der am schwersten zu ertragen ist. Diese schlecht tanzenden Burschen, Plumpse allesamt, haben nämlich bemerkt, daß wir sie an Leichtigkeit der Bewe-

gung, an Schlankheit und lautloser Schnelligkeit weit übertreffen. Sie quälen uns, wo immer sie können. Reichen sie einem Gast Feuer, so drücken sie das Zündholz danach auf unserer Haut aus, als wär' sie schon ein Fell. Tragen sie an uns dampfend heiße Suppen vorbei, so verschütten sie absichtlich eine Kleinigkeit, um uns die immer dienstfertig aufwärtsgerichteten Augen zu verbrühen.

Aber das alles ertragen wir fröhlich knurrend, freundlich winselnd, seit wir wissen, daß Herr Belmonte uns zurückführen wird in die Konzertsäle der Welt. Und daß uns dann der Erfolg nicht mehr aus den Zähnen gerissen werden kann, daß dann unsere Säle immer immer voll sein werden, das ist sicher.

Belmonte kennt doch die Welt. Er hat lange genug die leeren Stühle seiner Konzertsäle studiert, hat lange genug das Unbehagen in den Augen aller Konzertbesucher gesehen, er weiß, was diese Besucher selber nur ahnen: Hunde wollen sie sehen auf den Podesten. Hunde an den Klavieren. Belmonte kennt doch die Welt. Und er handelt danach. Handelt an uns. Und wir fügen uns ihm. Gehören ihm. Denn: was wären wir ohne Belmonte . . .?

Templones Ende

Herr Templone war nicht der Mann, der auf das erste beste Geflüster hin seine Villa verkauft und das schattige, in den Wald hineingebaute Villenviertel verlassen hätte, um irgendwo in der Stadt drin in einem hundertfenstrigen Mietshaus Unterschlupf zu suchen. Ja, wenn eine ganz neue und giftige Insektenart in Bernau eingefallen wäre, wenn sich in dem moosigen Waldboden, auf dem das Viertel gebaut war, eine erdzerwühlende böse Tierart niedergelassen hätte, die alle Wurzeln vernichten, die Häuser unterhöhlen und dadurch zum Einsturz bringen konnte, wenn es Gründe dieser Art gewesen wären, hätte Herr Templone, der sein Vermögen durch Grundstücksspekulationen erworben hatte, wahrscheinlich auch an Verkauf gedacht. Aber vielleicht hätte er sogar dann noch den Kampf aufgenommen, um dem Ungeziefer Herr zu werden, hätte versucht, seinen Besitz gegen diesen Angriff aus dem Boden und von den Bäumen her zu verteidigen.

Die Gefahren, die das Villenviertel zur Zeit zu bedrohen schienen, waren anderer Art, vielleicht waren sie schlimmer als die giftigste Insektensorte, vielleicht waren sie viel, viel harmloser; daß man das nicht recht wußte, war vielleicht sogar das Schlimmste.

Als Herr Templone vor dem Krieg seinen Besitz in Bernau erworben hatte, konnte er das Gefühl haben, einen sehr glücklichen Kauf getan zu haben. Mit den Nachbarn hatten er und seine Tochter Klara in bestem Einvernehmen gelebt. Man hatte Feste gefeiert, hatte sich regelmäßig besucht, ohne die Gesellschaftlichkeit zu übertreiben. Nach dem Kriege aber wechselten viele Häuser ihre Besitzer, und die Mauern zwischen den einzelnen Grundstücken schienen von Jahr zu Jahr höher zu wachsen, und was hinter den Mauern der Nachbarn geschah, wußte Templone nicht mehr. Er vermutete, daß die neuen Besitzer, die sich nach dem Krieg in das Viertel eingekauft hatten, die da und dort alte Nachbarschaften durch ihre Neubauten und ihre Käufe getrennt und zerstört hatten, untereinander einen regen gesellschaftlichen Verkehr unterhielten; sie feierten mehr Feste, als er und seine Bekannten früher gefeiert hatten.

Und glichen sie einander nicht, als wären sie alle untereinander verwandt? Oder gehörten sie gar einer Sekte an, einer Sekte, die den Plan gefaßt hatte, ganz Bernau für ihre Mitglieder zu erobern?

Je mehr Herr Templone vereinsamte, desto schärfer beobachtete er. Oft lag er abendelang hinter seinen Mauern und lauschte hinüber in die fremden Gärten und versuchte zu verstehen, was dort gesprochen wurde, warum dort so grell und so laut gelacht wurde. Daß nämlich sehr laut gelacht, aber nur sehr leise gesprochen wurde, das bestärkte Herrn Templone in seinen Ahnungen, daß sich etwas vorbereitete, was gegen ihn gerichtet war, gegen alle Besitzer, die noch aus der Zeit vor dem Kriege übriggeblieben waren. Templone beschloß, seine Tochter, sich und seinen Besitz zu verteidigen. Zuerst versuchte er, die Altansässigen zu einigen: jeder sollte mit seiner Unterschrift schwarz auf weiß versprechen, seinen Besitz nicht ohne Einwilligung der anderen zu verkaufen, kein Fremder sollte sich ohne die Genehmigung aller Ansässigen ins Viertel einkaufen dürfen. Aber die Zeiten nach dem Krieg waren so verwirrt und so voller unvorhersehbarer Ereignisse, daß der und jener Hals über Kopf verkaufen mußte, ohne sich noch an ein Versprechen halten zu können. Und Templone hatte keine Macht, jemanden zu zwingen, ein Versprechen zu halten. Einer nach dem anderen zog weg, alle Beschwörungen Templones blieben fruchtlos. Man warf ihm Egoismus vor, sagte ihm ins Gesicht, daß jeder im Staate die Freiheit habe, sich zu bewegen, wohin er wolle, empfahl ihm, er möge doch seinen Besitz auch verkaufen, es zwinge ihn ja niemand, hierzubleiben. Templone aber war der Meinung, man müsse das Viertel halten, weil es doch offensichtlich geworden sei, daß die neuen Käufer unter einer Decke stünden, daß wahrscheinlich eine Organisation am Werke sei, das Villenviertel Bernau planmäßig zu erobern, eine ausländische oder staatsfeindliche Organisation gar! Und da dürfe man nicht weichen, nicht nachgeben, der Grundbesitz verpflichte zum Aushalten! Umsonst, umsonst! Einer nach dem anderen verkaufte. Und als man gar davon sprach, daß das Verkaufen nicht mehr so glatt ging, daß gewisse Käufer sich frech und schamlos darauf berufen hätten, daß dieses Viertel gewissermaßen ein verlorenes Viertel sei, daß sie genau wüßten, wie sehr den Villenbesitzern daran gelegen sei, von hier wegzukommen, und als es gar vorgekommen sein sollte, daß ein Käufer vor einer Verhandlung laut lachend aufgestanden sei, das Haus verlassen habe mit dem Ruf, er werde die Villa in absehbarer Zeit auch umsonst haben können, ohne einen Pfennig Geld, da waren viele Villenbesitzer nur noch darauf bedacht, für sich allein zu handeln und ohne Benachrichtigung der Nachbarn so rasch als möglich zu verkaufen. Es wurden nicht einmal mehr Abschiedsbesuche gemacht. Eines Morgens merkte man, daß in der Nachbarvilla neue Gesichter auftauchten, dann wußte man, wieder hatte einer verkauft. Einige inserierten in großen ausländischen Zeitungen, weil sie fürchteten, es habe sich auf dem inländischen Immobilienmarkt schon herumgesprochen, wie in Bernau die Villen verschleudert wurden. Aber drei, vier Besitzer hatte Templone immer noch zu halten vermocht! Er hatte ihnen zu guter Letzt bewiesen, die Panikstimmung, die sich in Bernau verbreitete, sei wahrscheinlich nur die Machenschaft einer großen Immobilienfirma, die auf diese Weise ein ganzes Viertel zu lächerlichen Preisen aufkaufen wolle. Templone glaubte nicht alles, was er seinen Freunden vortrug. Auch ihm war es nicht ganz angenehm, in einem Haus zu wohnen, das, wenn man es verkaufen wollte, keinen Wert mehr hatte. Er und seine Freunde waren zu sehr daran gewöhnt, daß die Annehmlichkeiten ihres Villendaseins, daß ihr Selbstbewußtsein und ihre Sicherheit letztlich darauf beruhten, daß sie auf wertvollen Besitzungen lebten, auf teurem Grund und Boden, teuer, nicht bloß zum Verkaufen, sondern teuer, um darauf zu leben.

Ja, es war schon ein arger Widerstreit in jedem Besitzerhirn, und es bedurfte großer Anstrengungen, die Freude an der Villa und am Garten aufrechtzuerhalten, wenn man wußte, daß alles täglich wertloser wurde. Templone beschloß die Reden an seine Freunde immer mit dem Satz: »Ja, wenn die Luft schlechter würde, wenn die Blumen ihre Farben, die Tannen ihr

Grün verlören und die Mauern abzubröckeln begännen, dann wäre es höchste Zeit, zu verkaufen. Aber was kümmern sich die Blumen, die Tannen und die Mauern um die Grundstückspreise? Einen Dreck! Also werden wir das gleiche tun und unseren Besitz genießen, ohne an die Zahlen der Spekulanten zu denken.«

Da seine Freunde wußten, daß Templone sein Vermögen mit Grundstücksspekulationen erworben hatte, glaubten sie ihm und blieben vorerst noch in Bernau, mieden aber die neuen Nachbarn mit Vorsatz und Plan, als wären die lauter Aussätzige.

Templone sorgte dafür, daß man sich untereinander häufiger traf, Feste feierte, musizierte und die alten Freundschaften vorsätzlich vertiefte. Seine Tochter Klara, ein stilles zartes Fräulein von achtunddreißig Jahren, unterstützte ihn in allen seinen Unternehmungen. Beide hatten Jahre hindurch ein recht zurückgezogenes Leben geführt; feste, anscheinend ganz unumstößliche Gewohnheiten hatten sich entwickelt. Vater und Tochter sahen sich nur zweimal am Tage, beim Frühstück und beim Mittagessen, danach nahm jeder seine Route auf, die ihn durch das ganze Haus führte, aber so, daß sich die Wege der beiden an diesem Tag nicht mehr kreuzten. Templone pflegte vom Mittagstisch aufzustehen, einen Gruß in die Serviette zu murmeln und gleichzeitig den Stuhl, auf dem er gesessen hatte, ganz dicht an den Tisch zu rücken; dann ging er in die Bibliothek, um alte Zeitungsbände durchzublättern. Seine Bibliothek bestand ausschließlich aus gebundenen Zeitungen der letzten fünfzig Jahre. Er hatte begonnen, diese Zeitungen vom ersten Jahrgang an noch einmal durchzuarbeiten; vor allem die Seiten, auf denen die Wirtschaftsberichte standen. Seine Tochter Klara wußte, daß ihr Vater zwei Stunden bei den Zeitungen bleiben würde. Sie hatte also zwei Stunden Zeit, im Garten herumzugehen, ohne Gefahr zu laufen, auf ihren Vater zu treffen. Mit weit ausgreifenden Schritten ging sie über die hintere Terrasse in den Garten, in einer geraden Linie quer über die Wiese bis zum ersten Blumenrondell; da blieb sie ruckartig stehen, als sehe sie diese Blumenanlage zum erstenmal, beugte sich über die Blüten oder, wenn es Herbst und Winter war, legte die Hand auf die blattlosen Ranken und Zweige und reckte den Kopf hoch, daß der hagere Hals sich weit aus dem nüchternen Kragen dehnte; so blieb sie lange stehen, lächelte wie in Erinnerungen und dachte in jeder Sekunde daran, daß sie sich sinnvoll benehmen müsse, weil ihr vielleicht jemand zusehe; sie hatte immer das Gefühl, daß sie über eine Mauer hinweg oder durch einen Vorhangspalt beobachtet werde. Ohne dieses Gefühl hätte sie nicht leben können; die unablässig beobachtenden Augen waren für sie zur Verpflichtung geworden, sich sinnvoll zu benehmen. Sie war ängstlich darauf bedacht, von ihren Beobachtern in jedem Augenblick verstanden zu werden, weil sie die Beobachter nicht verlieren wollte; wenn sie nicht mehr das Gefühl gehabt hätte, daß ihr immer jemand zuschaute, hätte sich die Einsamkeit von den hohen Zimmerdecken der Villa, von den dunklen Flurwänden und von den ausgedorrten alten Bäumen herabgestürzt auf sie und sie erdrückt, erwürgt, sofort getötet. Nur von ihrem Vater wollte sie nicht gesehen werden. Der hätte vielleicht Fragen gestellt. Vielleicht hätte er ihr Benehmen sogar sonderbar gefunden.

Wenn Herr Templone seine Zeitungen gelesen hatte – was er übrigens mit dem gleichen gierigen Interesse besorgte, wie wenn die Zeitungen gerade erst am Vormittag ins Haus gekommen wären –, wenn er das hinter sich hatte, legte er sich einen Mohairshawl um und wanderte in den Ostflügel seiner Villa, beging Zimmer um Zimmer, prüfte die Fenster, die Beleuchtung, die Schrankschlösser und den Inhalt vieler Schubladen. Klara aber schlüpfte durch eine enge Souterraintür in den westlichen Flügel des graugelben Gebäudes und arbeitete sich durch die Gänge und Zimmer, die in diesem Teil des Hauses lagen; sie hatte in jedem Zimmer etwas zu besorgen, und sie wußte allen ihren Besorgungen einen Anschein von Notwendigkeit zu geben. Sie nahm an einem Tag alle Bilder in allen Zimmern von den Wänden und hängte sie in anderen Zimmern auf. Weil nun die Bilder sehr verschiedene Ausmaße hatten und weil die Tapeten an den Stellen, an denen Bilder gehangen hatten, noch von viel frischerer Farbe waren, sah sie am nächsten Tag sofort, wenn ein kleines Bild in einem größeren Rechteck frischfarbiger Tapete hing, sah also, daß sie unbedingt und sofort wieder korrigieren mußte. Dann sprang sie munter und aufgeregt solange zwischen den Zimmern hin und her, bis wieder alle Bilder am rechten Platz hingen. Dann war es meistens schon Dämmerzeit. Das war die Stunde, wo ihr das ganze Haus gehörte, weil ihr Vater im Zwielicht den Garten besuchte. Klara benützte diese Zeit zu überraschenden Besuchen kreuz und quer durchs ganze Haus. Sie tat so, als wolle sie ihren Beobachtern entkommen, aber immer wenn sie annehmen durfte, daß sie jetzt alle Verfolger abgeschüttelt hatte, wartete sie mitten in einem langen Flur, zündete alle Lichter an und lenkte die Beobachter durch lautes Singen wieder auf ihre Spur. Hörte sie dann ihren Vater über die Hinterterrasse das Haus betreten, flüchtete sie rasch in ihre eigene Wohnung, die aus drei Zimmern bestand, mit Küche und Bad. Rasch verschloß sie alle Zugänge, zog sich aus und badete sich, weil sie sich auf ihren Wanderungen durch die vielen Zimmer, in denen die Vergangenheit nistete, über und über mit Spinnweb und Staub bezogen hatte. Das Bad dehnte sie bis tief in die Nacht hinein, weil sie das Gefühl hatte, daß ganze Galerien von Zuschauern abzufüttern waren. Nur an Festtagen ging Klara abends noch einmal zu ihrem Vater hinunter, setzte sich neben ihn, bereit, die eine oder andere frostige Zärtlichkeit von ihm entgegenzunehmen.

So zirkulierten die beiden seit Jahren sanft und gleichmäßig wie die Ströme einer Warmluftheizung durch ihr großes Haus. Aber als rundum die neuen Nachbarn auftauchten, änderte sich alles. Templone brauchte seine Tochter. Und Klara ließ ihren Vater nicht im Stich. Sie band ihr bis dahin wildverwehtes Haar in einen strengen Knoten, zog wärmere Unterwäsche an und spielte auf dem Flügel hektische Märsche. Zuerst wurden nach allen Seiten reichende Beobachtungsstände eingerichtet. Sorgfältig bauten sie Fernrohre auf, drapierten sie mit Vorhängen, umgaben sie zur Tarnung mit harmlosen Vogelkäfigen, Blumentöpfen, Hirschgeweihen, Garderobeständern und verblichenen Gobelins. Abwechselnd hielten sie nun Wache, rannten von Fernrohr zu Fernrohr, um die Gewohnheiten und Geheimnisse ihrer neuen Nachbarn kennenzulernen, um gewappnet zu sein gegen alle Überraschungen, die sich jenseits ihrer Gartenmauern vorbereiten konnten. Und abends schlich Herr Templone in gebückter Haltung, seine Tochter an der Hand hinter sich herziehend, zur Gartenmauer, verbreiterte die glitzernde Spur der Glasscherben auf der Mauerkrone, säte Eisenhaken und scharfe Blechschnitzel nach einem von ihm selbst gezeichneten Plan und preßte sein Ohr und das seiner Tochter gegen das rauhe Mauerwerk, um aus dem Wortgeschwirre und laut aufbrausenden Gelächter jenseits der Mauer seine Schlüsse zu ziehen. Nun hatte Herr Templone – was er früher immer abgelehnt hätte – sogar einen Untermieter aufgenommen, hatte ihm eine ganze Etage im Westflügel der Villa überlassen, zu einer lächerlich geringen Miete übrigens, bloß weil er ein Beispiel geben wollte, wie man sich in diesen Tagen zu verhalten habe; Professor Priamus, der neue Untermieter, war nämlich eine Art Opfer jener Ereignisse, die Herrn Templone so arg beunruhigten. Er hatte seit Jahrzehnten eine Villa bewohnt, die ihm nicht gehörte. Der Besitzer, der sich die meiste Zeit im Ausland aufhielt, hatte aber wahrscheinlich von seinem Verwalter erfahren, wie es um die Grundstücks- und Villenpreise in Bernau stand und hatte nichts Besseres zu tun gewußt, als kurzerhand seinen ganzen Besitz zu verkaufen. Professor Priamus hatte dem Besitzer lange handgeschriebene Briefe geschickt, hatte sie an die Hotels adressiert, in denen sich allem Vernehmen nach der Besitzer gerade aufhielt, hatte auch den Vermerk »Wenn abgereist, bitte nachschicken« nicht vergessen, aber sei es, daß jener Herr mit einer von der Post nicht mehr zu erreichenden Geschwindigkeit von Hotel zu

Hotel reiste, sei es, daß er gar nicht antworten wollte, auf jeden Fall hatte der Professor auf keinen seiner Klagebriefe eine Antwort bekommen. Er mußte die Villa räumen. Da hatte Templone eingegriffen und hatte den Professor und seine elftausend Bücher und seine verblichenen Papierbündel bei sich aufgenommen und die einem gestorbenen Raubvogel ähnelnde Haushälterin auch. Professor Priamus, der die letzten Jahre hindurch kaum von seinen Papieren aufzublicken die Zeit gehabt hatte, nahm seine wissenschaftlichen Arbeiten im Hause Templone sofort wieder auf. Aber Herrn Templone gelang es, den alten Professor einmal zwei Nachtstunden hindurch von seinen Papieren abzuziehen und ihn auf die Gefahren, die ringsum drohten, aufmerksam zu machen. Der Professor lächelte zwar jahrhunderttief vor sich hin, versprach aber doch, Herrn Templone einmal auf einem Erkundungsgang zur Gartenmauer zu begleiten. Als Klara und ihr Vater ihn immer wieder dazu drängten, schlich er tatsächlich eines Abends mit an die Gartenmauer, aber weil er den unebenen Gartenboden nicht gewöhnt war, stürzte er einige Male so empfindlich, daß er die Gartenmauer nicht erreichte; mit Hilfe der Haushälterin mußten sie ihn, der jammernd und kaum noch atmend in ihren Armen lag, in seine Arbeitsstube hinauftragen, mußten ihn verbinden, seine arg zerschundenen zarten Glieder bandagieren und ihn auf seinen hartnäckigen Wunsch gleich wieder an den Schreibtisch setzen, wo er auch sofort wieder zu lächeln begann und gleich darauf bat, man möge ihn jetzt bitte nicht noch einmal stören, weil er am letzten Kapitel des dritten Bandes seiner »Geschichte der Vandalenzüge« zu arbeiten habe. Da begann auch schon die Haushälterin, Templone und Klara hinauszudrängen, an der Tür zischte sie ihnen noch nach. Templone war enttäuscht, schloß sich noch enger mit seiner Tochter Klara zusammen und begann mit seinen zwei letzten Freunden regelmäßige Sitzungen zu veranstalten, zu denen er auch Professor Priamus mit Gewalt aus seinen Papieren herauszog. Templones Freunde waren alte Herren wie er selbst, schlappbäuchig, die Gesichter durch Fältelung zu stetem Grinsen verzerrt; aber Templone trug nicht, wie sie, versabberte Westen und fleckige Hosen, er war auch zarthäutiger und schöner als sie, denn er war nicht lange verheiratet gewesen, während sie zu jeder Sitzung noch ihre Frauen mitbrachten, alte Wesen, in bläßliche Rüschen und Volants verpackt, flache kleine Körper, von endlosen Perlenschnüren unregelmäßig gefesselt. Obermedizinalrat der eine, der andere: Hofrat und ehemaliger Kammersänger. Templone ließ immer viel Alkohol servieren, um die Sitzungen fröhlich zu machen. Klara mußte sich an den Flügel setzen, der Hofrat und Kammersänger mußte sich dazustellen, alle anderen hatten ihre Stühle dem Musikzentrum zuzudrehen, hatten ihre Gläser vors Gesicht zu halten, ein »Prosit« auszubringen und dann andächtig zuzuhören, was die mißhandelten Stimmbänder des Hofrats und Kammersängers unter der grellen und gierig sich vordrängenden Begleitung Klaras noch hergaben. Herr Templone inszenierte diese Sitzungen so geräuschvoll als möglich, riß dazu noch Fenster und Türen auf, weil er Wert darauf legte, daß die neuen Nachbarn jenseits der Gartenmauern hörten, daß es auch bei ihm hoch hergehe, daß man auch in den Häusern der Alteingesessenen noch übermütig und voller Lebenslust sei, ein Zeichen dafür, daß man sich noch lange nicht unterkriegen lasse. Darum erzählte der zartgebaute Financier Templone, der sein Leben lang ein stiller und vor sich hinlächelnder Mensch gewesen war, jetzt vor allen seinen Gästen die gewagtesten Geschichten und Witze, die er sich aus den alten Zeiten extra zu diesem Zweck heraussuchte; und wenn das Gelächter, der brechende Diskant der zwei alten Damen, das Gekrächze der Haushälterin des Professors – nie hätte er früher eine solche Person in seinem Salon ertragen, jetzt war sie ihm zur bloßen Geräuschverstärkung als schrilles Instrument geradezu willkommen –, dann die hüstelnden Baßstimmen seiner zwei Freunde und das schüttere Stimmchen des Professors und die harte Fistelstimme seiner Tochter, wenn dieses Stimmenaufgebot nicht ausreichte, um die Fröhlichkeit seines Hauses auch noch in der Nachbarschaft hörbar zu machen, so brachte er es über sich, nach seinen Geschichten selbst in ein sich grell überschlagendes Gelächter auszubrechen, das er, auf- und abschwellend, so lange aus seinem Munde preßte, als er auch nur noch ein Quentchen Luft in den Lungen hatte. Verständlich, daß ihn das sehr anstrengte. Er schämte sich auch, weil es ihm zutiefst fremd war, sich so aufzuführen – aber er wagte es nicht, seinen Gästen den Sinn dieser Sitzungen, den Zweck seines eigenen, oft peinlich übertriebenen Gebarens mitzuteilen. Er wollte doch beweisen, daß es immer noch eine Lust war, in Bernau zu leben.

Mit Schrecken bemerkte er, daß seine Tochter Klara dabei auf eine sonderbare Art aufzublühen begann. Sie trank bei diesen Gesellschaften mehr als alle anderen, sie begann mitzusingen, wenn sie den Kammersänger begleiten sollte, und was noch viel, viel schlimmer war, sie begann den alten Professor Priamus zu umwerben, und was das Schlimmste war, der kam ihren Werbungen entgegen, flirtete mit ihr auf eine Weise, daß Herrn Templone das Blut in den Adern rückwärts lief. Aber er mußte ja dankbar sein, daß Klara lauter war als je zuvor, daß das schüttere Stimmchen des Professors durch diesen späten erotischen Frühling auf eine Weise zu quieksen begann, daß es weit über die Gartenmauer hinweg Zeugnis gab von der Lebensfreude der Alteingesessenen, und darauf kam es Templone, dem Feldherrn dieses Kampfes, an. Aber je lauter Klara und der Professor wurden, desto stiller wurden die anderen, sahen einander an und schwiegen, sahen zu Templone hin, und der errötete. Es kam so weit, daß Klara und der Professor gar nicht mehr zu den Sitzungen erschienen, sie sperrten die Haushälterin aus, empfahlen ihr, sie möge in Zukunft den Haushalt Templones besorgen, Klara werde für immer bei Professor Priamus bleiben. Als Templone selbst an der Tür klopfte, dann rüttelte und pochte und schlug, antworteten sie ihm von drinnen mit den unanständigsten Lauten. Mit so unverhüllter Schamlosigkeit verrieten sie durch die Tür hindurch, was sie taten, daß Templone abermals errötete und in seine Bibliothek hinunterging und seine Gäste heimschickte und ihnen zum Abschied noch sagte, sie sollten tun was sie wollten, verkaufen oder nicht verkaufen, er wisse auch nicht mehr, was zu tun sei.

Aber als die Gäste fort waren, raffte er sich noch einmal auf. Er fuhr in die Stadt und kaufte sich einen Schallplattenapparat und einen Koffer voller Geräuschplatten. Die ließ er jetzt pausenlos laufen, bei offenen Fenstern und Türen. Ab und zu prüfte er von seinen Beobachtungsständen aus, wie die Nachbarn auf die Geräuschplatten reagierten. Er spielte »Stimmendurcheinander«, »Theaterbeifall«, »Kindergarten«, »Schulhof« und sogar »Fußballplatz« ab. Aber die Nachbarn reagierten nicht darauf. Sie spielten weiterhin ihr leichtfertiges Tischtennis, lagen in grellfarbigen Liegestühlen, tuschelten und lachten und kümmerten sich nicht um ihn. Templone gab nicht nach, er hatte es sich jetzt angewöhnt, von morgens bis abends Geräuschplatten zu spielen, schon um die Geräusche, die der Professor und Klara in der Etage über ihm bei weitgeöffneten Fenstern vollführten, nicht hören zu müssen.

Manchmal, wenn er die Nadel mit seinen zittrigen Händen nicht mehr auf die Platte zu setzen vermochte, wenn sie wieder und wieder am Plattenrand vorbeistieß und den Velours des Plattentellers zerriß, wenn er die Haushälterin dazurufen mußte, wenn auch deren totenbeinige Hände immer wieder versagten, dann ließ er sich im Sessel zurücksinken und träumte, er habe in der Sonntagsausgabe der New York Times ein ganzseitiges Inserat aufgegeben, aber so verschlüsselt, daß jene Organisation, die nach seiner Ansicht an der Eroberung Bernaus arbeitete, nicht bemerken konnte, daß hier ein Bernauer Besitztum angeboten wurde. Dann träumte er davon, daß ein Herr käme, vielleicht würde er Mister Berry heißen, ein Vierzigjähriger von so auffallender Geschmeidigkeit, daß Templone sofort erkannte: das war ein Geschäftsmann, wie er es zu seinen besten Zeiten nicht gewesen war.

Einen Augenblick würde er, Templone, dann kraftlos zurücksinken, würde Mister Berry seine Villa hinwerfen, weil er sich für einen Handel mit einem so vor Stärke glänzenden Makler nicht mehr gewachsen fühlte; und Berry würde instinktiv nachrücken, würde seine prächtig formulierten Sätze mit der Tigerwitterung des großen Geschäftsmannes im rechten Augenblick in die wehrlosen Ohren des alten Templone schieben, wahrscheinlich würde seine Aussprache fremdländisch und betörend sein, bis er dann plötzlich zu lachen begänne ... Templones Traum erregte sich an dieser Stelle, benahm ihm den Atem, was sagte Mister Berry da: bitte sterben Sie nicht ausgerechnet in diesem Augenblick, Herr Templone, ich habe eine Reise gemacht, um Sie zu sehen, Sie, den letzten der Alteingesessenen, den hartnäckigsten. Man hat mir viel von Ihren rührenden Versuchen erzählt, ja, ich bin der Chef der Gesellschaft, die Bernau aufkauft, ja, ich habe oft recht lachen müssen über Sie, Herr Templone, aber ich habe das Theater, das Sie aufführten, um der letzte zu sein, auch bewundert. Ein Mann wie Templone verkauft nur als erster oder als letzter. Als erster bekam man einen guten Preis, dann ging's abwärts, die einzige Chance war, der letzte zu sein, daß weiß ein Fachmann vom Range Templones, er weiß, daß die Gesellschaft keine Ewigkeit warten kann, daß sie erst richtig anfangen kann, ihre Pläne in Bernau zu verwirklichen, wenn auch Templone verkauft hat, also wird sie den letzten gut bezahlen. Klug gedacht, Templone! Aber die Gesellschaft wußte ja, daß Templone ein Fachmann ist, daß man ihm nicht mit den Druckmittelchen kommen konnte, denen die anderen erlagen, nachts Lastwagen vor dem Haus halten lassen, Scheinwerfer, die die Fassaden abtasten, Metallgeräusche und Gelächter hinter hohen Mauern, das zieht nicht bei Templone, Templone muß man allein lassen, denn ein Mann wie Templone kann nur von sich selbst zur Strecke gebracht werden, soweit wäre es also, nicht wahr, Herr Templone ...

Templone wachte aus solchen Träumen immer ganz erschöpft auf, kaum noch fähig, sich bis ans Fenster zu schleppen, um zu sehen, ob nicht doch ein Herr draußen stehe, der ihn sprechen wolle, ein Mister Berry vielleicht. Aber niemand wollte ihn sprechen. Kein Wort fiel mehr in Templones Haus. Auch die Geräusche in Professor Priamus' Räumen hatten aufgehört. Vielleicht hatte er sich von Klara getrennt, um weiterzuschreiben am vierten Band seiner »Geschichte der Vandalenzüge«. Vielleicht waren er und Klara dem Staub zum Opfer gefallen, den Spinnen, der Unordnung ihres Betts oder gar ihrer eigenen Gier. Auch die Haushälterin arbeitete nicht mehr für Templone. Sie blieb im Bett liegen und trommelte unablässig mit ihren Beinfingern gegen das Holz des Bettgestells. Er hörte es bald nicht mehr. Er versank in einer Ecke seiner Bibliothek: einer der großen schweren Zeitungsbände war über ihn gefallen, als er im untersten Fach des Regals etwas gesucht hatte, das riesige Buch hatte sich geöffnet, hatte ihm den Kopf und den Nacken niedergedrückt, auf den lange nicht mehr gereinigten Teppich, Templone hatte in der Anstrengung, sich zu erheben, den Mund geöffnet, war mit offenem Mund wieder auf den Teppich niedergebrochen, hatte noch gespürt, wie ihm Haare, Staub und Faserzeug in die

Mundhöhle drangen, trocken, scharf und stechend, dann hatte er sich nicht mehr gewehrt, war liegen geblieben unter dem großen schweren Buch, hatte mit den Augen die Stelle des Teppichs, die er noch sehen konnte, wieder und wieder abgetastet, bis er nichts mehr sah und nichts mehr spürte.

Der Gasmann, der ja sein monatliches Geld haben muß, kam später dazu und holte gleich die Nachbarn von links und rechts. Die besahen sich alles und sorgten für die Beerdigung des alten Herrn, der zwischen ihnen gelebt hatte, unverständlich wie ein Stein. Aber sie trugen es ihm nicht nach, daß er nie gegrüßt hatte, wenn man ihm begegnet war.

Die letzte Matinee

Aus fetten schwarzen Wolkenwülsten, die über der letzten Szene aufgezogen waren, schob sich grellweiß, an den Rändern zerfranst, das Wort: Fin; es war ein französischer Film gewesen. Ich tastete mich am Arm meiner Frau ins Freie, senkte den Kopf weit nach vorn, denn mich blendete der strahlende Sonntagvormittag; auch wollte ich nicht sehen lassen, daß mir in den Augen noch das Tränenwasser stand. Ich bückte mich, nestelte am Schuh, keuchte angestrengt und tat, als bemerkte ich nicht, daß meine Frau ungeduldig an mir zerrte.

Inga gehört seit ihrer frühen Jugend zu den Matineebesuchern, ihre Augen, die Augen jedes Matineehasen, bestehen den Wechsel vom Kinoraum ins Sonnenlicht ohne Zwinkern; eine Routine, die ich mir in all den unzähligen Matineen, zu denen ich Inga in den vier Jahren unserer Ehe begleiten mußte, nicht anzueignen vermochte.

Der echte Matineebesucher tritt erhobenen Hauptes, mit schräg nach oben gestellter Stirn und Urteile formulierend, rasch und sorglos ans Tageslicht. Da er, darüber hinaus, etwas vom Film versteht, kommt er nicht in die Gefahr, weinen zu müssen. Daß ich so gar kein Talent zum Matineebesucher zeigte, war all die Jahre hindurch ein Anlaß zu Zerwürfnissen zwischen Inga und mir gewesen. Einen Mann zu haben, der immer noch das Gesicht zu Grimassen verzog und wie ein Säugling zwinkerte, wenn er aus dem Kino trat, der

hastig die sich immer wieder erneuernden Tränen aus dem Gesicht wischte und so gut wie kein Wort zur Diskussion beitrug, die noch unter der Kinotür aufbrandete, einen solchen Mann zu haben, war für Inga den anderen Matineefreunden gegenüber peinlich genug. Auch an dem Sonntag unserer letzten gemeinsamen Matinee hatte sich Inga sofort wieder mit einem Maler in eine Debatte verstrickt. Der Maler, ein passionierter Matineebesucher auch er, trug an diesem Tag einen blaugefärbten Lammpelz, der wie eine weite Bluse um seinen schmalen Körper schlenkerte und ihn bedeckte bis zu den Schenkeln hinab. Die Beine staken in engen gelben Tuchschläuchen. Sein Gesicht war gesäumt von einem roten Backenbart, der aufgehängt wirkte und in so unglücklichem Gegensatz zu den jugendlichen Zügen des Malers stand, daß man meinen konnte, der Maler selbst sei ein unglücklicher und darum ein besonders wertvoller Mensch.
Da ich ihm und seinesgleichen immer mit wortloser Verehrung zu begegnen pflegte, stellte ich mich auch jetzt stumm und ergeben hinter die linke Schulter meiner Frau. Mein Gesicht spielte Zuhörer. Wie lange würde es heute wieder dauern? Bis sechs Uhr abends oder bis sieben? Es hatte Sonntage gegeben, da waren wir gegen Mitternacht heimgekommen. Das hing ganz vom Film ab, der zu behandeln war. Ringsum hatten sich auch heute Dutzende von kleineren und größeren Diskussionszirkeln gebildet. Inga und dem Maler hatten sich noch zwei Mädchen und ein junger Herr zugesellt. So dicht und glatt waren die Haare der beiden Mädchen und so weit über die Stirne herabgekämmt, daß man von den Augen nichts mehr sah; wollten die

Mädchen sehen, mit wem sie sprachen, so gingen sie unwillkürlich ein bißchen in die Knie, machten sich kleiner, als könnten sie so besser durchsehen unter der pechschwarzen Haarblende. Der junge, noch bartlose Herr, den sie zwischen sich gestellt hatten, bedeckte, wenn er seine Sätze formulierte, die Augen mit der flachen Hand und nahm sie erst weg, wenn er zu Ende gesprochen hatte und nun die Reaktionen der Umstehenden beobachtete; dazu führte er die Hand von den Augen zum Kinn und stützte dieses so lange in die gespannte Gabel von Daumen und Zeigefinger, bis seine Diskussionspartner ihm geantwortet hatten; setzte er zum nächsten Satz an, schwebte die Hand wieder nach oben, um die Augen des sich nun ganz auf sich selbst Konzentrierenden aufs neue zu bedecken. Obwohl ich diesen jungen Mann für ein unerschöpfliches Gefäß von Argumenten gehalten hatte, wurde die Diskussion heute schon nach wenigen Stunden ausgeblasen. Warum, kann ich nicht sagen; ich hatte ja nicht zugehört. Ich spürte bloß, daß mich Inga ärgerlich am Arm ergriff und durch alle Zirkel hindurch hinaus auf die Straße steuerte. Den Heimweg pflasterte sie – wie immer – mit Vorwürfen über meine Art, Diskussionen zu bestehen.

Als wir die Sandsteinstufen zu unserer Parterrewohnung hinaufstiegen, bat ich sie, die Tadelpredigt doch so lange auszusetzen, bis wir das Innere unserer Wohnung erreicht hätten. Sie verstummte. Die Haustüre war nur angelehnt. Um so besser. Einen Schritt über den winzigen Vorplatz bis zur Wohnungstür, ich löste schon den Schlüssel aus dem klirrenden Bund, da war mir – aber das mußte eine Täuschung sein –, als hörte ich was aus unserer – eine Täuschung, ganz bestimmt – aus unserer Wohnung? Sicher nicht. Sicher waren's die Kinder der Facharbeiterfamilien in den oberen Etagen. Wie käme auch am hellen Sonntag jemand in unsere Wohnung! Schnell Inga angeschaut: die brütete finster, hatte also nichts gehört. Da ist ja auch gar nichts zu hören, das wird sich gleich zeigen, und ich führte den richtigen Schlüssel mit spitzer Daumen-Zeigefinger-Haltung bis zum Schlüsselloch, half nach mit der Linken, da hörte ich was, und wie deutlich! Männergelache war's und Gequiekse von Frauen. Das waren nicht die Bauklötzchenwerfer, die kindlichen Polterer der oberen Gänge! Inga? Jetzt stand auch sie anders: vom Hörenmüssen ganz starr, vorsichtig mit Bewegungen, als wäre sie selbst aus hauchdünnem Glas. Mir war der Atem sofort stehengeblieben; aus der Mitte des Körpers kritzelte es noch siedigheiß bis in alle Gliederenden, dann hörte es auf, ich spürte mich nicht mehr. Um nicht zu ersticken, stieß ich die Tür auf. Flur gibt's nicht bei uns. Die erste Tür geht gleich ins Wohnzimmer, und in dem lagen, saßen drei, vier, fünf, sechs Männer, mehr noch, ich zählte sie nicht, und wie viele Frauen? Die bewachten die Töpfe, die sie auf kleine, zweifellos selbst mitgebrachte elektrische Kocher gestellt hatten – oder waren es Spirituskocher? denn so viele Anschlüsse, wie hier Kocher aufgestellt waren, gab es gar nicht in unserer Wohnung! Inga drängte sich mir unter die Achsel. Jede Pore, die sie anstieß, war starr und tat weh. Wir standen immer noch in der schulterbreit geöffneten Tür und wurden nicht beachtet. Wenn einmal in der normalen Wendung des Kopfes ein Augenpaar auf uns traf, blieb es stehen auf uns. Einen

Atemzug lang. Dann drehte es sich gleichmütig weiter. Seinen Zielen zu. Wir aber trieben unsere Augen ganz aus den Höhlen, konnten und konnten uns einfach nicht sattsehen an diesen Wohnungsräubern. So sehr wir auch schauten, alle ihre Bewegungen mit Nase, Mund und Augen nachfuhren, wie ein Hund das Fleischstück verfolgt in der auf- und niederspielenden Hand seines Herrn, sie richteten kein Wort an uns und fuhren in ihren Beschäftigungen und Scherzen fort, als seien sie es durchaus und von jeher gewohnt, so angestarrt zu werden. Nie hatte ich so unbefangene Lebewesen gesehen wie diese Schar, die sich allzu freimütig bei uns einquartiert hatte, während wir durch unseren Matineebesuch wieder einmal den guten Film unterstützt hatten. Hilflos und fast wütend buchstabierte ich noch einmal die Handlung des Films, den ich hatte anschauen müssen: ein Bildhauer, krank, genial, hungrig. Er kann nichts mehr arbeiten und geht dazu über, Menschen, die nachts an der Seine spazierengehen, in die Seine hinabzustoßen. Stößt einmal einen Mann ins Wasser, der ein Mädchen begleitet. Das Mädchen versteht den Bildhauer. Der Bildhauer sieht sich verstanden. Da erwacht er und verzweifelt jetzt wirklich und geht zum Beweis dessen freiwillig in die Seine. Am Ende geht jenes Mädchen allein spazieren. Wieder an der Seine.

Und in der Zwischenzeit hatte man unsere Wohnung besetzt. Wären wir nicht in die Matinee gegangen, folgerte ich, wären wir noch unangefochtene Herren unserer Wohnung. Die Bewohner der oberen Stockwerke hatten ihre Wohnungen ja auch noch. Inga verachtete diese Bewohner zwar, weil sie zum stumpfen Abendpublikum zählten, zu den Konsumenten abendlicher Kitschdarbietungen, aber – das war durch keine Spitzfindigkeit aus der Welt zu schaffen – sie waren noch Herren ihrer Wohnungen. Ich hing den Geräuschen nach, die jetzt von oben herunterdrangen; kräftige Frauenarme stießen dort Töpfe und Kacheln in große Spülgelten. Eisen und Blech klapperten, dröhnten unter Wasser zusammen. In einem zweiten Arbeitsgang folgten Teller aus Glas und Porzellan, schriller stießen sie gegeneinander, bis auch sie ganz unter Wasser waren, das das Geräusch glucksend ins Dunkle brach. Wie sehr hatte uns der Verlauf dieses einzigen Vormittags von diesen Geräuschen getrennt. Ich hörte ihnen nach, als wären es in Gesänge gefaßte eigene Kindheitserinnerungen. Und wie diese schienen sie mir unwiederbringlich vergangen zu sein. Ich streckte eine Hand aus, ein bißchen nach oben, sie trudelte kraftlos wieder herab.

Inga und ich standen immer noch in der kaum geöffneten Tür; aneinandergedrängt wie Frierende unter einer zu schmalen Decke. Haare, Kleider, Stiefel, seltsame Töpfe auf winzigen Kochern und eine quick und hell hin- und herschwirrende Sprache, Glasglockengebell! Konnten wir dies ewig wie ein Theater betrachten? Genau besehen waren's Rothäute. Blauschwarze Haare hatten sie sich fettig und glatt um die Gesichter gepappt, exakte Ovale freilassend. Richtige Kinderbuchindianer. Allzu wirklich gewordene.

Inga zupfte mich nach rückwärts bis vor die Haustür hinaus und fiel mir dann laut aufweinend an die Schulter. Im ersten, zweiten und dritten Stock gingen Fenster auf. In der Nachbarschaft auch. Aus allen Fenstern hingen halslang die Mieter und beobachteten uns mit übertriebener Sorgfalt, als müßten sie nachher über jede unserer Bewegungen einen Schulaufsatz schreiben. Wahrscheinlich hatten sie alle mit angesehen, wie unsere Wohnung von jenen ungenierten Fremdlingen besetzt worden war.

Als ich mich dann mit Inga entfernte, erhob sich ringsum klappernder Beifall. Das taten sie nur, um sich bei den Fremden lieb Kind zu machen. Das würde ihnen, dachte ich, nicht viel helfen. Die Fremden waren allem Anschein nach ein kinderreicher Stamm, die brauchten noch mehr Wohnungen. Wo aber hin jetzt mit uns? Zum Wohnungsamt? Es war aber Sonntag. Der Dezernent für das Wohnungswesen turnte wahrscheinlich in diesem Augenblick zwischen seinen vielen Kindern in einer Waldschneise herum, in die kein Telephon hinabreichte.

Ich stolperte vorwärts. Ziellos. Inga weinte noch. Ich zerrte sie hinter mir her. Auf einem großen Platz baumelte einer auf uns zu, ein Matineefreund, ich sah's sofort. Er freute sich, Inga auch. Sie trocknete ihr Gesicht mit Lächeln. Da trafen wir wieder einen und noch und noch und noch einen, wuchsen zu einem Haufen, und immer noch Zustrom, Zustrom, bis wir wieder der in Dutzende von Zirkeln aufgeteilte Klumpen vom Vormittag waren. Viele umarmten sich. Man habe sich eben doch zu früh getrennt heute morgen. Ja und die Wohnung, seltsam, nicht wahr, die habe man von fremden Leuten besetzt gefunden. Ja, ja, das gibt's. Die Realität macht Seitensprünge, also zum Thema von heute vormittag . . .

So redeten sie. In ein paar Nebensätzen wurde rasch

eingeflochten, daß Fremdvolk eingedrungen sei: grünhäutige Muskelmenschen bei dem, eine Art Husaren mit Affengesichtern bei den anderen, oder auch Stubenfliegen, größer als ausgewachsene Hühner, waren ernst um einen Tisch gesessen, hatten die Rüssel in eine Schüssel gesenkt, aus der sie laut schmatzend Zuckersuppe schlürften. Der bartlose junge Herr mit den zwei mühsam schauenden Mädchen erzählte, daß bei ihm eine Schar blaubärtiger Gouvernanten eingebrochen sei, die sich gegenseitig bis auf die unbeschreibliche Unterwäsche zerzaust hätten. Er erzählte dies, ohne die Hand über die Augen zu halten, aber mit vor Hochmut klirrender Stimme. Inga fühlte sich jetzt so gut aufgehoben, daß sie es wagte, in ähnlicher Tonart von unseren eigenen Erlebnissen zu sprechen. Als wir noch alleine gewesen waren, hatte ich versucht, sie zu beruhigen; da war sie in einen Weinkrampf verfallen und hatte mich angeschrien, sie habe längst erkannt, daß ich nicht zum Gesprächspartner tauge für sie, jetzt aber müsse sie erleben, daß ich nicht einmal imstande sei, ihr eine Heimstatt zu sichern. Ich war froh, sie nun im frischen Wind der Rede und Gegenrede so aufleben zu sehen. Das nahm mir die Sorge für sie im Augenblick ab. Was getan werden mußte, konnte ich allein besser tun. Keineswegs wollte ich für den Rest meines Lebens in diesem Klumpen diskutierender Zirkel durch die Straßen schwimmen. Ich drängte mich nach vorne. Dem nächsten Schutzmann, den ich sah, winkte ich, ging auf ihn zu, er aber wich mir aus, sah sich selbst hilfesuchend um und rannte, als ich zu sprechen begann, kopflos davon.
Später versuchte ich es noch einmal mit einem anderen

Polizisten. Der schien von unserem Zug gehört zu haben, wahrscheinlich hatte er sogar schon Weisungen erhalten, wie er uns zu behandeln habe, er ließ mich nämlich gar nicht an sich herankommen, sondern deutete schon von fern heftig, fast verzweifelt in eine neue Marschrichtung und schrie dabei in einem fort: »Es ist für alles gesorgt. Es ist für alles gesorgt.«

Ich lenkte den Zug in die angegebene Richtung. Den anderen war das gleichgültig. Wieder und wieder stießen wir auf Polizisten, die uns den Weg wiesen. Alle vermieden es, in unsere Nähe zu kommen. Sie behandelten uns wie eine Herde fremder Tiere, von denen man nicht weiß, wie gefährlich sie sind.

Dann säumten auch Passanten unsere Straßen.

Wer gerade zum sonntäglichen Spaziergang angesetzt hatte, einen Freund besuchen oder auf den Fußballplatz gehen wollte, der zögerte, wenn er uns sah, verließ seinen Weg, um zu sehen, was es mit diesem Haufen aufeinander einredender Menschen für eine Bewandtnis habe. Die Leute steckten die Köpfe zusammen, stellten Fragen, und da schienen doch auch schon einige zu sein, die gewisse Antworten über uns zu geben vermochten; die bildeten denn auch sofort die Mittelpunkte der Neugierigen und wurden von vielen Seiten mit Fragen bedrängt. Welcher Art die Antworten waren, die über uns erteilt wurden, konnte ich leider nicht hören. Wahrscheinlich erfand jeder der Auskunftgeber eine andere Reihe von Gründen für unseren seltsamen Aufmarsch. Es ist ja fast ein alltägliches Ereignis heute, daß sich Menschen zusammenscharen, auf die Straße gehen, um für oder gegen etwas zu demonstrieren. Sicher hielt man uns für eine politische Partei oder, was noch leichter zu vermuten war, für eine Sekte; mußte es doch jedem auffallen, daß Kleidung und Haartracht aller Matineebesucher in einem einzigen Stil gehalten waren. Ja sogar der Körperbau und die Art sich zu bewegen, den Kopf schräg oder gerade zu halten, die Hände in Rede und Gegenrede von sich zu werfen, sie beschwörend erstarren zu lassen oder verächtlich zu schütteln, das wies alles eine auffallende Gemeinsamkeit auf. In Kleidung und Haartracht war diese schon so deutlich, daß selbst der unvoreingenommene Passant auf den Gedanken kommen konnte, es handle sich hier um eine Art Uniform. Wenn auch nicht zwei von allen völlig gleich gekleidet waren, der Abstand zur allgemein üblichen Kleidung war doch bei jedem gleich groß. Der trug rotgefärbtes Sackleinen als weit überhängende Bluse, der andere hatte sich eine Hose daraus gemacht; selbstgemacht, so sahen überhaupt alle diese Kostüme aus, wie auch zum Beispiel die Frisuren der männlichen Matineebesucher durchweg verrieten, daß sich jeder zu Hause hingesetzt, in die Linke einen Handspiegel genommen hatte und mit der freibleibenden Rechten begonnen hatte, die Haare bis auf einen winzigen in sich nicht mehr gestuften Rest abzuschneiden. Ich selbst war in dieser Hinsicht immer in Halbheiten steckengeblieben. Ich hatte es nie gewagt, mich so zuzurichten und auszustaffieren wie die anderen Matineebesucher. Das mochte damit zusammenhängen, daß ich als Kassenbuchhalter während der Woche auf ein gesundes Aussehen Wert legen mußte.

Allmählich machte es nun den Eindruck, als hätten wir irgend etwas verbrochen und würden abgeführt. Im-

mer mehr Polizisten tauchten vor uns auf, winkten uns, arbeiteten mit ihren im Zeigen geübten Händen in der Luft herum, übertrieben aber ihre Bewegungen so, als hielten sie uns wirklich für eine Herde farbiger Tiere, die die einfachen Fingerzeige eines Schutzmanns nicht verstehen. Es war jetzt auch nicht mehr zu übersehen, daß irgend jemand einen Befehl gegeben hatte, wie man mit uns zu verfahren und wo man uns hinzulenken habe. Im zentralen Büro für die öffentliche Ordnung beugten sich wahrscheinlich aufgeregte Herren über einen hellerleuchteten Stadtplan, um für uns einen Weg zu suchen. Wir wurden Richtung Oststadt getrieben, und dort, es war nicht mehr zu verkennen, dort zu den Bahnhofsanlagen, an den Geleisen entlang, immer weiter hinaus, bis zum Güterbahnhof.
Inzwischen war unsere Schar völlig von Polizisten umgeben worden, die sanft aber unabweisbar zu drängen begannen: zuerst auf eine riesige Verladerampe hinauf, dann hinein durch ein schwarz-klaffendes Tor in eine domhohe Güterhalle. Es stank nach Fisch, und auf dem Boden glänzten und schwabbelten dickflüssige Lachen. Ich war als einer der ersten in die Halle gedrängt worden. Um mich herum wurde weiterdiskutiert. Mir wurde übel vor Dunkelheit und schlechter Luft. Ich arbeitete mich zurück, das heißt, ich blieb stehen und ließ alle anderen an mir vorbeipassieren. Da kam Inga. Sie diskutierte mit den zwei glatthaarigen Mädchen. Ich nahm ihre Hand, wollte sie mit hinaus ins Freie ziehen, sie aber entwand sich mir, ohne mich angesehen zu haben, sie mußte gerade einen Einwand niederreden, der ihr Ärgerfalten in die Stirn gegraben hatte. Da kamen schon die Polizisten, das Tor zu schließen. Ich rief

noch einmal: »Inga!«, griff ein letztes Mal nach ihr, wieder vergeblich, duckte mich dann und schlüpfte rasch unter den Armen der Polizisten hindurch. Ich kam hinaus. Die Flügel des Tors wurden zugeschoben, rollten einander entgegen, es klinkte metallisch: geschlossen. Von innen hörte man noch Summen und Brodeln. Kein Schrei erhob sich. Nicht einmal Licht wurde verlangt.
Ich aber war, sobald ich im Freien war, von vielen Polizistenhänden gepackt worden. Ein Verhör begann. Ich bewies schon durch mein Äußeres, daß ich gar nicht zu jener Schar von kläglich Eingesperrten gehören konnte. Man sah mich an, glaubte mir und ließ mich laufen.
In großer Ungewißheit verbrachte ich die nächsten Tage. Dann begann ich mich umzusehen. Zuerst strich ich an unserer Wohnung vorbei, dann auch an den Wohnungen der anderen Matineebesucher. Bevor ich etwas unternehmen konnte, mußte ich wissen, wer diese Eindringlinge waren und mit welchen Rechten man sie ausgestattet hatte.
Anfangs habe ich ja diese Beschlagnahme für eine Aktion irgendeiner Besatzungsmacht gehalten, ausgeführt in geheimem Einverständnis mit unseren eigenen Behörden. Eine Zeitlang hatte ich dann geglaubt, es handle sich um besonders sorglose Zirkusleute, kindhafte Artistengemüter, die nach ihrem Gastspiel die Stadt, also auch die Wohnungen wieder verlassen würden.
Jetzt, nach vielen Nachforschungen, die allerdings so vorsichtig und ohne alle Unterstützung von mir allein betrieben werden mußten, daß sich das Nachforschen fast immer auf ein behutsames Spähen beschränkte,

jetzt weiß ich nur, daß wir jenen Eindringlingen kaum Vorwürfe machen dürfen.
Wenn ich an sie denke, sehe ich das aufleuchtende Gesicht eines Ornithologen vor mir, der in einem Schwarm dalmatinischer Störche die Polarmöwe entdeckt. Er kennt die Gesetze der Migrationen seiner Vögel so gut, ist ihren Schicksalen mit solchem Eifer zugewandt, daß er auch die Ausnahmen mit Liebe erwartet. Er telephoniert noch mit dem Freund in der meteorologischen Anstalt und erfährt, daß von Franz-Joseph-Land bis Nowaja Semlja Kaltluft eingebrochen ist, ganz ungewöhnlich für diese Jahreszeit, einhergehend mit einer Veränderung der Luftdruckverhältnisse, die den Orientierungssinn der Vögel irritiert; und diesen Umstand noch bedacht und jene Möglichkeit einbezogen, und schon ist der Flüchtling aus der Zirkumpolarregion zwischen den dalmatinischen Störchen zu einer recht verständlichen Erscheinung geworden. Wüßten wir genug von den Menschen, die außerhalb unserer Wohnungen leben, würden wir den Rothäuten, den grünhäutigen Muskelmenschen, den Husaren mit den Affengesichtern, den blaubärtigen Gouvernanten, ja sogar den begleitenden Wesen wie Riesenstubenfliegen und aufrechtstehenden Hunden, ihnen allen würden wir die Gliedmaßen herzlich schütteln, wie Freunden, die sich mit Brief und Telephon angemeldet haben. Wir aber wissen nichts, also müssen wir vor ihnen bis zur Atemlosigkeit erschrecken wie vor Feinden, oder wir spotten über sie, sagen, sie seien vom Zirkus hergekommen, von der Opernszene, oder gar von einem Seitensprung der Realität (als wäre Realität das, was wir dafür halten)!

Vielleicht sind sie aus ganz entfernten Landschaften gekommen, vielleicht aus dem Industrieviertel unserer Stadt! Daß sie uns fremd scheinen, heißt nur, daß wir sie nie zuvor angeschaut haben. Dazu mußten sie Eindringlinge werden. Warum aber hatte man diese Flüchtlinge, flüchtig aus Übermut oder Not, warum hatte man sie angewiesen, ausgerechnet die Wohnungen der Matineebesucher zu besetzen? Dieser Frage, für mich war sie wichtiger als alle anderen Fragen, wandte ich meine größte Aufmerksamkeit zu, und ich fand eine Antwort: die Woche über waren die Beamten selbst zur Stelle, konnten allen Bedürftigen raten und helfen. Wollten sie aber einen ungestörten Sonntag haben, so mußten für alle Fälle Quartiere vorbereitet werden; deshalb die Einweisung in die Wohnungen derer, die am Sonntag – wie man wußte – sowieso nicht zu Hause sind, der Matineebesucher also! Am Montag würde man weitersehen. Heutzutage kann die Verwaltung nun einmal nicht anders als von der Hand in den Mund leben.
Und doch mögen die Wohnraum-Verwalter dem Montag mit einiger Beklemmung entgegengesehen haben. Wie sollte es weitergehen? Welcher Improvisationen bedurfte es, um die sonntägliche Improvisation wieder gutzumachen?
Der Montag kam. Noch rührte sich nichts. Auch ich war erstaunt, weder in den Zeitungen noch von Mund zu Mund etwas über dieses doch recht öffentliche Ereignis zu erfahren. Hatte man aus dem Notquartier in der Güterhalle ein Gefängnis gemacht? Hielt man die Eingesperrten mit Gewalt zurück, weil man für sie keinen Wohnraum mehr hatte? Oder lag etwas ganz ande-

res, Schlimmeres gegen sie vor? Ich unterließ es vorerst, mich bei den Behörden zu erkundigen. Ich wartete. Wartete von Tag zu Tag. War das möglich? Mußte nicht plötzlich ein Schrei aufbrechen und jene Halle zum Mittelpunkt der öffentlichen Empörung machen? Da war doch Gewalt im Spiel. Jetzt waren schon Wochen und Monate vergangen, und keiner der Matineebesucher war zurückgekehrt. Ich begann Erkundigungen einzuziehen, strich auf dem Gelände des Güterbahnhofs herum, bestach Beamte und horchte an den Bretterritzen der Güterhalle. So trieb ich es ruhelos zehn, vierzehn Tage, dann hatte ich so viel erfahren, daß ich alle Bemühungen für immer einstellte. Die Matineebesucher hatten sich mit keinem Wort zu der neuen Umgebung geäußert, sie hatten sich weder beklagt noch beschwert. Selbst die Beamten hatten sich gewundert. Dann hatten sie die Eingesperrten zu kleineren Verladearbeiten eingeteilt, und zwar so, daß die einzelnen Diskussionsgruppen nicht zersprengt wurden. Der Erfolg war ermutigend. Seitdem arbeiten die Matineefreunde auf dem Güterbahnhof und freuen sich ihrer Debattiergemeinschaft. Einen einzigen Wunsch haben sie geäußert: am Sonntagvormittag wollen sie Filme sehen. Gute Filme! Die Wohnungsbeamten, die über diese Entwicklung der Dinge außer sich waren vor Freude, haben dafür gesorgt, daß der Veranstalter der früheren Matineen sein Programm in der Güterhalle weiterführen kann.

Ich aber habe alle Hoffnung aufgegeben, meine Frau je wieder zu sehen. Mich tröstet allein der Gedanke, daß sie bei mir geradezu unglücklich und elend gedarbt hätte, verglichen mit jenem Glück, das ihr im Kreis der

Matineefreunde so dauerhaft beschieden ist. Ich gönne es ihr, daß sie bei denen bleiben kann, die jetzt in der dämmrigen Halle leben, den Fischgestank nicht achtend, der unabänderlich hier herrscht, die mit ihren Sandalen in den vom Schimmel befallenen Lachen schlammiger Flüssigkeit stehen und über den Bildhauer diskutieren, der krank, genial und hungrig, so lange Menschen in die Seine stieß, bis ihn das Mädchen weckte, daß er verzweifelte und selbst in die Seine ging, das Mädchen zurückließ, so allein, daß ihr nichts anderes übrigblieb, als wieder spazierenzugehen, des Nachts, allein, an der Seine! Das ist ein Film! Das ist ihr Thema, das sie lieben wie ihre besondere Haartracht und ihr sehr persönliches Gewand. Matineebesucher sind sie und bleiben sie, auch in der Güterhalle: Vögel, die ohne Flügel zur Welt gekommen sind, Apostel, die keinen Christus gefunden haben. Ich kann das nicht ändern.

Fingerübungen eines Mörders

Ich werde mein bestes Gesicht tragen, das mit dem Tränenschleier, wenn ich zur Beerdigung des Oberbürgermeisters gehe. Die Schmerzen, die er ausstehen muß, bis ich ihn mit meinen ungeübten Händen umgebracht haben werde, der Zustand, in dem man ihn auffinden wird, halb erwürgt und halb erstochen (wahrscheinlich muß mir ohnehin noch ein Herzschlag zu Hilfe kommen), seine Versprechungen, die er hat nicht mehr erfüllen können, das alles wird ihm eine Teilnahme sichern, deren er bei späterem Ableben keinesfalls hätte sicher sein können. Die zwei Herrn von der Polizei werden mich wahrscheinlich erst nach der Beerdigung um meine Handgelenke bitten, am Friedhofsportal, Nordausgang. Sollten sie sich auch dann noch nicht schlüssig geworden sein, muß ich rasch verreisen. Ich kenne doch meine Nerven.
Aber warum, wird man fragen, warum muß es überhaupt sein? Und wenn es sein muß, warum soll gerade der Oberbürgermeister daran glauben? Das eben will ich erklären, schon um den Staatsanwalt zu ärgern, den die Klarheit meines Geständnisses zum bloßen Vorleser degradieren wird. Dem Richter und seinen Helfern will ich mich durch Wahrheitsliebe empfehlen, vielleicht sogar durch Reue. Ich verlange da allerdings ein bißchen viel von mir, wenn ich mir ein Reuebekenntnis abringe, schon bevor mein Messer das Streifenmuster der Jacke des Oberbürgermeisters erreicht hat. Hoffentlich ist der Stoff nicht zu solide. Ich habe extra den

Sommer abgewartet. Andererseits könnte man in dieser Jahreszeit, auch wenn man nicht zum Schwitzen neigt, bei einer solch ungewohnten Anstrengung feuchte Hände bekommen, das Messer stößt zu und rutscht dir nach hinten aus der Hand, der Oberbürgermeister lacht dich aus, entsetzliche Vorstellung das. Mit bloßen Händen weiterzumachen, seinen nicht eben mageren und wahrscheinlich nie ganz trockenen Hals in einen halbwegs wirksamen Griff zu bekommen, das könnte, wenn auch nicht meine Entschlossenheit, so doch meine Kraft übersteigen. Ich will die Überlegungen nicht zu weit treiben, schließlich können mir mancherlei Umstände zu Hilfe kommen. Für die muß ich mich offenhalten. Für den Briefbeschwerer, das Tintenfaß, den goldenen Schlüssel, der vielleicht an der Wand hängt und einen guten Hammer abgäbe. Wenn ich mich nur nicht durch pedantisches Planen ganz verderbe, dann wird schon etwas Spontanes möglich sein. Das soll nicht heißen, verehrte Richter, daß dieser unvorhersehbare Gegenstand, den ich meinem Opfer gegen die Schläfe klopfen werde, später den Beweis erbringen soll, meine Tat sei nicht vorsätzlich gewesen. Sie sollen wissen, daß ich bei der Ausführung meines Vorsatzes alles Zufällige schon eingeplant hatte.

Eines aber muß zu meiner Verteidigung gesagt werden: der OB selbst zwingt mich, ihn umzubringen, denn er läßt mir, seit er mich unter seinen Bürgern entdeckt hat, fast täglich mitteilen, daß er mich für einen Mörder halte. Ich unterschätze nicht seine Menschenkenntnis. Vielleicht hat er recht. Aber ich bitte Sie, rundum so viele Mörder, und wie selten passiert schon ein Mord. Von mir aber verlangt er sozusagen Konsequenz, ich soll mich bekennen. Er haßt mich. Schön, ich esse im Gasthaus, bin Abonnent, das erklärt aber doch noch nicht alles. Sehen Sie: im Mittagsgeläut schaukelt die Stadt, schaukelt der Suppe zu, und in der Suppe schwimmen, um Wiederwahl bittend, die Augen des Oberbürgermeisters. Dann lächle ich. Das gebe ich zu. Andererseits verstehe ich ihn. Ich kann mir vorstellen, wie er unter dem Undank der Bevölkerung leidet. Ich selbst liege nachts manchmal wach und fühle den Schmerz der CDU. Hat nicht unser OB allen Häusern wieder Dächer aufgesetzt, und wenn er nun an den Häusern vorbeigeht, nicht ein einziges Haus zieht sein Dach, um ihm zu danken! Ich begreife, wie ihm das weh tut. Trotzdem schickt er täglich Statisten, die mich zwingen sollen, den Mord zu begehen, bevor er sich zur Wiederwahl stellt. Er will mich aus dem Weg räumen. Sechzehnjährige Mädchen schickt er mir ins Haus, mindestens zwei, drei müssen sich immer im halbdunklen Treppenhaus aufhalten. Sobald ich erscheine, müssen sie sich aneinanderdrängen, knistern, kichern, Beine verrenken und ihre Hälse abbiegen, daß Hautflächen entstehen, die mir die Hände aus den Hosentaschen reißen sollen. Manchmal, wenn ich mich weigere, das Zimmer zu verlassen, treibt er einfach bunte, seidige Mädchenherden so lange an meinem Fenster vorbei, bis ich aufspringe. Sogar seine eigene Tochter schickt er auf die Straße, befiehlt ihr, nahe an mir vorbeizugehen und mich mit einem Kaninchenblick anzuschauen, ums Messer bittend, sozusagen. Meine übermenschliche Selbstbeherrschung würde jeden anderen rühren oder gar versöhnen, den OB aber reizt sie zu immer neuen Herausforderungen. Links von mir mußte jetzt ein altes Fräulein einziehen. Wahrscheinlich eine seiner pensionierten Sekretärinnen. Ausgesucht aus allen pensionierten Sekretärinnen. Sie hat eine Stimme, die Gänsehaut hervorbringt. Sie bekommt vom OB aus irgendeinem Sonderfonds so viel Geld, daß sie alle anderen pensionierten Angestellten der Stadt jeden Tag einladen und bis tief in die Nacht hinein bewirten kann. Alle zusammen haben den Auftrag, sich bis zu ihrem letzten Atemzug darüber zu streiten, wer zwischen 1921 und 23 in A zwo, B vier, A fünf und K drei arbeitete. Seit vier Jahren streiten sie nun darüber. Wer mir weismachen will, sie täten das ohne Auftrag, der hat einfach noch nie in einem Zimmer gewohnt, in dem er zuhören mußte, wie sechs, acht städtische Pensionäre sich über die Bürobesatzungen der Jahre 1921 bis 23 streiten. Sicher hat der eine oder andere dieser Pensionäre schon vorgeschlagen, man solle jetzt doch einfach einmal aufs Rathaus gehen und im Personalbüro die Akten nachschlagen, aber das verhindert das alte Fräulein, denn sie ist wahrscheinlich als einzige eingeweiht, zum Teil wenigstens. Ein politischer Gegner, der nebenan wohne, müsse zermürbt werden, so oder so ähnlich wird man es ihr erklärt haben. Daß sie aber das Opfer ist, das mich zum Mörder machen soll, das hat man ihr sicher verschwiegen. Und ich hasse sie inzwischen schon so sehr, daß ich es nicht mehr über mich bringe, sie aufzuklären. Ich darf ihr nicht mehr begegnen, ich muß es zugeben, ich bin soweit, meine Hände könnten sich vergessen. Ihr nicht mehr zu begegnen ist nicht einfach. Sie hört mich kommen und gehen, wenn ihre Kollegen und Kolleginnen auch noch so laut streiten. Das beweist: an dem

Streit liegt ihr nichts. Sie entfacht ihn auftragsgemäß, dann schärft sie ihre Ohren, um mich kommen oder gehen zu hören, rennt heraus und richtet lächerliche Fragen an mich. Zum Beispiel, wie spät es sei. Trotzdem, in Strümpfen schaffe ich es, unbemerkt an ihrer Tür vorbeizukommen. Was aber soll ich gegen den Invaliden tun, den der OB rechts neben meinem Zimmer einquartiert hat? Den hat eine Sprengung verunstaltet. Nur äußerlich. Seine Überzeugungen, seine Lust zum Singen, und zwar mit mir zusammen, seine Freude an einem guten Schluck, wenn er ihn mit mir zusammen trinken kann, das alles ist unversehrt lebendig. Dabei vertritt er nicht einmal die politische Ansichten des Oberbürgermeisters, so schlau ist das arrangiert. Er ist Liberaler. Ehemaliger Arbeiter zwar, aber Konkurrenz muß sein, sagt er, wer kann, der kann, ruft er und wakkelt stürmisch mit dem leeren Rockärmel. Jeder muß sich wehren, der Bessere bleibt übrig.
Natürlich, er sei jetzt ein Krüppel, nur noch ein Bein, nur noch ein Arm, nur noch ein halbes Gesicht, er sei erledigt, das sei ganz klar; er sehe auch ein, daß das so sein müsse; nirgends könne er länger als ein halbes Jahr wohnen, dann setzten ihn die Leute vor die Tür, in ein Heim lasse er sich nicht sperren, ein freier Mensch, immer noch ein freier Mensch, so krakeelt er, bis er völlig betrunken ist und ich beginnen kann, ihn hinüberzutransportieren. Den hat sich der OB wirklich gut ausgesucht. Na ja, kein Kunststück für ihn, er läßt sich die Akten des Wohnungsamtes geben, den schlimmsten aller Untermieter, den jongliert er dann in meine Nähe.
Jeder, der meine traurigen Erfahrungen kennt, wird

denken, ich sei ein Kommunist. Wen sonst könnte der OB so schrecklich verfolgen. Oder ich wisse vielleicht etwas aus der Vergangenheit des OB. Nein, ich weiß nichts, ich bin auch kein Kommunist. Es wäre mir unangenehm, würden die armen Kommunisten jetzt auch noch mit meiner Tat belastet.
Haßt mich mein Oberbürgermeister vielleicht, weil ich ihn nicht gewählt habe?
Nein, so leicht darf man es sich nicht machen. Leute, die ihn nicht wählen, verachtet er, er bedauert sie sogar, sie tun ihm leid, weil sie nicht einsehen, was für ein guter Oberbürgermeister er ist. Mich haßt er aber, und er haßt mich, weil ich ihn für einen schlechten Klavierspieler halte, das ist es. Ich sagte schon, daß ich im Gasthaus esse, Abonnent bin. Da habe ich mich dann und wann schon hinreißen lassen, meine Meinung über das Klavierspiel unseres Oberbürgermeisters zu äußern. Meine Mitabonnenten, die Tag für Tag das gleiche Essen vorgesetzt bekommen wie ich, die vielleicht noch mehr vom Leben erwarten als ich, obwohl sie sicher nicht mehr zu erwarten haben als ich, sie lassen keine Gelegenheit aus, das Klavierspiel des Oberbürgermeisters zu loben. Sie verstehen offensichtlich mehr von Musik und Klavierspiel. Sie nehmen mir meine Kritik besonders übel, weil ich zugebe, daß mir das Gehör für diese Art von Klavierspiel fehle. Jeder dieser Abonnenten, das hat mein Mißtrauen geweckt, scheint eine andere Musik zu hören, wenn der Oberbürgermeister spielt. Der Schlesier schluchzt schlesisch, wenn er davon spricht, der kleine Friseur will in dieser Musik etwas hören, was ihn über Kamm und Schere hinausträgt, und der, der vom Reisebüro zu uns an den Tisch

kommt, sieht die Zukunft so beruhigend klar vor sich wie ein Tessin-Plakat, wenn er eines der Konzerte des Oberbürgermeisters besucht. Schon daß der Oberbürgermeister so viel Konzerte gibt, rechnen sie ihm hoch an. Und wie oft, wenn man ins Rathaus komme oder auch nur vorbeigehe, halle aus den Räumen des OB seine unverwechselbare Klaviermusik. Eigentlich sei das Klavier gar kein Klavier mehr, der OB mache aus dem einen Instrument ein ganzes Orchester.
Ich dagegen sage: Ich höre nichts. Ich höre dann und wann den OB, das schon. Ich besuche Versammlungen, öffentliche Gemeinderatssitzungen, selten zwar, aber seit ich mich verfolgt weiß, immer häufiger, ich kenne den OB, soweit man einen OB kennen kann, kenne sogar einige Gesichter seines persönlichen Referenten, aber was ich bis jetzt vom OB hörte, war noch nie Musik.
Sie sind aber schon auf eine gemeingefährliche Art unmusikalisch, heißt es dann.
Nun gut, sage ich, lassen wir das.
Heute bereue ich es, daß ich je mein offensichtlich mangelhaftes Gehör eingestanden habe. Dem OB wurde das natürlich zugetragen, und er weiß seitdem, daß da ein Mensch in der Stadt lebt, der das Klavierspiel des Oberbürgermeisters auf eine radikale Weise anficht, ja der sogar frechweg behauptet, der OB spiele überhaupt nicht Klavier. Auch ich begreife, daß der OB nicht mehr ruhig atmen kann, solange ich frei herumlaufe. Also muß er mich zum Mörder machen, denn das ist das einfachste. Zum Stehlen kann man einen, der sein Auskommen hat, viel schwerer verleiten. Der OB kennt die Menschen.

Sosehr ich aber den OB begreife, so kann ich ihm doch nicht den Gefallen tun, die Opfer zu schlachten, die er mir vorwirft. Wenn er mich schon mit so unentrinnbarer Schläue und Konsequenz in einen Mord hineintreiben will, und das will er, und er kann es sogar, wie ich allmählich einsehe, dann will ich mich mit meinem Mord doch zugleich an dem rächen, der ihn mir aufzwingt, und das ist er selbst, der OB.
Das also, meine verehrten Richter, ist die Erklärung für den Mord, der Ihnen sonst vielleicht rätselhaft vorkommen könnte. Sollte ich allerdings, wenn ich zum erstenmal in das Arbeitszimmer meines Oberbürgermeisters eintreten werde, wirklich Klaviermusik hören, so werde ich mich sofort unter irgendeinem Vorwand entfernen. Sollte dagegen in diesem Arbeitszimmer lediglich der OB sein und keine Musik weit und breit, dann werde ich alle hilfreichen Umstände spontan benützen und seufzend den Mord begehen, den man von mir verlangt. Ich kann jetzt nicht länger warten, spätestens in vier Wochen wird er wieder dickere Jacken tragen und weiß Gott wieviel Schichten Unterwäsche. Andererseits hätte ich an einem kühlen Oktobertag das Messer besser im Griff. Das will überlegt und miteinander verglichen sein. Ich werde alles noch einmal überlegen und miteinander vergleichen.

Eigentlich müßte immer Post da sein

Der alte Schlabaum war ganz blau angelaufen. Wer ihm begegnete, blieb stehen. Das hatte den Ausschlag gegeben. Die Schwester Oberin hatte ihn auf sein Zimmer gesperrt. Die Ausgänge sollte Kroll übernehmen.
Jetzt lag Schlabaum im Bett. Ungeschickt und mürrisch. Ein Holzscheit, das man aus Versehen auf ein Seidenkissen gelegt hat.
So ein Februar war das geworden! An einem einzigen Nachmittag hatten Wind und Sonne mit dem Winter aufgeräumt. Und gerade jetzt mußten dem alten Alpinisten und Oberinspektor die Ausgänge flöten gehen. Was das Altersheim mit Post, Polizei, Bank, Krankenkasse und Rathaus zu schaffen hatte, das hatte immer Schlabaum erledigt. Und er hätte sich am liebsten geweigert, den Kroll überhaupt einzuweihen. Aber die Post würde er sich von dem nicht holen lassen. Das konnte ja 11 Uhr werden, bis der zurück war. Und heute war sicher Inges Antwort da, die Mitteilung, wann sie ihn besuchen würde, vielleicht kam sie gar schon am Nachmittag, mit Mann und allen drei Enkeln, das wollte er doch nicht erst um elf Uhr erfahren. Er selbst hatte die Post zwar immer noch vor zehn Uhr im Hause gehabt. Man hatte geklatscht, wenn er – die Postmappe schwenkend – in den Frühstückssaal getreten war. Aber Kroll hatte keine 57 Jahre Alpenverein hinter sich, vor allem hatte er nicht siebzehn Viertausender aufzuweisen.
Schlabaum kletterte aus dem Bett, kriegte mit seinen

zittrigen Händen den Reiber zu fassen, öffnete, steckte den Kopf durch das kleine Fenster und rief in den Hof hinunter, ob Lidi nicht ganz ganz rasch für ihn zur Post rennen könne. Lidi war ein Rotkäppchen und hätte heute ohnehin ihren Putz noch aus dem Gäßchen hinausgetragen. Sie warf auch gleich ihre Füße aus, daß man meinte, die könnten nicht mehr rechtzeitig wieder auf dem Pflaster sein, um den schon nach vorne abtauchenden winzigen Körper noch einmal vorm Sturz zu bewahren. Aber wenn es dann tatsächlich einmal schien, als kämen die Füße zu spät zurück aufs Pflaster, dann warf sie die Händchen an ihren dünnen Armen nach vorn, gab so noch für eine Sekunde Schwung und rettete sich.

Die kalte Sonne war voller Kinder. Der blanke Wind fuhr in ihre weiten, farbigen Gewänder, füllte Pluderhosen, blätterte Faltenröckchen auf und wehte die bunten Kinderwolken hin und her, daß es oft lange dauerte, bis jedes wieder in seiner Richtung weiterrennen konnte.

Lidi dachte noch immer an den Onkel Schlabaum und arbeitete sich sorgfältig durch ein Trottoir voller Mädchen hindurch, die von zwei Schwestern wie ein Gebüsch zusammengehalten wurden. Den blutigen Händen von drei Indianern entging sie nur mit Hilfe des Windes, der ihr rechtzeitig unters Röckchen fuhr und sie mit einem Schwups quer über die Straße trug; bei der Landung hätte sie bald eine Schwangere zertrampelt, die mit blödem Lächeln in einem Fleck Sonne lehnte. Eine häßliche Frau ließ sich mit Hilfe von viel Brot von einer kreischenden Möwenwolke umwerben. Lidi rannte darunter weg. Vier Möwen trennten sich, obwohl sie noch keinen Bissen erwischt hatten, von der Wolke und überließen sich lieber wieder dem Wind. Eigentlich müßte immer Post da sein, sagte Herr Schlabaum und kratzte mit tauben Fingerspitzen an den kleinen Scheiben.

Es war in der ganzen Stadt jetzt keine Ruhe mehr geblieben. Die kalte Sonne und der blanke Wind bedrängten alles. Es fehlte eine Postkarte. Die Hexen, die auf ihren Besen durch die Straßen ritten, die ihnen jetzt ganz gehörte, kreischten vor Protest. Die fuchsschwänzigen Teufel, denen die Pelzschwänze wie riesige Blutegel überall vom Körper hingen, die mit ihrem Geschell alles durchfuhren, packten die Menschen an allen Gliedern und schüttelten sie. Weißäugige Grasdämonen wisperten jedem, der noch nichts gemerkt hatte, eine Botschaft ins Ohr. Da blieb eine Frau, die gerade hatte zum Einkaufen gehen wollen, mitten auf dem Weg stehen und begann sich, wie von einem zarten Sog erfaßt, langsam zu drehen. Wird es ein Tanz? Eine Ohnmacht? Und auf der makellosen Schreibtischplatte des Oberbürgermeisters landete in diesem Augenblick das erste Stäubchen: Gerenne zweitrangiger Herren. Auf dem Bahnhofsplatz, der aus harter Sonne war, radelten mit großen Botentaschen auf kleinen Rädern in einer Sekunde vierzehn Clowns durcheinander. Ihre endlosen Münder strömten über vor Aufforderungen zur Teilnahme. Die im gar nicht berührbaren Alter, so von siebzehn bis vierundzwanzig, saßen auf den Bänken des Omnibusplatzes und schauten verlegen zu Boden; aus dem rissigen Holz dieser Bänke stiegen wie aus Felsschluchten grüne Signalwölkchen. Einer der Burschen rauchte bewußt. Zwei umkreisten zwei Mädchen

und musterten mißtrauisch alle Bewegungen im Geviert, bevor sie den nächsten Kreis ein bißchen näher an die Freundinnen legten. Der Omnibus der Trikotagenfabrik leerte plötzlich alle seine Mädchen zur Unterstützung der Teilnahme auf den Platz. Jetzt stank sogar noch der See herauf. Der Schlamm schien leuchten zu wollen. Eine Silbergondel rollt aus dem Schaufenster quer hinaus. Herrn Schlabaums Pantoffel zertrampeln das Altersheim. Die alten Ohren bersten. Und in einem roten Cabrio fährt ein Lächeln mit höchster Geschwindigkeit vorbei und verwischt sich nicht im geringsten. Der Wind schneidet die ganze Welt in Scheiben auf. Eine Postkarte wird doch hoffentlich dabei sein.
Nur der junge Schwan vergräbt den Kopf in seinem zarten Gefieder aus gelbem Rost und Rosa.
Lidi aber nimmt jetzt die Karte aus der buckligen Hand des Beamten und setzt sie als Segel, schießt in den Wind, so hart, daß die Karte bis zum Zerreißen sich bläht und der Ärmchenmast sich knarrend biegt. Aber wo die Gasse mit dem Pflaster anfängt, wo Lidi einbiegen muß, da nimmt ein ganz Feiner, ein Edler, ein violetter Samtkragen, weißes Hemd und schwarze Seidenhosen, und Stöckchen quer vor der Brust, der nimmt sie aus dem Wind, fällt weit ab mit ihr, bis zur Schienenschlucht, wo die alten Waggons schlafen und unendliche Brombeerhecken sich zäh die steile Böschung hinabwälzen und nie ankommen, wo das Farblosgebüsch vom vergangenen Jahr starrt, von allen Jahren, Dickichte der Unzucht; vergilbtes Papier im Gezweig erlaubte vielleicht noch genauere Erhebung, aber so genau will das niemand mehr wissen. Lidi läßt sich führen. Er ist ja kein Wolf. Ein Döschen Hautcreme bietet

er, ein winziges, als Brautgeschenk. Dann muß sie unbequem und aufrecht stehen und er zieht ihr einiges vom Leib, anderes hebt er nur hoch. Es sei höchste Zeit, daß er sich Lidis annehme, o ja, so könne sie nicht weiterleben, ihre Haut bestätigte alle seine Befürchtungen, man müsse sie wohl zuerst einmal streicheln. Lidi atmet heftig. Einmal Rudis Hand. Dann die saftlosharten Zweige des Dickichts. Der blanke Wind, der die Karte in ihrer Hand auch hier noch zittern läßt. Rudi steht neben ihr. Er kniet neben ihr. Er bückt sich. Massiert sie. Schaut sie an. Richtig arbeiten muß er. Und sie steht aufrecht wie ein Stück Holz. Aber in ihr ist es heiß und kalt. Am Ende muß Rudi ihr noch ein paar Abziehbilder auf den Bauch kleben. Das sei sogar das Wichtigste. Er leckt und klebt und es dauert ihr jetzt schon fast ein bißchen zu lang. Rudi aber sagt, leider würde nicht jedes Bild was, dann müsse er es eben wieder mit einem neuen versuchen. Endlich richtet er sich auf. Sie sehen sich an. Lidi sagt: »Jetzt sind wir verlobt.« Rudi sagt: »Du brauchst es aber noch niemand sagen.« Dann geht Lidi zweimal um Rudi herum und sagt: »Jetzt sind wir verheiratet.« Rudi sagt: »Das geht erst recht keinen was an.«
Herr Schlabaum sank auf den Stuhl nieder, als Lidi durch die Türe trat. Sein Kopf schlug auf die Tischkante und blieb reglos liegen, seine Hand erreichte die Karte noch, aber er konnte nicht mehr lesen, daß Inge zur Zeit so von Bällen und Einladungen und Trubel in Anspruch genommen sei, daß sie wirklich erst am Aschermittwoch zu Besuch kommen könne, aber bis dahin seien es ja nur noch zwei Tage und sie bringe dann alle Kinder mit.

Lidis Nasenspitze zuckte auf und ab. Sie ging um Herrn Schlabaum herum, wie man um einen Hund herumgeht, der in der Sonne liegt und man weiß nicht sicher, ob er richtig schläft oder nur döst und einen gar beißt, wenn man ihn stört.
Die Abziehbilder auf ihrem Bauch fühlten sich jetzt kalt an und ein bißchen klebrig. Sie schüttelte sich. Am besten, sie lief gleich heim, um alles wegzuwaschen, bevor es die Mutter entdeckte. Herrn Schlabaum gab sie zum Abschied einen Stups mit dem Zeigefinger. Eigentlich hätte er ihr auch einen Zehner schenken können für den Ausgang. Aber durfte sie die Bilder überhaupt wegwaschen? Sie war doch verheiratet mit Rudi. Also mußten die Bilder auf dem Bauch bleiben, auch wenn sie sie ein bißchen kalt und klebrig empfand. Dann öffnete Lidi das Cremedöschen von Rudi und begann, die Creme mit durchgebogenen Händen sorgfältig in ihr Gesichtchen einzureiben, obwohl das noch voller Rotkäppchenfarben war.

Der Wurm

David verfehlte an diesem Morgen den Takt der Löffel. Er war schon auf dem Boden der Pfanne, als die anderen gerade erst eine Fingerbreite unter dem Pfannenrand angekommen waren. Gleich würden die vom Fett glitschigen Kartoffelscheibchen von links und rechts in die steilwandige Mulde rutschen, die er gegraben hatte. Seine Mutter würde nichts sagen, aber Ulrich, der allmählich den Vater abgelöst hatte und jetzt so schnell oder so langsam aß, wie es ihm beliebte, und es auch erreicht hatte, daß sich alle nach ihm richteten, Ulrich, der links von David saß, würde auffahren, und der Vater würde ihn unterstützen, und wenn sie einmal auf David aufmerksam geworden wären, würden sie sich nur noch mit ihm beschäftigten. Denn die Aufgabe, einem Dreizehnjährigen auf einem Hof Arbeit zuzuweisen, bewegt die Phantasie der Erwachsenen wie Maden ein Stück schimmelnden Käses.

David mußte die anderen aufholen lassen. Unmerklich. Er hatte ja auch keinem was wegessen wollen. Er wäre nur gern ein bißchen früher fertig geworden. Aber was hätte es ihm genützt? War doch jede Mahlzeit ein Kerker, der nur durch das Schlußgebet aufgeschlossen werden konnte, und das ruhte im Munde des Bauern. Die Uhr, die wie ein umgedrehter Suppenteller an der Wand hing, zeigte zehn vor sieben. Vor acht, halb neun hatte David noch nie einen Fremden am See gesehen.

Der alte Ziegler ist gestern selber mit dem Wasserschutz hinausgefahren, sagte Ulrich.

Und? Haben sie sie gefunden? fragte Davids Mutter.
Ist ja zum Lachen, sagte der Bauer, vor zwei, drei Tagen kommen die nicht hoch.
Wahrscheinlich ist sie noch gar nicht wach, dachte David.
Darum suchen sie ja jetzt mit Stangen. Die Fischer helfen mit, sagte Ulrich. David dachte: Oder sie trinkt gerade Kaffee.
Da können sie lange suchen, sagte der Bauer, als ob bewiesen wäre, daß die in der Bucht gekentert sind, bloß weil das Boot in der Bucht an Land getrieben wurde.
Barfuß sieht dumm aus, aber wenn er Schuhe anzöge, das fiele auf.
Ist doch zum Lachen. Die können genausogut fünf oder zehn Kilometer weit draußen gekentert sein.
Wenn er ein Boot hätte. Aber wahrscheinlich würde sie ablehnen, weil das gerade passiert war.
Der Valentin rudert nicht fünf Kilometer hinaus, wenn er eine im Boot hat.
Woher weiß das Ulrich, dachte David. Warum nicht fünf Kilometer? Er würde zwanzig Kilometer hinausrudern, wenn sie es wünschte.
Die Mutter der Fremden kommt heute, sagte Anna.
Die wird noch ein paar Tage warten, bis sie ihre Tochter mitnehmen kann, sagte der Bauer. David sah, daß sein Vater sich schon wieder ärgerte. Gestern abend hatte es sogar richtig Krach gegeben, weil Anna gesagt hatte, daß Valentin und die Fremde vielleicht freiwillig ins Wasser gegangen seien.
Stadlers nehmen jetzt auch Fremde, sagte die Mutter, um von diesem gefährlichen Thema abzulenken.

Ich will niemanden im Haus, sagte der Bauer. Man hätte den Heutrockner nicht einbauen dürfen, sagte Anna, der sei zu laut, und die Mutter bewies, daß man mit Kurgästen mehr verdiene als mit den paar Litern Milch, um die man die Milchproduktion mit Hilfe des Heutrockners steigern könne; davon verstehe sie nichts, sagte der Vater und stand auf und begann: Im Namen des Vaters, des Sohnes ... David ging mit Kaspar und Ulrich hinaus und ahmte dabei die schweren und noch ungelenken Schritte der Erwachsenen nach. Für die körperlich Arbeitenden scheint es ja nach jedem Essen aufs neue in Frage gestellt zu sein, ob sie je wieder Herr über die eigenen Glieder werden. Pfeifend kam er, ohne gerufen zu werden, bis zur Ecke, blieb stehen, bückte sich, als läge auf der anderen Seite der Ecke etwas, was er brauchte, und als immer noch niemand rief, richtete er sich hinter der Ecke wieder auf, holte Angelrute und Wurmbüchse vom Bretterstapel herab und rannte, bis er außer Rufweite war. Ob sie schon auf der eingeglasten Terrasse saß? David schüttelte sich die Haare aus der Stirn, begann zu pfeifen und hielt seine Bambusstange so fest, daß sie sich nicht mehr bewegte. Als er an der Glasterrasse des Hotels vorbeiging, vergaß er weiterzupfeifen. Da mampften einige alte Herrschaften. Damen, deren Kleider so fahl waren wie ihre Haare, führten Tassen mit Daumen und Zeigefinger vorsichtig an den Mund, die übrigen Finger von den Tassen weggespreizt, als seien die schmutzig. Hinter riesigen Zeitungen hervor langten manchmal Männerhände langsam auf den Tisch und fanden, ohne zu suchen, ihre bestrichenen Semmeln. Nur wenn eine Wespe sich nicht von der honigbeschmierten Semmelhälfte trennte, von der ein Gast gerade abbeißen wollte, wurde eine Hand heftiger bewegt. Sonst aber hätte man glauben können, die Frühstückenden seien Figuren eines allmählich verendenden Glockenspiels, alle einem einzigen immer schläfriger werdenden Rhythmus unterworfen. Die Bretter auf dem Anlegesteg dröhnten leise unter Davids Schritten, obwohl er barfuß war. Er suchte sich einen Platz, von dem aus er das Hotel Krone ohne zu deutliche Kopfwendung sehen konnte. Die Balkontüren der meisten Zimmer waren noch zu. Sicher bewohnte sie ein Zimmer mit Balkon. Wenn der Vater so einen Wagen hat.

David löste den Angelhaken von der Rolle, klappte die Büchse auf, hielt sie schräg, so daß die Sonne hineinschien, hatte das Gefühl, als schaue Mafalda mit ihm jetzt auf den Erdklumpen, grub mit dem Zeigefinger darin herum, bis er was spürte, faßte mit dem Daumen nach und zog den immer härter werdenden und sich wehrenden Wurm mit Kraft, aber vorsichtig aus der Büchse heraus. Er spießte ihn auf die Dreiangel und warf sie hinaus, ließ die Schnur von der Rolle surren, sah im letzten Augenblick noch, daß der Wurm sich von einer Angel gelöst hatte, und kurbelte die Schnur wieder herein. Eine Balkontür ging auf, ein Herr trat heraus, David erkannte die dünne Goldfassung der Sonnenbrille, mit einem viel zu großen Schwung warf er die Angel wieder hinaus, ließ aber vor Aufregung die Kurbel nicht rechtzeitig los, die Angel schnellte zurück, er warf sie noch einmal, diesmal richtig, und schwitzte, weil er glaubte, er habe sich vor Mafaldas Vater blamiert. Er starrte ins Wasser, wagte nicht mehr hinüberzusehen, wahrscheinlich war sie jetzt auch

schon auf dem Balkon, vielleicht frühstückten sie auf dem Balkon, dann beobachteten sie ihn, der Schwimmer zuckte, zwei-, dreimal, wenn jetzt einer, aber das waren bloß ein paar Lauger, die bringen das Maul gerade so weit auf, daß sie am Wurm zupfen können. Kein guter Tag heute, das Wasser zu klar, viel zu klar, vor einem Gewitter oder wenn's regnet, da beißen sie, da jagen die Großen, daß die Lauger vor Angst in die Luft schnellen. Achtzehn Stück hatte er einmal herausgeholt an einem einzigen regnerischen Vormittag, aber da würde sie natürlich nicht auf dem Balkon sitzen, vielleicht kam sie nachher auf den Steg, zum ersten Schiff, das zieht doch immer Fremde an, die schauen dann, als hätten sie noch nie ein Schiff gesehen, winken den Leuten zu, die auf dem Schiff sind, und die winken zurück, als wären sie alle miteinander verwandt, dabei kennen sie sich doch gar nicht.
Hoffentlich fuhren sie bei dem Wetter nicht nach Bregenz hinüber oder sonst zu einem Ausflug, vielleicht interessierte sie sich fürs Fischen, viele Fremde interessierten sich dafür, fragten einen aus, warum die Barsche hier Kretzer hießen, ob das Wasser immer so blau sei und was die Fischer im Winter täten. Sicher interessierte sich Mafalda fürs Fischen, sie beobachtete ihn wahrscheinlich jetzt schon, sie kannte ihn doch, sie hatte ihn angeschaut, als er bei der Fronleichnamsprozession vor dem Baldachin gegangen war. Nachher hatte der Benefiziat gefragt, warum er vor dem Hotel Krone plötzlich wie verrückt das Rauchfaß geschwungen habe, bloß so, hatte er gesagt. Und nach der Kirche am Kiosk: Mafalda, ich geh' jetzt, hatte ihr Vater gerufen, aber sie konnte ihre Augen nicht von der Illustrier-

ten lösen, schließlich drehte sie sich doch um und wäre bald mit ihm zusammengestoßen, weil sie's jetzt so eilig hatte, ihren Vater einzuholen. Als sie dann wegrannte, hatte er gesehen, daß sie seidene Strümpfe trug, obwohl die Sonne schien. Zum ersten Male hatte er sie am Sonntag gesehen. Als er vor dem Evangelium das Meßbuch auf die andere Seite tragen mußte. Sie stand auf der Männerseite, mit ihrem Vater. Komisch, daß sich die Fremden nie trennen wollen, wenn sie in die Kirche kommen. Der Pfarrer hatte schon die Hände erhoben und sah ihm und dem Meßbuch ungeduldig entgegen. Nach dem Evangelium war David mit dem Gloria tibi, Domine zu spät gekommen. Das Laus tibi, Christe hatte Paul ganz allein gesagt. Er hatte auf die Opferung gewartet. Da mußte er das Rauchfaß zum Kirchenschiff hin schwingen. Endlich hatte er sie anschauen können. Am liebsten hätte er gar nicht mehr aufgehört, das Rauchfaß zu schwingen. Hoffentlich gefiel ihr seine Ministrantenkluft. Der Pfarrer hatte natürlich mehr Gold. Aber beim Weihwasserausteilen trug er auch nur noch das weiße Unterkleid. Gott sei Dank.

Der Schwimmer steckte im Wasser wie in einem zähen Brei. Vielleicht kam doch noch ein Gewitter. Die Sonne zieht Wasser, hatte Kaspar gestern abend beim Dengeln gesagt. Hoffentlich kein Landregen, hatte David gedacht, aber er hatte es nicht gesagt, weil man seit Wochen auf Regen wartete. Wenn es regnete, waren die Fremden wie verschwunden.

Der Schwimmer schaukelte. Aber nur, weil jetzt die ersten Mietboote draußen vorbeifuhren. Karl war bestimmt auch gegen Regen. Wer mietete sich schon ein

Boot, wenn es regnete. Und Karls Mutter war jeden Morgen in der Messe. Die konnte auch nicht mitbeten, wenn um Regen gebetet wurde. Und die, die Fremdenzimmer vermieteten, auch nicht. Und das wurden immer mehr. Die Bauern waren allmählich in der Minderzahl. David war jetzt froh darüber. Je weniger Leute um Regen beteten, desto länger würde Mafalda bleiben. In der Nacht, in der Valentin mit der Fremden hinausfuhr, habe es nicht gestürmt, hatte gestern abend einer vor der Molkerei erzählt. Wie konnte das Boot dann umkippen? hatte David gefragt. Es seien schon Leute ohne Erdbeben aus dem Bett gefallen, hatte einer von den Sechzehnjährigen gesagt. Valentin hatte jeden Sommer Fremde gehabt, das wußte David auch. Sie waren ihm einmal nachgeschlichen, aber Paul hatte zu früh gekichert. Mafalda wäre mit diesem fetten Malergesellen nicht in ein Boot gestiegen. Sicher nicht. Der Steg dröhnte, die Fremden kamen, die Fahrradklingel des Schiffanbinders näherte sich; besser, er sah sich noch nicht um, wenn sie sich fürs Fischen interessierte, würde sie von selbst kommen. David sah auf seinen Schwimmer, sah seinen Schwimmer an, wie man einen Hund ansieht, der sich weigert, ein Kunststück, das man ihn gelehrt hat, vor Fremden zu wiederholen, zweimal scharf zucken sollte er und dann untertauchen und wieder heraufschnellen, sich um die eigene Achse drehen und wieder untertauchen, diesmal einen halben Meter, und dann noch einmal heraufschießen, nur für den Bruchteil einer Sekunde, und dann endgültig hinabgerissen werden, und jetzt tiefer hinab, daß man ihn aus den Augen verlieren würde, und Mafalda und ihr Vater und noch fünf, sechs Fremde würden diesen ver-

rückt gewordenen Schwimmer beobachten, sie würden sich wundern, daß David so ruhig zusah, und David würde ihnen erklären, daß erst jetzt der Zeitpunkt gekommen sei, jetzt sitze die Angel dem da drunten im Rachen, der spüre den Schmerz und schlage deshalb mit den Schwanzflossen nach oben, um hinabzukommen ins Dunkel, als könne er so noch dem Haken entgehen, den er doch mit sich hinabzieht und nur noch tiefer in sich hineinreißt. Aber Davids Hände, die jetzt die Angelrute ungeduldig hochzerrten, spürten keinen Widerstand. Er fluchte und betete und fluchte, aber der Schwimmer steckte kerzengerade im bleiernen Wasser. David starrte ihn an, starrte ihn an. Die Fremden, die zuerst noch zugeschaut hatten, drehten sich wieder weg. Das Schiff fuhr auf den Steg zu. Ob Mafalda auch dem Schiff entgegensah? Und jetzt begann sein Schwimmer in den Strudeln und Wirbeln, die das landende Schiff verursachte, alle jene Tänze aufzuführen, die sonst den Fang anzeigen, er drehte sich um sich selbst, wurde hinabgerissen, schoß herauf, aber es war eine leere Bewegung.
Das Drahtseil flog herüber, klatschte auf die Dielen, der Schiffanbinder hatte die Fremden zurückgedrängt. Als David sah, daß auch Mafalda und ihr Vater sich wieder dem Land zuwandten, da holte er, ohne zu überlegen, seine Angel ein, prüfte den Wurm, schielte nach Mafalda, sah, daß der Wurm unversehrt war, riß ihn aber trotzdem von den drei Haken, holte rasch einen neuen aus der Büchse, den dicksten, den er in der Eile greifen konnte, schlang ihn wie eine Girlande zuerst um die Beuge der drei Angeln, sah noch, daß Mafalda und ihr Vater herschauten, dann stülpte er den

sich krümmenden und hart werdenden Wurmleib über die drei Angelhaken und spießte auch noch die beiden Enden auf, daß der Wurm jetzt ein zuckender Knoten war, aus dem Blut und weißgelber Saft perlte. Scheußlich. Vati komm, ich kann das nicht sehen, sagte Mafalda laut. David hob seinen Kopf und sah, daß Mafalda ihre Augen zusammengekniffen hatte, als würde sie von etwas geblendet, dann hatte sie sich schon umgedreht und ihren Vater mit sich fortgezogen. David ließ den Wurm mit der Angel ins Wasser fallen, setzte sich, schaute ins Wasser, nicht mehr auf den Schwimmer, nur noch über seine baumelnden Füße hinunter ins Wasser. Valentin, dachte er, in der Bucht trieb das Boot an Land, wo das Schilf anfängt, sie interessiert sich nicht fürs Fischen, was hat sie bloß gegen das Fischen, die Fremden interessieren sich doch für jeden Dreck, fürs Melken sogar und warum man die Bäume spritzt, warum kommt sie dann überhaupt auf den Steg, warum bleibt sie dann stehen, wenn sie nichts vom Fischen hält. Valentin, du hättest es ihr gezeigt, aber ihr hättest es auch du nicht gezeigt, Valentin, scheußlich, hat sie gesagt. David zog die Schnur ein, löste den Wurm vorsichtig von den drei Angeln, warf ihn ins Wasser, leerte die Wurmbüchse ins Wasser, daß es prasselte, und ging, die Bambusstange fast am Boden schleppend, dorfeinwärts. Als er zur schmalsten Stelle der Halbinsel kam, sah er drüben in der Bucht Leute am Strand, nicht Badende, Leute in Anzügen, und zwei Autos und Boote. Er ging hinüber. Wer etwas zu sagen hatte, sprach leise. Mafalda. Mafalda war auch da. Sie stand auf den Zehenspitzen, hielt sich an der Schulter ihres Vaters und versuchte über alle Leute hinwegzusehen. Ihr Vater redete auf sie ein. Wollte sie wegziehen. David drängte sich an ihr vorbei, drängte sich weiter, bis er die zwei Bahren sah, auf denen sie lagen. Zugedeckt. Ein Kastenwagen stieß rückwärtsfahrend heran, wurde geöffnet, eine schwarzgekleidete Frau weinte plötzlich ganz laut und fiel über eine Bahre her. Zwei Männer zogen sie wieder weg. Aber sie hatte die Decke schon zurückgestreift. David sah ein Gesicht, aber er sah es nicht einmal eine Sekunde lang, weil seine Augen sich sofort schlossen, sich so plötzlich zusammenzogen, als reagierten sie auf einen Gegenstand, der auf sie zuflog. Als er die Augen wieder zu einem Blinzeln öffnen konnte, war das Gesicht schon wieder bedeckt. Er ärgerte sich. Aber dieses Gesicht hatte ihm die Augen einfach zugeschlagen, dieses blaue, weiße, grüne Gesicht. David zog zwei-, dreimal in kurzen hastigen Zügen Luft ein. Er erschrak, weil das Geräusch wie Schluchzen klang. Komm jetzt, flüsterte hinter ihm Mafaldas Vater. Bitte, bitte, bloß noch eine Sekunde, flüsterte Mafalda. David schaute sich um, drehte sich um, schaute ihr ins Gesicht, aber sie sah ihn nicht, sie streckte den Kopf, daß ihr Hals noch länger wurde, ihr Mund war halb offen, und ihre Augen waren ganz rund und groß. David hatte sich zu weit umgedreht, Mafaldas Vater sah ihn an, er mußte gehen, an ihr vorbei, und er ging ganz dicht an ihr vorbei, er streifte sie mit der linken Schulter, er sah sie an, sah sie an, aber sie sah nur die Körper, die sich unter den Wolldecken abzeichneten, sie atmete durch den Mund. Dann war er an ihr vorbei. Ohne es zu bemerken, begann er zu rennen. Was die Leute auf der Dorfstraße ihm zuriefen, hörte er nicht. Die grellen Dahlien links und rechts, die Schaufenster links und rechts, die blauen Traktoren, die roten Traktoren, die Geranien, die grünen Läden, die braunroten Läden und die Bäume und die Geranien, die Geranien links und rechts, die Bäume, links und rechts, alles verwischte sich zu einem lauten und bunten Tunnel, durch den er hindurchrannte, hindurchrannte, bis er die Stalltür erreicht hatte; da warf er die Bambusstange in die leere Pferdeboxe, ging an den Köpfen der Kühe entlang bis zu den zwei Kälbern; und während er einen der Köpfe zu sich herbog und den Hornansatz aus dem Fell herausgrub und das zweite Kalb ihm den Ellbogen leckte, begann er zu überlegen.

Ein Angriff auf Perduz

Der Zug nach Perduz stand auf dem letzten schon nicht mehr überdachten Bahnsteig des Hauptbahnhofs. Dieser Bahnsteig begann auch nicht, wie die anderen, gleich hinter der Sperre, sondern draußen hinter Güterhallen und zu großen Blöcken geschichteten alten Schwellen, umgeben von Bergen von Lokomotivkohlen, im Gleisgelände, so weit von der Sperre entfernt, daß die großen Züge, die in beliebtere Richtungen fuhren, schon fast ihre volle Geschwindigkeit erreicht hatten, wenn sie an uns vorbeifuhren, die wir frierend, dem dichten Fall wäßrigen Schnees ausgesetzt, auf dem noch nicht einmal betonierten Bahnsteig siebzehn standen und auf Herrn Großkurth warteten. Als es siebenuhrfünfzehn geworden war, zählte ich sechs Herren, die an den vier alten Personenwagen und an den drei Güterwagen auf- und abgingen. Das also waren meine Kollegen. Glücklicherweise kam, als einer von ihnen begann, sich allen vorzustellen, und dies auch von allen anderen zu verlangen gerade im Begriff war – eine peinliche Aktion so früh an einem Wintermorgen, im Freien, bei dichtem Schneefall, wenn von allen sechsen noch keiner den anderen kennt, also auch keiner mit durchgreifender Gewandtheit die vielfache Vorstellung ordnen kann –, glücklicherweise kam in diesem Augenblick ein Herr auf uns zu, ein überaus voluminöser Teddymantel eigentlich, der mit zwei kurzen Ärmchen durch den Schneefall ruderte, und das war Herr Großkurth, der uns rasch abzählte und uns, halb mit ernster,

halb bloß scherzhaft nachgeahmter Feldwebelstimme, in den ersten Wagen des Zuges nach Perduz kommandierte.
Herr Großkurth besorgte mit seinen kurzen Ärmchen und seiner lauten Stimme Sitzplätze für uns alle, ja, wir saßen sogar alle beieinander. Die Reisenden, die in Richtung Perduz fahren, leisten keinen Widerstand, wenn ihnen ein so beleibter Herr, bekleidet mit einer Art Pelzmantel und einem steifen Hut mit Seidenrand, vor dem Gesicht steht, ihnen die Hand auf die Schulter legt und sie – wobei er ihren Dialekt imitiert – bittet, doch drüben auf einer anderen Bank Platz zu nehmen.
Gedemütigt schienen alle zu sein, die in diesem Zug reisen mußten. Ältliche Mädchen, die ihre großen Hände über aufgeweichten Pappkartons und zerschundenen Köfferchen gefaltet hielten, und ein junger Geistlicher, den seine Mutter am Zugfenster verabschiedete, als verliere sie ihn für immer, wenn die Lokomotive, die, geduckt und mager und in ärmlich mattem Schwarz, wie eine von allen Enkeln verlassene Großmutter vor dem Zug stand und vorerst bloß ganz schwach keuchte, wenn sie endlich einmal anziehen und den Zug und ihren Sohn mit in die winterliche Öde, hinauf ins Bergland schleppen würde.
Herr Großkurth hatte eine Liste entfaltet und hatte unsere Namen aufgerufen, mich hatte er besonders eindringlich gemustert, wobei er die Bewegungen seiner Augen mit seinem ganzen Kopf begleitete, als müsse er mit einem Stift, den er zwischen seine Lippen gepreßt hatte, meine Konturen nachzeichnen.
Er sagte: Sie sind zum erstenmal auf Tour? Alle sa-

hen jetzt zu mir her. Ja, sagte ich. Dann verteilte er uns auf die einzelnen Ortschaften, die auf der Strecke nach Perduz lagen. Ich sollte bis nach Perduz fahren. Das sei die Endstation, es sei auch das kleinste und ärmste aller Dörfer an dieser Strecke, wer dorthin führe, verliere am meisten Zeit mit der Bahnfahrt, aber ich sei der einzige, der nicht verheiratet sei, der einzige Anfänger auch, mir könne er Perduz am ehesten zumuten; und dann sei dieses Nest gerade für einen Anfänger auch wieder günstig, weil es so weit, wie er sagte, »hinter Pfui Teufel« liege, daß die Leute dort keineswegs verwöhnt seien und im Umgang mit Vertretern so gut wie keine Erfahrung hätten.

Da haben Sie leichteres Machen als in jedem anderen Nest, sagte Herr Großkurth. Auch seien die meisten Männer um diese Jahreszeit im Bergwald beim Holzen, man habe es also nur mit Frauen und Greisen zu tun, und denen einen Gutemann-Wecker zu verkaufen, müsse auch für einen Anfänger möglich sein.

Dann ließ Herr Großkurth ab von mir und begann ein lautes Gespräch mit dem ganzen Wagen. Auch meine Kollegen hielten gut mit. Sie brüsteten sich mit ihren Vertretererfahrungen und riefen dem reisenden Landvolk zu, daß ihnen keiner widerstehen könne, Mann oder Frau, keiner, ganz gleich mit welchem Artikel sie kämen! Jeder, vor allem aber Herr Großkurth selber, belegte die Unwiderstehlichkeit in seinem Beruf mit einer Fülle krasser Beispiele. Die Männer unter den Mitreisenden, Holzfäller vielleicht oder Gemeindeschreiber, die Formulare geholt hatten in der Stadt, vielleicht auch Handlanger, die in der Stadt gearbeitet hatten, solange es die Witterung erlaubt hatte, sie wi-

dersprachen, brachten Gegenbeispiele, erzählten, wie viele Vertreter sie schon hinausgeworfen hätten und daß ihnen keiner was aufschwätzen könne! Die Mädchen kicherten, der junge Geistliche hörte zu, als lausche er einem überaus gelehrten Vortrag, den zu verstehen ihm große Anstrengung bereite.
Allmählich leerte sich dann der Zug. Hoffentlich spürte das auch die Lokomotive, denn sie hatte es schwer mit diesen paar störrischen und eckigen Wagen, die sie da durch den immer kälter werdenden Wintermorgen zerrte.
Dann hatte Großkurth endlich alle Kollegen mit guten Wünschen in ihre Ortschaften entlassen, hatte jedem über alle Bänke hinweg ein Weidmannsheil zugerufen und mit dem erhobenen, beringten Zeigefinger noch den Satz: der Herr Kollege möge daran denken, daß es eine Ehre sei, mit der Staffel Großkurth für Gutemann-Wecker auf Tour zu sein, und dieser Ehre habe sich ein jeder für würdig zu erweisen, das heißt: mit weniger als zehn Aufträgen wolle er heute abend keinen sehen, den lasse er erst gar nicht in den Zug!
Als er dann selbst in Scharns, der vorletzten Ortschaft, ausstieg, klopfte er mir wie einem jüngeren Bruder auf die Schulter, rasselte mir noch ein paar Werbesprüche für Gutemann-Wecker ins Ohr – wie ja überhaupt alles, was er sagte, vom Tonfall dieser Werbesprüche getragen und auch von diesen Werbesprüchen selbst wörtlich durchwachsen war – und sagte dann mit vertraulichem Augenzwinkern: Für's erste Mal langen auch acht. Und mit militärischem Grimm, der zum geringeren Teil gespielt war: Aber keinen weniger als acht.

Als ich in Perduz ausstieg, verließ ich den Zug wie eine liebe Heimat. Die dünnrädrigen Wagen mit ihren vereisten Flanken, ihrem allzu senkrechten Aufbau und den weit vorstehenden, fast zarten Dächern schienen mir jetzt viel anmutiger, viel freundlicher als die unabsehbar langen, gut gefederten und perfekten Stahlkolosse. Ach und die großmütterliche Lokomotive, die jetzt sogar ein bißchen zu glänzen schien, vor Anstrengung vielleicht und vor Stolz auch, daß sie es wieder einmal geschafft hatte, was wahrscheinlich sie selbst ebenso wie die klügsten Ingenieure in Staunen versetzte. Aus dem schlanken, trichterförmigen Kamin stieß sie helle Wölkchen Dampfes leicht wie Bälle in die Luft, fröhlich erregtes Atmen einer alten Dame, die es den Jungen wieder einmal gezeigt hatte.
Perduz Ort liege eine halbe Wegstunde von Perduz Bahnhof entfernt! Es gehe immer steil bergan.
Dieser Fußmarsch würde der schönste Teil der Aufgabe sein, die mir hier gestellt war, das wußte ich. An das andere wollte ich nicht denken. Die Ehre, zur Staffel Großkurth zu gehören, machte mir nichts leichter. Nicht daran denken. Ins Dorf gehen wie zu einem Besuch. Einen Ausflug machen. Vielleicht fragt mich jemand auf der Straße nach der Uhrzeit, das wäre ein Anknüpfungspunkt. Oder die Leute haben Gefühl und fragten mich, ob ich nicht wisse, wie man am schnellsten zu einem Gutemann-Wecker kommen könne.
Meine schönen Gedanken an Perduz wurden durch einen alten Mann gestört, der hinter mir herkeuchte und mehrmals Herr, Herr . . . rief. Ein Koffer baumelte an einem Gürtel, der über die linke Schulter und schräg über die Brust lief, vor seinen Knien und hin-

derte ihn beim Gehen; vergeblich versuchte er, den Koffer an die Seite zu zwingen, um die Beine frei zu bekommen. Erst als er den Koffer mit angewinkelten Armen hochhob – eine Anstrengung, die er mit einer langen Schnaufpause bezahlen mußte –, gelang es ihm, den Koffer für ein paar Schritte unter die rechte Schulter zu bändigen; aber auch nur für ein paar Schritte, dann stürzte die Last wieder nach vorn und er taumelte, wie ein fortwährend im Fallen begriffener Fahnenträger, die letzten Schritte auf mich zu.
Ich hatte ihn schon im Zug gesehen, er war der einzige Reisende, der mit mir bis Perduz gefahren war.
Ich bot ihm meine Hilfe an. Er starrte mich an. Sprechen konnte er noch nicht, so war er außer Atem. Dann bedeutete er mir, ich solle langsamer gehen. Er habe das Vorrecht. Es sei gemein von mir, dem um soviel jüngeren, mit ihm einen Wettlauf zu veranstalten, um ihn schon vor Beginn des Kampfes außer Gefecht zu setzen. Er habe wenigstens das Recht, gleichzeitig mit mir in Perduz zu sein. Daß ich ihm gleich vom Bahnhof an in einem so mörderischen Tempo davongerannt sei, bloß weil ich der Jüngere sei und statt eines schweren Koffers eine Aktentasche mit einem Wecker und ein paar Papierwischen zu tragen habe, das habe ihm gezeigt, was für ein brutaler Bursche ich sei, einer, der von den guten Manieren eines reisenden Handelsmannes auch nicht das Wenigste mitbekommen habe, einer der nur renne, Aufträge notiere, mit den Ellbogen um sich stoße, Aufträge notiere, Aufträge, nichts als Aufträge, ganz gleich, wen er damit ruiniere und ins Unglück bringe. So seien eben die jungen Vertreter, die heute mit dem und morgen mit jenem Artikel reisten.

Die seien es auch, die den ganzen Stand in Verruf gebracht hätten bei der Kundschaft, weil sie bloß auf ihren Profit spekulierten und dabei vor keinem Mittel zurückschreckten.
Der Alte hatte seine Krawatte gelöst, hatte seinen Hut in den Nacken geschoben und hatte den Gürtel aufgemacht, um sich seiner Last für einen Augenblick zu entledigen. Jetzt saß er vor mir auf einer Ecke seines Koffers, schaute in den Schnee und winselte vor sich hin. Ein Konkurrent also. Er tat mir leid. Wahrscheinlich hatte er sich eine ganz andere Ortschaft ausgesucht, aber dann mußte er Herrn Großkurths Staffelplan mitangehört haben – laut genug war ja alles besprochen worden –, und er mochte sich gedacht haben: jetzt bleibt nur noch Perduz, mit dem Anfänger wird am leichtesten zu arbeiten sein.
Da mir das unverständliche Gewinsel, das ihm zusammen mit Speichel aus dem Munde rann, peinlich wurde, fragte ich, um nur irgend etwas zu sagen, ob er denn auch bloß Wecker vertrete. Wecker, Wecker, fuhr er mich an: Er habe seit dreiunddreißig Jahren den Artikel nur viermal gewechselt und mit den Gummischürzen reise er jetzt schon sieben Jahre. Ach so, Gummischürzen, dann könne doch von Konkurrenz gar keine Rede sein! Wer einen Wecker brauche, brauche keine Gummischürze und umgekehrt... Brauche! schrie er jetzt, als ob irgendein Mensch noch was bräuchte! Die Leute haben alles, mehr als alles! Brauchen tun sie nichts, aber auch gar nichts! Aufschwätzen muß man ihnen jede Stecknadel, jeden Knopf. Alle Jahre kann man jedem einmal was aufschwätzen. Alle Jahre einmal. Und wenn sich da einer einen Wecker aufschwät-

zen läßt, der kauft in zehn Jahren keine Gummischürze mehr.
Ich wollte ihn ermutigen, aber mir fiel nichts ein. Dann sagte ich, zuerst müßten wir einmal in Perduz sein. Ich bot ihm an, den Koffer zu tragen. Er sah mich mißtrauisch an und sagte, so leicht fange man ihn nicht, er sei ein alter Fuchs und, wie gesagt, dreiunddreißig Jahre dabei. Als ich ihm dann mit vielen Worten bewies, daß ich damit noch nichts gegen ihn tun könne, trugen wir den Koffer zu zweit nach Perduz hinauf.
Kaum hatten wir das erste Haus erreicht, standen wir auch schon mitten im Ort. Eng übereinander lagen, von einer einzigen Schneedecke überworfen, die Häuser von Perduz im Halbkreis um eine Mulde, die wohl der Dorfplatz war. Ob es wirklich Häuser waren, in denen die Leute hier wohnten, könnte ich nicht einmal sicher sagen. Schneehöhlen hätten's auch sein können, Iglus oder andere Naturbauten. Giebel sah man kaum, Dächer schon gar nicht, da und dort ein paar Rauchfäden, die sich zum Hang hinbogen, ohne sich je zu vermischen. Nicht einmal Rufe von Kindern waren zu hören. Der Alte sah mich höhnisch an. Ich dachte an die Werbesprüche des Herrn Großkurth. Acht Aufträge, hatte er gesagt! Aber auch für Gummischürzen vermutete ich in diesem Dorf wenig Interesse. Der Alte saß schon wieder auf seiner Kofferecke. Er schien recht zufrieden zu sein. Wir sollten zuerst ins Wirtshaus gehen, sagte er und stand auch schon auf. Seinen Koffer ließ er mich nicht mehr berühren. Seine einzige Sorge schien gewesen zu sein, nach mir in Perduz einzutreffen. Jetzt ging sein Atem ruhig, seine Augen zuckten nicht mehr und den Koffer trug er, als wäre der nie eine

Last gewesen. Ohne zu suchen, schritt er auf den Eingang eines der Schneetunells zu, die vom Dorfplatz in verschiedenen Richtungen wegführten.

Kinder und Greise mehrerer Familien lagen und saßen in dem niederen Wirtschaftsraum herum; auch ein paar jüngere Frauen, über Nähzeug gebückt, strickend oder aneinander Frisuren erprobend, saßen dazwischen. Das Wort führten die ältesten Frauen, die jüngeren kicherten oder flüsterten, besonders still saßen die Greise, meist an den Wänden; es war, als müßten sie sich mit ihren ruhigen Rücken gegen die Außenwände stemmen, weil sonst gar die Schneelast das Haus zerquetscht haben würde.

Mein älterer Kollege unterbrach die aus vielen Stimmen gemischte Unterhaltung, die wahrscheinlich seit Stunden schon zu einem summenden Geräusch geworden war, das zusammen mit den Bänken aus Pfeifenrauch in der Luft hing und das den Raum vielleicht mehr vor dem Winter bewahrte, als es die von den Greisen gestützten Wände allein vermocht hätten. Man kannte meinen Alten noch. Vor acht Jahren war er hier gewesen, mit Unterwäsche damals, ja und jetzt, er hatte seinen Koffer in die Mitte des Raums gestellt, zwei Hokker hatten die Mädchen rasch hergeschoben, jetzt habe er einen ganz neuen und wunderbaren Artikel mitgebracht.

Nicht, daß er jetzt gleich den Koffer geöffnet hätte, o nein! Jetzt fragte er nach dem und jenem, ließ sich ein paar besonders bemerkenswerte Todesfälle erzählen, ein paar Hochzeiten auch, und konnte sich vor Verwunderung nicht genug tun, daß im Raume ein paar Kinder waren von Mädchen, die selbst noch fast Kinder gewesen waren, als er vor acht Jahren zum letzten Mal hier gewesen war. Wenn er dabei den Mund vor Aah und Ooh nicht mehr zubrachte, lächelten die Einheimischen voller Stolz und nickten mit den Köpfen. Als er dann endlich allen Greisen und Greisinnen mit immer wechselnden Worten bestätigt hatte, wie wenig sie in den vergangenen acht langen Jahren gealtert seien, und als er den jungen Frauen das Gegenteil beteuert hatte, wie groß und stattlich, wie reif und erwachsen sie, die damaligen Kinder, in diesen acht kurzen Jährchen geworden seien, da erst bestellte er einen doppelten Schnaps und für mich einen einfachen dazu. Ja der junge Herr, ganz recht, den hätte er bald vergessen, ein junger Kollege, den er mitgenommen habe auf diese Tour, um ihn ein bißchen einzuarbeiten. Ich wurde rot, wollte ihn unterbrechen, aber mein Mund war zugewachsen.

Die Einheimischen drängten jetzt zum Koffer, der immer noch ungeöffnet auf den beiden Hockern lag. Vor allem die halbwüchsigen Mädchen beugten sich über ihn, versuchten eine Spalte zu finden, um mit den Fingern hineinzufühlen, und legten, als das nicht gelang, ihre Ohren an die Kofferwände, als könnten sie so in Kontakt kommen mit der angekündigten Wunderware. Der alte Vertreter hatte sorgfältig beobachtet, wie die Spannung trotz allen Hin- und Herredens ständig wuchs, und er öffnete den Koffer genau im richtigen Augenblick. Aber die Gummischürzen, schwarz und nur matt schimmernd, lösten keine Begeisterung aus. Das schien der Alte gewußt zu haben. Er sagte: So, jetzt schimpft euch aus! Macht eurer Enttäuschung Luft! Gummischürzen, was sollt auch ihr mit Gummischürzen, was! So redete er eine Weile dahin, dann lenkte er ganz unmerklich vom Spott über diese unfreundlichen Gummischürzen hinüber zu den täglichen Arbeiten dieser Leute. Beim Reishacken, im Stall, in der Küche, in der Waschküche, im Keller, beim Scheibenputzen, ja wo eigentlich nicht, wo brauchte man keine Gummischürze, bitte, solle ihm einer beweisen, wo man diesen abwaschbaren Schutz vor Feuchtigkeit, Nässe und Schmutz, nicht brauchen könne, bitte! Wasser, überall habe man es doch mit Wasser zu tun, und wenn nicht mit Wasser, dann doch mit Schmutz oder mit beidem zur gleichen Zeit, solle ihm einer beweisen, daß es eine Arbeit gebe, bei der man es nicht mit Feuchtigkeit oder Schmutz oder mit beidem gleichzeitig zu tun habe! Warum denn sonst Gicht und Rheuma zu unausbleiblichen Belästigungen des Alters geworden seien! Gicht und Rheuma, davor bewahrt die Gummischürze.

Die Abwehr der Einheimischen begann. Nicht mit einem einzigen Wort widersprachen sie dem Vertreter, aber sie wollten keine Gummischürzen. Warum? Weil sie keine wollten. Die Männer seien im Holz, sie könnten das nicht allein entscheiden, der Sägmüller zahlte erst im Frühjahr, sie hätten bis jetzt auch keine Gummischürzen gehabt.

Der Vertreter bestellte den zweiten Schnaps, wieder einen doppelten für sich und einen einfachen für mich. Dann holte er eine Schürze heraus und legte sie mir an. Ich war sein Mannequin geworden, an mir demonstrierte er nun im Detail die Vorzüge dieses Artikels, den er nicht umsonst, nach dreiunddreißigjähriger Erfahrung, übernommen habe. Ich mußte mich bücken, mußte mich herumdrehen, mußte hin- und hergehen, die Schürze rasch umbinden und wieder ausziehen; ich konnte mich nicht wehren, wollte ich nicht den alten Mann als einen Lügner entlarven. Aber selbst wenn ich das versucht hätte, wer hätte mir, dem Unbekannten, dem Neuling geglaubt! Man hätte in mir einen aufsässigen und nichtsnutzigen Lehrling gesehen, einen undankbaren dazu. Ich mußte mitmachen und den Augenblick abwarten, der es mir erlaubte, meine eigenen Interessen anzumelden. Ich war nun einmal auf die Hilflosigkeit des Alten hereingefallen.

Endlich hatte er eine Frau soweit, daß sie ihm eine Schürze abkaufte. Da hob ein großes Getuschel an. Einige rannten hinaus, sich mit ihren Angehörigen zu beraten, diese womöglich herzuholen; auch die Greise wurden befragt, in die Ohren schrien ihnen die Schwiegertöchter das Lob der Schürzen, bis der und jener nickte und versprach, diesen Kauf auch vor dem Sohn zu verantworten, wenn der am Wochenende vom Holzen komme. Die Rauchschwaden waren verschwunden, durch das häufige Öffnen der Tür war es kühler geworden, von der dämmrigen Stille war nichts übriggeblieben. Hatte der alte Vertreter vor dem ersten Kauf eine bekümmerte und fast beleidigte Miene gezeigt, weil die Einheimischen von seinem guten Rat und Angebot so wenig Gebrauch gemacht hatten, so verlagerten sich jetzt Kummer und schlechte Laune allmählich auf die Gesichter der Käuferinnen. Kaum hatten sie bezahlt und die Schürzen in Empfang genommen, als sie aus dem Rausch erwachten, in den sie durch des Alten Worte und ihre Begierde gestürzt worden waren. Nun wollte keine dies zeigen, solange das

Kaufen und Verkaufen währte; dachte doch jede, im Geheimen, daß es bei der Auseinandersetzung mit dem heimkehrenden Mann nur von Nutzen sein werde, wenn man auf möglichst viele Nachbarinnen hinweisen könne, die den gleichen Schritt gewagt hatten. Als dann der Koffer so gut wie leer war und auch keine Käuferin mehr anbeißen wollte – es waren sowieso viel mehr Frauen gekommen, als ich in diesem Nest vermutet hatte –, da wagte es diese und jene, dem alten Vertreter ganz offen ins Gesicht zu sagen, daß sie es bereue und daß er sie wieder einmal beschwätzt habe und hereingelegt. Der Alte lächelte und sagte, wenn er das nächste Mal komme, werde man ihm dankbar sein für jede Schürze, die er dagelassen habe.
Und in diesem Augenblick – länger durfte ich nicht mehr warten, die Frauen waren schon im Gehen begriffen – bat ich um Gehör und sagte mit vor Erregung unsicherer Stimme, wir hätten auch noch etwas anderes mitgebracht, »wir« sagte ich und öffnete schon meine Aktentasche und zog den Wecker heraus, ihn allen auf der flachen Hand zu präsentieren. Ach so, der Wekker, sagte der alte Vertreter und setzte sich. Ja, wenn noch jemand einen Wecker braucht . . ., aber da erhob sich unter den Frauen ein so wüstes Geschimpfe, und Worte wie »Blutsauger«, »Profitmacher«, »Geldschinder« wurden hörbar. Der alte Vertreter erwiderte mit ähnlich starken Ausdrücken, beschimpfte die Frauen ob ihrer Undankbarkeit, ihrer Herzenshärte und ihres Wankelmuts. Mir blieb nichts anderes übrig, als unter allgemeinem Geschrei den Wecker wieder in der Aktentasche zu versenken. Ich war schon froh darüber, daß es mir gelang, unbemerkt und unbeschimpft ein

paar Werbeprospekte für Gutemann-Wecker fallen zu lassen.
Die Frauen waren gegangen, nur noch ein paar Greise saßen steif und bewegungslos an den Wänden. Der alte Vertreter tuschelte mit der Wirtin, die sich von Anfang an neutral verhalten hatte. Dann sagte der Alte zu mir, er habe eben aus ganz zuverlässigem Mund erfahren, daß mit Weckern in Perduz nichts zu machen sei; nur einen möglichen Kunden habe er ausfindig gemacht, das sei der Schrankenwärter.
Also ging es nach dem Essen zum Dorf hinaus und wieder bergab. Der Alte, der jetzt zuvorkommend und in bester Stimmung war, plauderte in einem fort, tröstete mich damit, daß jeder einmal Lehrgeld bezahlen müsse, daß ich ja heute ganz bestimmt eine Menge gelernt habe und daß ich ja nicht verheiratet sei. Er aber, wäre er heute abend heimgekommen, mit halbvollem Koffer, heim zu Frau und vier Kindern, das dürfe er gar nicht zu Ende denken, diese Möglichkeit existiere für ihn gar nicht, darüber sei einfach nicht zu diskutieren; verkaufe er weniger als neun Schürzen am Tag, so sei das eine Katastrophe. Unter welchen Umständen auch immer, weniger als neun Schürzen, das dürfte es nicht geben. Heute habe er fünfzehn verkauft, das sei natürlich ein schöner Tag, ein sehr schöner Tag. Nun, er habe die Leute in Perduz auch acht Jahre in Ruhe gelassen! Wir mußten hinunter nach Perduz Bahnhof und dann zwanzig Minuten am Gleis entlang, bis zur Stelle, wo die Berglandstraße die Bahnlinie kreuzt, da wohnte der Schrankenwärter. Mit ihm drängten sich zwei halbnackte Kinder unter die Tür, die er vergeblich zurückzuscheuchen suchte. Er bat uns auch gleich hinein, ent-

schuldigte sich für den Lärm, für die Hitze, für die schlechte Luft, für das zu schwache Licht und für die große Unordnung und die unsaubere Tischplatte und hätte wahrscheinlich kein Ende gefunden, wenn ihn der alte Vertreter nicht unterbrochen hätte. Also seine Frau war krank, fünf Kinder, davon drei unter zehn Jahren hatte er zu versorgen und den Dienst auch noch. Der Mann war entschuldigt. Ich sah alle Aussicht auf den letzten möglichen Auftrag entschwinden. Wir kämen sicher aus der Stadt, sagte der Schrankenwärter, ein kleiner, bis zum Erschrecken abgemagerter Mann mit gelbbraunem Gesicht und einer wulstigen Stirnnarbe. Er sei auch in der Stadt gewesen, früher. Mein Kollege ermunterte ihn zum Erzählen. Ja, im Bahndienst, auf dem Güterbahnhof, mit Aussicht auf Innendienst, aber dann habe er bei dem großen Streik mitgemacht als Postenführer, das sei schiefgegangen, anno 33 sei er dann sogar strafversetzt worden, hierher, in die Einöde. Von den Genossen habe er nichts mehr gehört, auch nach dem Krieg nicht. Ob denn wenigstens der »Vorwärts« noch existiere, die Zeitung von damals, er habe sie jahrelang ausgetragen, als Achtzehnjähriger schon. Aber heute habe man ihn in der Stadt wahrscheinlich längst vergessen.
Ich schaute vor mich hin, um nicht den Blicken der Kinder zu begegnen, die uns, ohne auch nur einmal wegzusehen, unentwegt anschauten. Im Nebenzimmer hörte ich die kranke Frau atmen. Was sollten wir hier noch. Aber mein Kollege hatte schon zu sprechen begonnen: ja, die Genossen hätten viel durchgemacht die letzten zwanzig Jahre, viele seien auf der Strecke geblieben, aber der »Vorwärts« erscheine wieder, und er,

Josef Schmerker, werde dafür sorgen, daß auch hier in der Einöde der »Vorwärts« wieder gelesen werde. Er werde dem Schrankenwärter ein kostenloses Abonnement besorgen, denn vergessen habe man ihn keineswegs. Heute noch erzähle man den Jungen von den Kämpfen jener Zeit, von den Taten der Postenführer bei dem großen Streik, und auch der Name des Schrankenwärters werde dabei nie vergessen. Daß wir hier seien, sei ja ein Beweis dafür, daß man wieder Kontakt herstellen wolle.
Und dann machte es mein älterer Kollege recht kurz: für notleidende Genossen habe man eine Aktion gestartet, man verkaufe Wecker, der Gewinn fließe den notleidenden Genossen zu, das sei, neben der Wiederaufnahme alter Beziehungen, der zweite Grund für unseren Besuch. Dabei nahm er meine Aktentasche und stellte den Wecker auf den Tisch. Den Schrankenwärter hatte die Erzählung des Kollegen so gerührt, daß er jetzt, wenn auch mit schlechtem Gewissen, das sah man ihm an, zum Küchenbuffet schlich – seine Frau durfte offensichtlich nichts merken – und das nötige Geld holte, das er uns flüsternd aushändigte. Herr Schmerker wechselte noch ein paar Worte, wies in die Zukunft, die den Genossen gehöre, stand dann auf und sagte, es sei Zeit aufzubrechen.
Als wir längst wieder am Gleis entlang auf die Bahnstation Perduz zustampften, dachte ich daran, wie heftig und mit wie feuchten Augen der Schrankenwärter meine Hände geschüttelt hatte. Mit Herrn Schmerker konnte ich nicht mehr sprechen. Auch er war nicht mehr gar so redselig wie auf dem Herweg. Er sprach vor sich hin, winselte fast wieder wie am Vormittag

und schlug alle paar Schritte seinen Koffer, wenn der vor seinen Knien baumelte, zurück unter die rechte Schulter, was ihm jetzt, da der Koffer leer war, auch immer wieder gelang. Bevor wir den Zug bestiegen, trennte ich mich von ihm. Er hielt mich wahrscheinlich für einen undankbaren Schnösel. Ich mußte mich auf das Wiedersehen mit Herrn Großkurth vorbereiten. Ich hatte mich entschlossen, selbst einen Gutemann-Wecker zu erwerben, nicht weil ich hoffte, dadurch weiterhin in Herrn Großkurths Staffel bleiben zu dürfen – daran lag mir nichts mehr –, ich wollte nur das Geschrei, in das er zweifellos ausbrechen würde, durch den Hinweis auf immerhin zwei Aufträge ein bißchen zu dämpfen versuchen. Laut genug würde es immer noch werden. Und laut genug wurde es noch. Sechsmal brüllte er voller Hohn und Verachtung die Kunde von meinem Mißerfolg in den von Station zu Station voller werdenden Zug. Jedem der Kollegen, die am Morgen mit herausgefahren waren, die alle ihre Aufträge in einem respektablen Ausmaß erfüllt hatten, mußte er es sagen, und von Mal zu Mal erfüllte ihn größere Wut, einen solchen Versager in seiner Staffel gehabt zu haben.

Ob Herr Schmerker noch zuhörte, weiß ich nicht. Ich stieg als erster aus, suchte, in der Dämmerung rennend, den Weg vom Bahnsteig siebzehn zur Sperre und war froh, als ich auf der überfüllten Plattform der Straßenbahn vom Gedränge völlig unbekannter Menschen schier erdrückt wurde. Um besser schlafen zu können, nahm ich mir vor, dem Schrankenwärter ein Abonnement des »Vorwärts« zu verschaffen. Da ich immer noch einen rechten Brotverdienst suche, und dies mit immer kürzer werdendem Atem, habe ich es bis jetzt – auch weil ich seinen Namen vergessen habe und Erkundigungen anzustellen ebenfalls noch keine Zeit hatte – noch immer nicht getan.

Ich als Malteser

Es ist nicht nur Unbeholfenheit, wenn ich mich beim Überqueren der Straßen fremder Städte an den Arm des Freundes klammere, der hier zu Hause ist. Es ist auch Vertrauen. Ganz unmöglich wäre es mir, etwa beim fünfundzwanzigsten Besuch und Aufenthalt so zu tun, als sei ich hier so gut zu Hause wie er, bloß weil ich durch ihn allmählich weiß, welche Straße sich an der nächsten Ecke mit welcher Straße trifft. In Berlin habe ich sogar einen Bruder, neuerdings. Berlin eignet sich für den Fußgänger. Nirgends kann man so ausschreiten wie in Berlin. Mein Gott, sind das Straßen. Und mein Bruder Siri kennt sich inzwischen aus, als sei er immer schon Berliner gewesen. Ach, viel zu gut kennt er sich aus. Jetzt, nach dem dreißigsten Besuch, muß ich sagen: ich habe meinen Bruder verloren. Natürlich kann ich mir zum Trost sagen: du hast ihn an Berlin verloren! Ist es nicht besser, den Bruder an Berlin zu verlieren als an Manchester, Rostock oder Freising? Es ist besser, ihn an Berlin zu verlieren, gewiß. Ein Freund schrieb mir aus Paris, ich dürfe ruhig stolz sein. So will ich also stolz sein. Mir schlug Siri vor, ich solle bei ihm bleiben, Berliner werden wie er. Ich sagte: laß mich bitte heim nach Malta fahren. Seit ich zurück bin, denke ich darüber nach. Welch unvorhersehbare Entwicklung hat Siri dort erlebt. Wir sind geschickte Spielzeughersteller, mein Bruder und ich. Ich stelle noch immer das Spielzeug her, das wir früher gemeinsam herstellten. Figurengruppen, die mit Hilfe einer einzigen Kurbel bewegt werden. Ich stelle noch immer Belisar her, wie er die Nase in den mit Rosen verzierten Malteser Honigtopf steckt, den Kopf ohne Nase herauszieht, also noch einmal in den Topf einfahren muß, um seine steckengebliebene Nase zu holen. Und den Holzfäller stell ich her wie eh und je, diese Sehnsuchtsfigur des Maltesers, der mehr Mastbäume sieht in seinem Leben als wirkliche Bäume. Aus andauerndem Versehen trifft mein Holzfäller mit jedem Schlag sein rechtes Knie. So tröste ich den Malteser, der nie Gelegenheit haben wird, so viele Bäume zu fällen wie er möchte. Der Malteser freut sich, wenn er die Kurbel dreht und der Holzfäller kann nichts dazulernen, während er, der Zuschauer, natürlich längst bemerkt hat, wie man es machen müßte, um mit dem Beil den Baum zu treffen. Gleichzeitig kommt mit jedem Exemplar dieses Spielzeugs ein kleiner symbolischer Baum auf unsere baumarme Insel. Und der wird nicht gefällt. Der ihn fällen will, bestraft sich sogar selber dafür, daß er einen Baum fällen will. Das sind so Gedanken, die ein Malteser haben kann, wenn er meinen Holzfäller betrachtet. Mein Bruder hat dieses Motiv weit weit fortentwickelt. Sein Holzfäller holt aus mit der Axt, dabei schlägt er hinter sich einem brevierlesenden Pfarrer jedesmal das Brevier aus der Hand, das Buch kippt nach unten, zeigt rasch, bevor es wieder hochfährt, daß die Seiten mit unzüchtigen Abbildungen bedeckt sind, da folgt man aber schon wieder der wilden Axt, die jetzt niedersaust, aber nicht auf einen Baumstamm, auch nicht auf das Holzfällerknie, sondern auf eine Art Professor, der nach jedem Schlag, den er in der Lendengegend empfängt, einen dankbaren Bückling macht. Mein Bruder hat gewiß viel dazugelernt, er beherrscht mehr Mittel als ich. Aber ich gestehe, daß ich seine Entwicklung mit Sorge beobachte. Was soll der Holzfäller zwischen Pfarrer und Professor? Wer nicht weiß, was ein Holzfäller für den Malteser bedeutet, der wird nie begreifen, wie der Holzfäller in diese Gruppe kommt. Mein Bruder sagte: So fragt hier keiner. Jeder begreife hier das Satirische dieser Gruppe. Noch grausamer hat er unser Liebespaar fortgebildet. Bei mir neigt immer noch das Mädchen den Kopf zum Küssen vor und trifft jedesmal mit ihrem Mund auf den abstehend-harten Spitzbart des Kerls, weil er sich jedesmal zurückneigt, um die Flasche steil anzusetzen. So versinnbildliche ich den Kummer, der entsteht, wenn ein Mädchen sich in einen Trinker verliebt. Das ist bei uns immer noch ein wichtiges Thema. Mein Bruder hat drei Liebespaare entwickelt, die ich nicht beschreiben darf. Natürlich wissen wir Malteser auch, daß durch das Vorhandensein zweier grundverschiedener Geschlechter viele Verrichtungen möglich geworden sind. Aber wir haben zu diesen Verrichtungen ein recht heuchlerisches Verhältnis. Öffentlich gestehen wir so gut wie nichts von dem ein, was wir tun. Wir sind da fast noch wie Kinder. Ich fühlte das sofort, als ich meines Bruders Liebesgruppen sah. Ich genierte mich. Er trieb kalt die Kurbel und lachte. Lachte allerdings ein bißchen zu laut. Und schaute weg von mir. Also ganz hat er den Malteser noch nicht überwunden. Trotzdem, ein Malteser ist er nicht mehr. Was hat er aus dem Judaskuß gemacht. Es ist zu schrecklich. Judas tritt auf Christus zu, küßt ihn und . . . nein, um nichts in der Welt würde ich schil-

dern, wie er diese Menschheitsszene behandelt hat, bloß weil er in allem etwas Erotisches findet. Er lächelte merkwürdig, als ich ihn bat, diese Gruppe zu vernichten. Er zog Aufsätze hervor. Professoren hatten über meinen Bruder geschrieben. Gegen ihn und für ihn. Ich las und wagte nicht mehr, die Vernichtung der Judas-Christus-Gruppe zu fordern. Sein Spielzeug gilt hier offenbar als etwas Theologisches. Noch in seinen unanständigsten Liebespaaren entdecken die Professoren das Religiöse. Wie ihnen das gelingt, kann ich nicht wiedergeben, weil es mir an Schulung fehlt. Die Professoren dagegen haben offenbar einen scharfen Blick für das Religiöse, sie entdecken es im Spielzeug meines Bruders, wie der Fleischbeschauer bei uns im Geschlachteten die Trichinen entdeckt. Offensichtlich ist die Religion hierzulande ganz in den Händen von Fachleuten; und die sind schon glücklich, wenn sie unter den vielen Dahinlebenden ein paar Feinde finden; mit denen kann man wenigstens noch streiten über etwas Religiöses. So ein beliebter Feind ist mein Bruder also geworden.
Wegen meines unerschrockenen Verhaltens angesichts der schlimmen Gruppen fragte man mich immer wieder, ob ich auch Berliner sei. Mein Bruder sah mich aufmunternd an. Nickte mir heftig zu. Er wollte mich für immer hier festhalten. Jedesmal dachte ich: jetzt kommt es darauf an. Aber wenn es darauf ankommt, bin ich nun einmal Malteser. Also sagte ich eben jedesmal mit vor Mut zitternder Stimme: Nein, ich bin Malteser. Malteser, hieß es dann, was ist das? Der eine vermutete, das sei lediglich eine Brauerei. Der andere hielt es immerhin für eine Pferderasse. Ein besonders Gebil-

deter wußte, daß es eine Hunderasse gibt, die unseren Namen trägt.
Mein Bruder gab sich verärgert, nannte mich undankbar. Schließlich sind wir jetzt in Berlin, sagte er. Und du bleibst hier. Malteser seien geschätzt in Berlin. Besonders wenn sie hier blieben. Und nirgendwo seien die Leute so aufgeschlossen für progressives Spielzeug wie hier. Wir werden gut verdienen, wir können das ganze Jahr reisen, wohin du willst. Ja, das wirst du schon noch begreifen. Stell dir vor, wir kommen nach Paris, na, als was kommen wir dann nach Paris, als ... na, als was denn? Als Berliner.
So redete er auf mich ein. Ich hatte den Eindruck, Berlin sei für ihn kein Wohnort, sondern ein Beruf. Ein Beruf, den man überall ausüben kann in der Welt. Zeitweise auch in Berlin selber. Die geborenen Berliner reichten für diese Aufgabe offensichtlich nicht aus, vielleicht eigneten sie sich auch nicht dafür, oder entzogen sich einfach, also mußten sich andere zur Verfügung stellen und Berliner werden.
Ich wurde vorsichtiger. Ich hörte nämlich, daß auch andere gefragt wurden, ob sie Berliner seien, und jeder antwortete, natürlich sei er Berliner.
Offensichtlich hatte ich die Frage immer falsch verstanden. Ich beherrschte mich, sagte nicht mehr sofort, daß ich Malteser sei; trotzdem brachte ich es noch nicht fertig, den übermütigen oder den innig ernsten Ton der anderen zu imitieren und zu sagen: Ja, natürlich bin ich Berliner. Eine Stadt mit so vielen Bäumen ist für einen Malteser wirklich eine arge Versuchung. Willst du dieses Haus, sagte mein Bruder sozusagen blitzschnell, als wir in Nikolassee an einer Villa vorbeigingen, die sich

von ungeheuren Tannen bewachen ließ; ein überirdisches Schattenangebot; ich mußte ein paar große Sprünge machen. Aber Siri gab nicht nach. Patschte mit mir ins Wilmersdorfer Gedränge. Zeigte mir, wie die Argentinische Allee direkt in den Himmel führt. Und welche Figuren könnte man studieren in der Geschäftigkeit von Steglitz. Ach, und die wieder im Wald verschwindenden Kleinstädte Zehlendorf und Dahlem. Dann trennte ich mich für Tage von meinem Bruder. Ich zog in eine Pension in der Kantstraße. Da fragte keiner, ob ich Berliner sei. Die Verwirrung ebbte ab. Ich konnte in das Haus meines Bruders zurückkehren. Das Haus liegt im Grunewald und sieht aus, als könne man in seinem Inneren noch all die Tiere jagen, die es im Wald selber nicht mehr gibt. Mein Bruder mußte an diesem Tag bei einem Senatsempfang erscheinen. Kleine Pflichten gibt es schon, sagte er. Du mußt mit, sagte er, dann siehst du, wie angenehm hier noch die Pflichten sind. Es wimmelte dann auch von klugen und schönen Leuten, ich wurde vorgestellt und vorgestellt und sah es jedem gleich an, wenn er den Mund auftun wollte zur Parole: Sie sind auch Berliner?
In all dem Gedränge war es leicht, die Parole zu überhören. Aber mein Bruder wartete auf mein Ja. Wahrscheinlich hätte er mich dann gleich zu einem Notar geschleppt. Ich konnte ihm den Gefallen nicht tun. Am nächsten Tag brachte er mich zum Bahnhof Zoo. Er sagte nicht mehr viel. Ich versprach, zu Hause alles noch einmal zu bedenken. Dieses Versprechen löse ich nun ein. Mein Gott, lieber Bruder, du weißt es selber am besten, es ist nichts so Besonderes, Malteser zu sein. Gibt es nicht ganz erbärmliche Malteser? Oh ja, es gibt

sie. Natürlich gibt es auch Malteser, die alles andere als erbärmlich sind. Es gibt sogar großartige Malteser. Ich bin wahrscheinlich ein ganz normaler Malteser. Ich sage das ohne anmaßende Bescheidenheit. Also, wenn ich schon mal aus dem Schatten in die Sonne trete, denke ich nicht: Jetzt tritt ein Malteser aus dem Schatten in die Sonne. Oh nein. Ich denke eigentlich nichts dabei. Ich empfinde lediglich, daß ich jetzt in die Sonne trete. Natürlich tritt, wenn ich aus dem Schatten in die Sonne trete, trotzdem ein Malteser aus dem Schatten in die Sonne. Aber laßt uns davon doch bitte kein Aufhebens machen. Für einen Malteser ist es bei Gott keine Kleinigkeit, sein Maltesertum zu verschweigen. Das hat wahrscheinlich mehr Gründe, als einem einfachen Malteser bekannt sind. Die ungerechte Beurteilung vergangener geschichtlicher Größe durch die Historiker; der Glanz, der auf uns liegt, weil Orient und Abendland sich vor uns und uns zuliebe kriegerisch erniedrigten; das fürchterliche Schwinden geographischer, wenn nicht gar militärischer Bedeutung; die Mundfertigkeit unserer Bevölkerung, die daran gewöhnt war, daß man den Malteserwitz in Konstantinopel und in London bewundernd nachplapperte. Um uns drehten sich ja nicht bloß Ost und West. Das hätten wir ausgehalten. Aber als auch noch Nord und Süd sich anstrengten, uns wichtig zu machen, da blieb uns nichts anderes übrig, als unsere Bedeutung ernst zu nehmen. So kommt es, daß der Malteser heute noch seine dahinschwindende Kraft am liebsten dazu verwenden würde, immerzu vor sich hinzusagen: ich bin Malteser. Ich bin vielleicht doch kein ganz gewöhnlicher Malteser, weil ich mich so sehr beherrsche. Selbst wenn auch ich einmal dem alten Malteserübel verfalle und mir jener Satz, der besagt, ich sei Malteser, sozusagen wider Willen über die Lippen springt, selbst dann muß jeder bemerken, daß ich den Satz keinesfalls ungeschoren passieren lasse. Noch in der Sekunde, in der ich dem Malteserübel unterliege, besiege ich es gleichzeitig dadurch, daß ich den Satz (Ich bin Malteser) entweder konjunktivisch einfärbe, oder ihn in einen Nebensatzpferch scheuche, oder ihn gar, wie gerade jetzt, zwischen zwei Klammern kerkere, oder ihn einfach ironisch über eine Allerwelts- oder Gemeinplatzklinge springen lasse. Kurzum: ich beschädige ihn nach Kräften. Den unvermindert prallen Satz: ich bin Malteser, werden Sie von mir nicht so rasch zu hören bekommen. Das überlasse ich wirklich der Zurückgebliebenheit unserer Provinz gewordenen Heimat. Also, ein ganz gewöhnlicher Malteser bin ich sicher nicht. Allerdings wage ich es auch nicht, mich einen besonderen Malteser zu nennen. Das Maltesertum ist durch Tradition durch und durch geprägt und entfaltet; innerhalb des Maltesertums ist keine Besonderheit mehr möglich. Entweder ist man Malteser oder man ist kein Malteser. Daraus ergibt sich, daß mein Bruder nicht mehr Malteser ist, sondern Berliner. Ich will nicht mit ihm rechten. Ich will sogar, wie der Freund aus Paris empfahl, ruhig stolz sein. Aber ich will zum Schluß auch gestehen, daß ich nicht im Stande bin, mein Provinzlertum einfach zu vergessen, es sitzt in mir wie die allmächtige Seele selber, und es schüttelt mich wie ein lebenslängliches Fieber, reißt mir den Mund auf zum blöden Bekenntnis: Ich bin Malteser. Wenn auch einer, der sich immer ein bißchen schämen wird, einer zu sein. Du, glücklicher

Bruder, hast die Scham überwunden. Um dich noch glücklicher zu machen, als du ohnehin schon bist, kann ich dir jetzt zurufen: Du warst nie Malteser. Und was du heute bist, wirst du morgen nicht gewesen sein. Laß uns also Sorge tragen, daß uns das Präsens nie zu anmaßend wird. Auch um dir zu nützen, überwinde ich das zehrende Lokalbekenntnis, überspringe die Dürftigkeit des Präsens und fasse alles in das tröstlich exakte Futurum: Ich werde ein Malteser gewesen sein.

Bericht eines Besuchers

Im vergangenen Sommer war ich also endlich in Afrika. Auf einer Farm. Nähe Nairobi. Wie es da zugeht, könnte ich jetzt gar nicht mehr so genau sagen. Auf jeden Fall wird Sisal sowohl gepflanzt als auch ein Stück weit verarbeitet. Man erklärte mir alles. Unterwegs ist man dort schon sehr früh am Tag. Im offenen Auto. Ich frage mich, ob ich das Vogelgezwitscher wirklich vermißt habe. Besichtigt man eine Fabrik, fällt es einem gar nicht erst ein, Vogelgezwitscher vermissen zu wollen. Man geht da zu Fuß von einem hohen Gebäude zu einem noch höheren. In Württemberg etwa, oder in den um Geduld bittenden Werken des Rheinlands. Man kommt sich da eher klein vor. Obwohl man weiß, der neben dir ist der technische Direktor. Oder dem gehört das überhaupt. Aber was hätte er von seiner weitreichenden Liegenschaft, wäre da nicht der Besucher. Ich komme mir kaum irgendwo so notwendig vor wie bei Besichtigungen. Der Pflanzer säße längst Akten blätternd in einem Ministerium, wenn nicht immer wieder so ein Besucher käme, dem er vorführen kann, was er hat und wie er es macht und wie viele seiner Einrichtungen immer noch ihresgleichen suchen. Nun ergibt sich also für den Arbeiter eine Pause. Er wischt sich die Hände am Arbeitsanzug ab, während der technische Direktor spricht, und er wechselt einen deftig ironischen Blick mit dem Kollegen der Nachbarmaschine. In Afrika, oder sagen wir doch genauer: in Ostafrika besuchte man mit mir auch eine Vogelbeobachtungsstation. Wie sich die Vögel fühlen, scheint jetzt immer bekannter zu werden. Wenn man bloß so dazukommt, wirkt eine Tätigkeit gleich interessant. Trotzdem ertappt man sich dabei, daß man sich seinen Teil denkt, während der technische Direktor spricht. Mit einem schreckhaften Atemzug konzentriert man sich schnell wieder auf den bleichen Finger, der im Abstand von nur einem Millimeter das Wesen der Maschine abtastet. Der Arbeiter bestätigt durch sein stummes Dabeistehen, daß man dem technischen Direktor jedes Wort glauben darf. Eine lang entschlafene Physikstunde regt sich. Dank einer alles berücksichtigenden Schulausbildung könnte man auch die Sisalpflanzen schon von weitem wie alte Bekannte begrüßen. Da man aber nicht weiß, wie die Neger darüber denken, dämpft man sich und begleitet die Erklärungen des Pflanzers mit einem Gesicht, das eine skeptische Hochachtung zum Ausdruck bringt. Übrigens kreuzten immer wieder Großwildjäger unseren Weg. Landsleute in fast filmhafter Verkleidung. Leute, die sich ihres elitären Geschicks bewußt sind, wissen offenbar, daß unsereiner von ihnen gerne alles erfahren möchte. Wie war es also im Augenblick um die Großwildjägerei bestellt? Das wäre endlich etwas Mitteilenswertes. Aber ich vergesse immer wieder, in welchem Monat man die Löwen schießen darf. Wahrscheinlich lassen sich darüber schriftliche Informationen erlangen. Aber wo? Wer das Zeug zum Großwildjäger hat, wird nicht auf meinen Bericht angewiesen sein. Ein Besucherbericht kann einem Jagdlustigen ja nicht auch noch das Gewehr besorgen und für ihn anlegen und gar abdrücken. Also das muß er schon selber tun. Es ist natürlich heiß da unten. Das ist wohl klar. Ja und dann die Landschaft. Plötzlich biegen Sie in ein trockenes Tal ein, die Sohle, würde ich sagen, eine Savanne, darauf ein Hüttendorf und die dazugehörigen Neger, die groß sind und sich nicht bücken, wenn sie aus ihren niederen Türen treten. Schon glaubt man, sie wollten einem die Hütte auf dem Kopf entgegentragen, so um die Stirn gehängt, da knicken sie todsicher ein wenig in den Knien ein und sind im Freien. Ich finde ja, man sollte sich hüten, in einem Maschinensaal, in dem noch gearbeitet wird, in freudige Erregung zu geraten. Der technische Direktor bittet zwar darum und man gibt zu, daß hier Komplimente am Platz wären. Aber man sei vorsichtig. Die Neger verstehen uns nicht. Da mag es gerade noch hingehen. Aber die Hände vor schöner Verwunderung zusammenschlagen, das geht auch hier zu weit. Beherrschen wir uns doch, so sehr der Pflanzer auch darauf wartet, daß wir ihn als des Schöpfers Repräsentanten beglückwünschen zu diesem besonders gelungenen Erdteil und Menschenschlag, warten wir, bis wir dem technischen Direktor wieder weich gegenübersitzen. Der hat zwar, sagt er, ein gutes Verhältnis zum Arbeiter, und der Arbeiter, sagt er, fühlt sich geschmeichelt, wenn man seine Maschine lobt. Aber wir, sage ich, was haben wir für ein Verhältnis? Und hat nicht der technische Direktor selber fast geseufzt vor Schmerz, als er seinen nachzeichnenden Finger von der Maschine zurücknehmen mußte und sie wieder übergeben mußte dem dagegen fast rohen Gebrauch durch den Arbeiter!

Weil ich den Bericht gern nützlich machen möchte, frage ich: Wie kann der Besucher überhaupt Fehler vermeiden? Die Suppe war durchaus eine der besseren Suppen. Das flüsterte ich dem Personalchef sofort zu. Aber weil ich nicht wußte, ob die Angestellten an den anderen Tischen (die Arbeiter aßen weitab anderswo) zufrieden waren mit dieser Suppe, machte ich wieder ein vorsichtiges Gesicht bei meinem Suppenkompliment. Ich halte es nämlich für möglich, daß sich die Belegschaft nicht von einem hergelaufenen Besucher vorschreiben lassen will, wie sie ihre Suppe finden soll. Ich halte es aber auch für möglich, daß sie angesichts eines Besuchers wirklich stolz wird auf diese Suppe. Grünkernsuppe, so wurde sie schriftlich bezeichnet. Der Pflanzer glaubte zu wissen, daß die Neger ihre Tänze am liebsten vor weißen Frauen aufführen. Mit dem scherzhaften Hinweis, ich sei ja keine weiße Frau, suchte ich zu verhindern, daß er meinetwegen die lokale Kulturtruppe bemühe. Ich habe sowas schon in München gesehen, log ich. Das war ein Fehler. Nun mußte er mir ja beweisen, daß das, was wir in München zu sehen bekommen, nichts Echtes und nichts Rechtes sei. Das Erich-Hüssen-Werkschwimmbad war dagegen leicht zu besichtigen. Der erwünschte Eindruck besonders feierlicher Sauberkeit wurde auch dadurch verstärkt, daß es Vormittag war und wir ganz allein in der Fliesenwelt standen, der Personalchef und ich. Ein Boy wog unsere Hüte in vorgestreckten Händen. Das Schlimmste: man ist auch am Nachmittag noch Besucher. Und wenn man die Bettdecke aufschlägt, überlegt man sich, ob nicht auch sie ihresgleichen suche. Das ist die Vormisch-Anlage, sagte der junge Physiker und gab einem Arbeiter unauffällig ein Zeichen, worauf der noch weiter zurücktrat. Irgendwann werden wir Besucher sicher erfahren, wie wir den Negern vorgekommen sind. Der Werksbibliothekar sagte, es lernten jetzt immer mehr Neger Lesen und Schreiben. Vorerst muß man zufrieden sein, wenn sich während so eines Besuches nichts Unvorhergesehenes abspielt. Mir ist es zum Beispiel nie passiert, daß ein Lehrling seiner Kollegin kurz vor der Vesperzeit eine Brust abschnitt, um sie auf dem Bunsenbrenner zu kochen. Also wer glaubt, es gehe so unmenschlich zu in den Betrieben, der kann getröstet werden. In einer Kistenvorstadt von Nairobi kann es einem zwar passieren, daß plötzlich einer mit den Fäusten auf die eigene Stirn trommelt, bis er umfällt.

Als Besucher wagt man das nicht zu beurteilen. Aber man hat ja den Pflanzer, der hat, sagt er, ein gutes Verhältnis zu den Negern, und tatsächlich erklärt er einem das mit den Fäusten und der Stirn als einen guten alten Brauch.

Der Besucher sollte sich glücklich schätzen, das gesehen zu haben. Auch eine Mondfinsternis gilt als ein Erlebnis. Oder man wird, unterwegs von einem Programmpunkt zum nächsten, plötzlich an einem in einer Ecke weinenden Mädchen vorbeigeführt. Das ist sowieso schon nicht lustig. Als Besucher aber weiß man, daß dieses Mädchen nachher vom Gastgeber zur Rechenschaft gezogen werden muß. Jeder Gastgeber sieht zwar ein, daß Weinende nicht immer mit Besuchern rechnen können; es ist eben schwer, dem Weinen einen in jeder Hinsicht günstigen Zeitpunkt anzuweisen. Andererseits aber müssen die Weinenden auch verstehen, daß die Besucher bald ausbleiben würden, müßten sie immer damit rechnen, an einem weinenden Mädchen vorbeigeführt zu werden. Also muß dafür gesorgt werden, daß nicht in jeder Ecke einfach geweint werden darf. Der Personalchef des Pflanzers wird das jetzt in einer Betriebsvorschrift verlangen. Aber vielleicht nützt es auch, wenn ich es hier vorbringe, als Bitte, sozusagen im Namen aller Besucher. Zeigt euch um Himmels willen fröhlich, solange wir unter euch weilen. Eine andere Lösung sehe ich momentan nicht.

Mein Riesen-Problem

Ich, ja ich, ich verkaufe meinen Riesen. Was der Sie kostet, das fischen Sie mit einem Griff in Ihrer Rocktasche zusammen; vorausgesetzt, Sie tragen das Geld auch lose in den Taschen wie ich. Falls Sie meinen Riesen nehmen, empfehle ich Ihnen, das Geld freizulassen in den Taschen. Oft braucht er ganz schnell eine Süßigkeit, es bleibt Ihnen gerade noch die Zeit, in der Tasche aus den hüpfenden Münzen zwei herauszufangen, durch die nächste Ladentür zu jagen, dann müssen Sie eigentlich schon zurück sein, sonst sitzt er auf dem Trottoir und kann sich vor Traurigkeit eine halbe Stunde lang nicht mehr bewegen. Am besten, Sie führen immer etwas Süßes mit und stopfen's ihm in den Mund, sobald Sie sehen, daß ihn dieses schnuppernde Heimweh befällt. Er bleibt dann stehen, die Haut nimmt eine Farbe an, als brenne in seinem Kopf ein zwetschgenblaues Licht, die Gesichtszüge arbeiten gegeneinander, offenbar will er etwas zu Ende denken, also da ist es schon die höchste Zeit für etwas Süßes. Sobald sein Mund sich mit Süßem füllt, atmet er wieder durch und folgt Ihnen, wohin Sie wollen. Seiner Größe wegen, überhaupt wegen seiner Beschaffenheit und Wirkungsweise muß ich ihn einen Riesen nennen. Mich aber muß ich nennen: seinen Begleiter. Er ist mir zugelaufen. Ich bin ihm zugelaufen. Wohl schon, bevor wir gewieft waren. Und weil das so lang her ist, erübrigt sich die Frage nach der Schuld.

Eigentlich ist er stumm. Zumindest, wenn man ihn nach dem beurteilt, was er in Wörtern ausdrücken kann. Aber er hat eine Richtung. Oft schnuppert er so in die Gegend, weithin, wo sie blau wird. Dann formulier ich für ihn. Zwetschgenland, sag ich, was! Er nickt heftig. Ach, es ist schwer, ihn verständlich zu machen. Steuer kostet er nicht. Absetzen kann man ihn auch nicht. Gott sei Dank sieht man uns. Sobald wir allein sind, spielt er mit zwölf alten Eau de Cologne-Flaschen und einem unendlichen Vorrat von Zwetschgenkernen. Mit einem Gesicht, als trüge er schwere Verantwortung, legt er die Zwetschgenkerne immer wieder auf einer Karte von Südamerika aus. Ich wollte ihm beibringen, die Kerne gegen die Flaschen zu werfen und so eine Melodie zu erzeugen oder wenigstens eine Art Rhythmus, der die Leute von uns überzeugen könnte. Er aber will mit Darbietung nichts zu tun haben in seinem Leben. Das sagt er nicht, er gibt es mir zu verstehen. Ich hatte natürlich gehofft, ich könnte beruflich sein Begleiter werden. Auf dem Klavier oder sonstwas. Wozu hat man denn so einen Riesen, schoß es mir oft durch den Kopf. Ich vervielfachte meine Finger, zählte mit mehr als zehn Fingern vor seinen Augen all das Geld in die Luft, das wir zusammen verdienen könnten. Aber unser Dasein wurde kein berühmtes Reiseleben mit unverschämt anziehenden Plakaten. Meine Spekulation, mit Hilfe seiner Ungewöhnlichkeit ein reicher, alles vermögender Mensch zu werden, hat er einfach vernichtet. Er ist schüchtern. Vielleicht auch wirklich dumm. Gaben hat er, aber gegen Ausbildung ist er immun. Zieht mit Kreide sieben Notenlinien auf den Boden, legt Zwetschgenkerne als Noten aus und singt dann die Melodien nach, die er so markiert hat; einfache katholische Melodien, ans Alpenvorland erin-

nernd. Und wenn ich sage: so, das bilden wir jetzt aus, hört er auf, zerstört die Zwetschgenkernweise und legt sich bäuchlings auf den Boden. Also auch ein Komponist ist nicht zu machen aus ihm.
So bin ich der Begleiter eines völlig unbrauchbaren Riesen geworden. Darum stelle ich mir gern ausgiebig vor, wie ich mich von ihm trennen werde. Wahrscheinlich werde ich schon wenige Augenblicke nach der Trennung ein neuer Mensch sein, einer, vor dem man sich endlich in acht nehmen muß. Nur weg von meinem Riesen! Weg mit ihm, wenn es sein muß. Der gehört doch gar nicht hierher. Eigentlich gehört er in die Musik. Jawohl. Tief in die Musik gehört er. Aber wie ihn dorthin bringen? Ich fuchtle herum, blitze vor Plänen, sende ihm meinen bloßen Haß unverhohlen hinauf. Er schaut herab, lächelt so breit, daß man Zwillinge in den Schlaf wiegen könnte in seinem Lächeln. Man kennt ja das Gemüt der Riesen. Mich, den aufs Leben Ausgerichteten, mich martert er mit seinem Riesengemüt. Butterkönig, schrei ich hinauf, Mondprimel! Oh du mein Kummerelefant und Sorgenwal, oh du meine leibhaftige Traurigkeit. Aber wie alle wirklich musikalischen Wesen nimmt er die Wörter von ihrer Vorderseite. Ich gebe jetzt also zu, daß ich seit langem versuche, ihn zu verkaufen. Aber jeder Direktor sagt mir sofort ins Gesicht: Sie haben ihm ja nichts beigebracht. Was kann er denn?
Weinen, sage ich.
Weinen, heißt es dann, weinen, das ist etwas, also los, wein mal, Großer.
Da allerdings halte ich es nicht mehr aus. So laß ich nicht mit meinem Riesen reden. Er schnuppert schon,

kriegt schon sein zwetschgenblaues Gesicht, in jedem Auge seh ich schon eine seiner wahrhaft schönen runden Tränen, also greife ich wild nach ihm und ziehe ihn hinter mir her und hinaus. Zum Affen laß ich ihn mir nicht machen.

Ob er bloß weinte, weil er hörte, daß ich ihn verkaufen wollte?

Dann, in Not, versuchte ich doch, sein Weinen auf ein ziemliches Niveau zu bringen. Offenbar ließ sich mit Weinen etwas gewinnen. Aber eine Bühnennummer wurde nicht aus seinem Weinen. Weinen an sich ist eine gute Voraussetzung, aber mein Riese ist einfach kein Künstler. Und ein Weinen, das nicht künstlerisch bewirtschaftet wird, bleibt ein Geheule, also zischt das im Vollkommenen lebende Publikum.

In privaten Zirkeln sind wir erfolgreicher. Ich rede und er weint. Ich rede rasch, in trocken gelegten, schneidigen Sätzen, falte die Welt in Wörtern auseinander, scheuche scharfe Lichter über was Sie wollen, und er beweint das. Man steht um uns herum, lacht gebührend, und bietet uns Getränke an. Es heißt, wir seien gern gesehen. Zweifellos, komisch sind wir. Aber man fürchtet uns nicht. Also bleibt der Erfolg aus. Also muß meine große Schleppe endlich weg. Was uns zur Zeit erwiesen wird an Annehmlichkeiten, könnte man zwar auch Gage nennen. Aber ein Plakat gibt es nicht. Keinen Saal gibt es. Keine Angst. Also keine prächtige Rezension. Auf dem Heimweg beschimpf ich ihn. Er trägt mich die Treppen hoch, nennt mich Majestätchen, schält mir die Orange, die eine Dame ihm tief in die Tasche schob. Er mag lieber Zwetschgen. Darum nenn ich ihn oft voller Hohn: meinen Zwetschgenkönig. Damit spiele ich allerdings auch auf unsere gemeinsame Herkunft an und betone gleichzeitig scharf, daß es seiner Schwerfälligkeit zuzuschreiben ist, wenn wir immer noch im blauen Schatten der Zwetschgenbäume unserer Heimat kämpfen. Seinetwegen werden wir die Herkunft aus dem Zwetschgenlandstrich nicht los. Er ist die unfaßbare, blau kullernde Zwetschgenmasse selber, das rotgoldene Fleisch in der Haut aus blauem Rauhreif. Sein Gedächtnis auszutilgen, nenn ich ihn manchmal eiskalt Fritz. Er glaubt zum abertausendsten Mal, ich hätte wirklich seinen Namen vergessen und sagt mit einer Nachsicht, die zu Herzen geht: Ich heiße doch Josef.

Er hat natürlich auch gute Seiten. Er wartet, zum Beispiel, immer darauf, daß ich mich erkälte. Der Erkältete, sagte er einmal vor sich hin, weiß es zu schätzen. Sobald ich mich also erkältet zeige, wird er flink. Sofort hat er heißes Zwetschgenmus, macht mir gegen meinen Willen einen Wickel um den Hals mit seinem heißen Zwetschgenmus, reibt mir die Waden mit heißem Zwetschgensaft, schüttet mir in den Hals heißen Zwetschgenschnaps und drückt mir ein Säckchen unters Kreuz, gefüllt mit heißen Zwetschgenkernen. Er freut sich, wenn ich mich wehre gegen seine Behandlung. Dann kann er sich so richtig durchsetzen. Hat er mich endlich ganz in sein Zwetschgenheil versenkt, wäscht er sich die Hände wie ein großer Arzt und sagt zu mir herüber, er sei stolz auf mich.

Ach Josef, sag ich da, was soll noch werden.

Er hört sofort den Schicksalston heraus, zieht sein wild bekümmertes Riesengesicht, mit Schaudern seh ich, daß er jetzt denken will, und da denkt er auch schon, setzt sich, der Ohnmacht nahe, auf den Bettrand und sagt langsam, um doch ja seinen Gedanken nicht zu beschädigen, langsam vor sich hin: Einmal kommt Regen. Und wenn wir Glück haben, kommt sogar noch Regen. Aber bitte, bleiben wir bescheiden, Regen genügte auch. Und wenn nicht Regen, dann eben Regen. Um ganz ehrlich zu sein, in unserer Lage würde sogar Regen schon genügen, oder doch wenigstens Regen. Was meinst du?

Ach Josef, sag ich da, wär ich nicht gar so erkältet, würde ich mich jetzt gern unter Leute mischen, letzten Endes braucht man doch das Gespräch. Er zieht den Wickel vorsichtig strammer und schweigt. Also so ist er nicht, daß er immer das letzte Wort haben möchte. Allerdings wohnen wir einander schon zu lange in der Seele, als daß das noch etwas bedeutete. Nun gut, Leute, nehmt ihn mir ab, kauft, kauft meinen Riesen. Irgendwo wurde sicher ein Hochhaus gebaut, da geht es emsig zu, alles klappt, aber die Luft in den Räumen ist immer noch nicht zufriedenstellend, und warum: es wurde noch nicht geweint im Gebäude. Also da könnte ich meinen Großen wirklich empfehlen. Gut wäre er auch für einen Aufsichtsrat, der spröde zu werden droht, weil die Herren in mancher Hinsicht zu sehr gewitzt sind und wirken wie schon zu sehr gegerbt. Die Wirkungsmöglichkeiten meines Riesen aber sind vergleichbar denen des Meeres. Nehmen wir an, Sie drehen sich nachts im Bett, dann werden Sie immer daran denken, daß Sie sich jetzt wegdrehen von ihm oder daß Sie sich hindrehen zu ihm. Einfache Bewegungen werden, wenn er in der Nähe ist, bedeutend. Jene etwas erbärmliche und fahrige Leichtigkeit, die sich heute einschleicht in einen jeden, die einem andauernden unerlösbaren Hustenreiz gleichkommt, die treibt er aus, mit Schwere und Zwetschgenbeschwörung, das versprech ich Ihnen. Er macht aus Ihnen wirklich eine Art Komiker. Kommen Sie selbst mit Mut und schauen Sie ihm nacheinander in seine allzuweit auseinanderstehenden zwetschgenblauen Augen. Kommen Sie am Samstag. Samstags setz ich ihn immer in der Herzogsstraße vor das Café. Falls Sie vorbeigehen, sagen Sie ruhig Schlingel zu ihm. Das mag er. Ja, er kann so recht ehrgeizig sein, wenn Sie's nur ein bißchen von ihm verlangen. Ich vermute, er möchte jetzt ganz gern bekannt werden. Krankheitshalber. Heftet ihm aber bitte nichts auf den Rücken, solang er so sitzt. Bitte, bedenkt, in ihm türmen sich die Gedanken, sobald er sitzt. Er hat es nicht leicht. Sitzt und zählt seine Hosen und macht ein altrussisches Verbanntengesicht. Bedenkt, wieviel Platz in ihm das Gedächtnis einnimmt! Wie er es vernimmt, das Klirren des Kaffeegeschirrs aus unserer allerersten Ehe! Eines Priesterkandidaten violettes Radebrechen! Das Fallen der Zwetschgen in den Traum. Sehen Sie, wie er sich ins Gesicht greift, er sucht seine Lippen. Jetzt neigt er schamvoll den Kopf. Was ihm zwischen die Lippen rutschte, ist seine Zunge. An Ihrem Eis hätte er lutschen wollen, meine Herrschaften. Selber will er kein Eis. Bitte, trösten Sie ihn nicht, solange er das Gesicht nach unten dreht. Verhalten Sie sich eine Zeit lang ganz wie die Wintersonne. Allerdings, solange er so beschämt sitzt und schluchzend seine Zunge zurückzuziehen versucht, hätte es ein kleines Mädchen leicht mit ihm. Sie brauchte nur zu sagen, sie müsse heute noch einkaufen, und schon nudelte er sie herzlich in seinen Schal und trollte sich mit ihr, bis das scharfe Schicksal ihn und sie im Blust des Böhmschen Feinkostgeschäfts aus den Augen verlöre. Achtung, jetzt zittert er. Das kann er besser als ein Reh im Januar. Es gelingt ihm nicht immer so schön wie jetzt. Er ist halt wie der Gärtner abhängig von ungeheuren Prozessen. Das, zum Beispiel, nennt er Beten. Sagen Sie nicht, er kratze lediglich die Pfeife aus. Er nennt es nun einmal Beten. Mit dem Daumen, der jetzt noch die Pfeifenrundung nachfährt, wird er sich gleich bekreuzigen. Jetzt könnte sich jemand auf seinen rechten Schenkel setzen. Hallo! Hallo! Ist denn keiner frei? Oder ist das Interesse schon so gering? Sehen Sie, der Schenkel wippt, ohne daß wer drauf sitzt. Was Sie hören, ist sein Hoppa-Hoppa-Reiter-Lied. Säße jemand auf seinem Schenkel, wäre das eine berückende Vorstellung mit Gesang, so wirkt natürlich alles ein bißchen überflüssig.

Begreifen Sie, bitte, falls Sie nicht kommen am Samstag, falls keiner sich findet, der Lust hat, auf seinem großen Schenkel einen Ritt zu machen, muß ich selbst wieder auf diesen Schenkel springen und mich auf- und abschütteln lassen, bis er sein Stampfen freiwillig beendet. Er zerschlägt die halbe Stadt, wenn sein Schenkel leer bleibt. Also samstags, bitte. Auch sonntags, wenn es nicht anders geht. Eigentlich immer. Ich warte sozusagen auf Ihr Angebot. Falls bis null Uhr niemand kommt, muß ich ihn zum Schlachter führen. So ein Riese frißt ja, man glaubt es nicht. Und da er in all seiner Schwermut (die man bezeichnen kann als einen sonst unbekannten Hunger) schon geschnappt hat nach mir, werde ich gar nicht anders können, als ihn mit ein paar gewinnenden Tiraden dem Schlachter vorzustellen. Sollte der ein Unmensch sein, muß ich meinen innigen Riesen selber hinausführen auf den Verladebahnhof, muß ihm erklären, wir bewegten uns auf ein schneidiges Abenteuer zu, muß ihn und mich im Dunkeln bis zur Verladerampe bugsieren, muß ihn hineinstoßen, gerade bevor die Waggontür zufällt. Grausam ist das vorerst nicht. Pferde liebt er ja fast noch mehr als alte Eau de Cologne-Flaschen. Ich kenn ihn doch. Noch ehe die Waggons den Brenner passieren, singt mein Riese mit den Pferden Choräle, wie sie seit Leuthen nicht mehr gesungen wurden.

Hoffen muß ich, daß er mich nicht noch zuletzt anschaut mit einem seiner alleinstehenden Augen. Dann führte ich ihn folgsam wieder heim. Also das kann ich Ihnen versichern, falls Sie ihn einmal haben, trennen Sie sich nicht mehr so leicht von ihm. Jetzt, zum Beispiel, kniet er gerade auf seiner Landkarte von Südamerika, hat Zwetschgenkerne gelegt auf Surinam und gießt vorsichtig aus einer Eau de Cologne-Flasche Wasser auf seine Zwetschgenkerne und Surinam und macht ein Gesicht, als tue er Gutes für Surinam.

Wenn ich aber aufspringe und rufe: Los, auf, reisen wir nach Surinam, helfen wir dort! dann weist er auf die kleine Wasserlache, die das Surinam auf der Karte deckt und sagt: Ich hab schon Zwetschgenbäume gepflanzt in Surinam. Dabei schaut er mich an, daß ich am liebsten vor ihm und seinem Zwetschgensurinam verginge. Meistens knie ich dann einfach an seiner Seite, wir verbringen den Abend über der Karte, buchstabieren entlegene Namen und entscheiden mit ein bißchen Würde, wo wir demnächst Zwetschgenbäume pflanzen werden.

Nachruf auf Litze

Wenn so ein Tag aus irgend einem Jahr keine Ruhe geben will, sich einfach nicht auflösen will zu nichts und wieder nichts, wie es sich gehört, wenn er immer wieder ganz plötzlich aufkreuzt, jedes Mal noch physiognomischer – offensichtlich will er bei mir ein innerer Indianer werden, auf jeden Fall etwas, das grell und laut erscheint, ohne sich recht verständlich zu machen –, was soll man da tun? In meiner Bedrängnis sage ich: eine Geschichte schreiben über diesen Tag. Ihn in einer Geschichte so hinklittern, daß bewiesen wird: er hat nicht das Zeug, bei mir zum Gedenktag zu werden. Schließlich ist man doch keine Nation. Nimmt das überhand, so ist mein Leben bald verheert von lauter Feiertagen. Und wenn es für Tage noch keine Ewigen Jagdgründe gibt, dann will ich sie erfinden. Da geht mir überhaupt auf, wozu Geschichten gut sind.
Litze, du hast dir diesen Tag ausgewählt, um mich immer heimzusuchen. Jetzt zahl ich zurück, mein Freund. Dich und deinen Tag transportier ich schön in einen schattigen Mühlbach, zum abgelegten Laub, mit dem sich das Wasser beschäftigt.
Litze ist also tot. Das ist wohl klar. Und weil Litze tot ist, hat er eigentlich nichts mehr zu melden. Das muß man ihm nachträglich noch beibringen. Drückt mich ein Stein im Schuh, zieh ich den Schuh aus, werf den Schuh fort und geh barfuß auf den Steinen. So konsequent bin ich mittlerweile. Ich hab auch die Eigenschaft, daß ich immer wissen will, woran ich bin. Das

gehört zu meiner Ausrüstung. Nachts schrei ich schon mal laut, um eventuelle Zudringlinge zu erschrecken. So ein lauter Schrei kostet ja nicht viel Anstrengung, aber er bewirkt viel, wenn es gelingt, ihn im richtigen Augenblick auszustoßen. Am schlimmsten ist es doch, wenn etwas leise geschieht. Bitte, Litze, sprich wenigstens laut, oder noch besser: sprich deutlich, wenn du eintrittst. Nicht herschleichen und mich plötzlich pakken. Ich setz mich jetzt so, daß ich die Tür sehen kann. Und pfeifen werde ich auch. Zum Beispiel auf dich. Litze ist im Stand und tut jetzt aus seinem schlechten Jenseits noch so, als habe er nicht gewußt, daß ich aus dem Krankenhaus entlassen worden war wie ein Sträfling, dem der Rest wegen guter Führung geschenkt wird. Meine Mutter war inzwischen umgezogen in die Diözesansiedlung. Ungeübt stand sie in der neuen Wohnung. Ich kam also an und sagte: Es ist ein Glück, wenn man jemanden hat, der einen Wohnort einem anderen vorzieht. Ich kam mit meiner Schwester, die ich Helga nenne. Mit diesem einfachen Namen begnüg ich mich jetzt, weil es sich herausgestellt hat, daß auch kostbarere Namen nicht ausreichen, der Umwelt zu erklären, welche Art Schwester ich habe. Acht Tage rührte ich mich nicht vom Fleck. Aber Litze rief nicht an. Meine Schwester sagt, sie sei extra über die Straße gerannt, um Herrn Litze mitzuteilen, daß ich wieder zurück sei. (Vor meinen Angehörigen waren Litze und ich per Sie. Das wollte ich so.) Meine Schwester ist älter als ich. Bring ich es weit genug, wird sie meine Sekretärin. Unsere Mutter erschrickt, wenn sie uns zusammen sieht. Helga sitzt mir im Sessel gegenüber, die Nachmittage vergehen im Nu. Wir lachen, wenn un-

sere Mutter von den zwei Hochzeiten spricht, mit deren Hilfe sie uns für immer trennen möchte. Ist das wirklich nötig, fragen wir und ziehen die schüchterne Mutter zu uns her. Im Grunde sind wir eine zärtliche Familie. Wir sind allerdings klug genug, das nach außen hin zu verbergen.
Helga, sagte ich, vielleicht glaubt Litze, in einer Diözesansiedlung hat man kein Telephon. Ja, sagte Helga, Litze ist ein Journalist. Diese Bluse, sagte ich, hast du wieder selbst gemacht. Was andere Männer über Helga denken, wage ich nicht zu vermuten. Ich finde, Helga wird durch diesen oder jenen Satz plötzlich ganz schön. Leider muß ich mich hüten, das laut zu sagen, weil es seit langem feststeht, daß Helga und ich einander ähnlicher sind, als Zwillinge es sein könnten. Dieser Sommer brüllt, sagte Helga. Wo man hinschaut, eine verdorrende Kuh, sagte ich. Gehen wir baden, sagte Helga. Die Mutter zog sich zurück und seufzte dabei.
Die Sonne war heiß. Zerfahren und schlierig. Sie kam mir hysterisch vor. Drüben, drunten, die Stadt. Das Weichbild, sagte Helga. Wir lachten. Ein zusammengekrümmter Hund, sagte ich. Räudig, grau. Was ist denn überhaupt los? Feinfühlig ist das nicht, lieber Vinzenz. Soll ich vielleicht zuerst anrufen? Der zwang mich, ihn zufällig auf der Straße zu treffen. Nein, Helga, den Bus lehn ich ab. Ich geh zu Fuß. Und mit Schmerzen. Dafür straf ich ihn nachher. Ich führte Helga ins Patz-Bad. Sie legte sich hin. Um Helga herum entsteht sofort eine Art Vitrine. Man schaut hinein, mehr ist nicht möglich. Helga wirkt, als sei sie nicht von hier. Seit sie das bemerkt hat, weist sie darauf hin. Manchmal mit einer

größeren Samtschleife. Oder sie näht wie unter Zwang zu große Knöpfe an ihren Badeanzug. Offenbar ist es zu spät, einzulenken. Ihre Redensarten sind auch nicht geeignet, Bekanntschaften zu befördern. Was sie sagt, setzt beim Zuhörer intime Kenntnis, wenn nicht sogar Verwandtschaft voraus. Litze lud mir jedesmal Geschenke auf für Helga, feine Sachen, die er sich schikken ließ aus Weltstädten. Haarspangen, Tücher, Gläser, Knöpfe. Es waren Opfergaben, Tribute, ganz regelmäßig übersandt von einem ängstlichen Volksstamm, der keinen Krieg will. Und Helga tat, als ließe sie sich einschläfern. Sie hat ihren Ekel tapfer bekämpft, lieber Litze.

In den Straßen roch es nach Beerdigung, nach Fisch, nach heißen Autoreifen beziehungsweise nach Südamerika. Helga, die sich unversehens wieder eingefunden hatte, sagte: wie brüllt eine Kuh, die allmählich im Sumpf versinkt? Hätte ich Helga wieder zurückjagen sollen ins Patz-Bad? Oder auf eine grüne Bank fesseln in den Anlagen? Sie gehört doch gewissermaßen zu mir. Leider genügt oft eine Kleinigkeit, uns auseinanderzuscheuchen. Ich war zwar ganz vorsichtig an diesem Augusttag. Kam mir gut rasiert vor. An meiner Zweibeinigkeit war nicht zu zweifeln. Ich war ja noch ganz schwach vom langen Liegen. Aber Helga witterte manchmal zu mir herüber, ekelte sich und verschwand wieder für eine Weile. Wäre Litze jetzt die Eigerstraße heruntergekommen, hätten wir natürlich mit einander sprechen können. Aber Litze, der mich nicht angerufen hatte, kam auch nicht die Eigerstraße herunter. Minuten später löste sich Helga aus einem Baumschatten und bat um Verzeihung. Helga ist sehr tierliebend. Um so strenger ist sie mit Menschen. Ich muß immer wieder ein gutes Wort einlegen. Menschen sind nicht so ohne, Helga. Nur keinen Hochmut, Helga. Sie nickte. Sie wollte sich Mühe geben. Also lieber Vinzenz, so sprach ich für dich und für mich. Und selbst wenn du mich mit Helga angetroffen hättest, wir hätten doch sprechen können. Sie kann schon mal was vertragen. Das wußte niemand besser als Litze. Und man vergesse doch nicht: sie ist eine fast unsichtbare Begleiterin. Für Außenstehende. Also wenn einer durch Helga gestört werden konnte, dann doch allenfalls ich.

Der Staub, den die Autos eigentlich aufwirbeln sollten, blieb einfach liegen. Nach so vielen Wochen der Abwesenheit fand ich auch die Schaufenster betrachtenswert. Gehen konnte ich nur langsam. Ein Umstand, der diesem Tag zugute gekommen sein kann wie ein Gewürz. Während ich Litzes Erscheinen in jedem Augenblick erwartete, beobachtete ich unwillkürlich, wie auf der Eigerstraße die Vollstrecker durcheinanderliefen. Die, die nicht für einander bestimmt sind, tauschen flüchtig Grüße aus. Einige kehren schon zurück von einer Vollstreckung. Ein bißchen unglücklich. Auch ein bißchen gesättigt. Vielleicht auch vergattert. Selten, daß sich einer wirklich verhindern läßt, bevor er fertig ist. Die Hitze bewirkt allenfalls Verzögerungen, die keinem zugute kommen. Und wer aufatmend wegeilt vom Opfer, begegnet seinem Vollstrecker, der schon ungeduldig wurde. Jetzt schütteln sie einander die Hände. Zur Vergewisserung nennen sie noch ihre Namen. In Form direkten Grüßens. Solche Eindrücke hat man beim Schlendern. Ich will wirklich nicht behaupten, der Zuschauer sei fähig, ein Gesetz zu entdecken. Aber er-

schreckend war es, wie schnell den Autos das Halten gelang. Da ich nicht jedesmal gleich wußte, was los war, zitterte ich zunächst, wenn der Herr heraussprang, die Tür zuwarf und wegeilte. Vor verfaulenden Gemüseläden versuchten Frauen, in Knäueln beieinander zu bleiben. Ein Gewirk Kinder trieb vorbei. Die Erwachsenen sahen hinterher, als bestätige das Auftauchen und Verschwinden der Kinder alles, was sie gerade besprochen hatten. Überall hörte ich die Sätze rasch zur äußersten Gereiztheit gelangen, so daß ich mich schon fragte: worauf treiben wir zu?
Auch fehlten die Vögel, die längs der Eigerstraße die Baumkronen zum Rauschen zu bringen hatten. Hunde, keiner Aufmerksamkeit mehr fähig, stolperten dem Herrn Anlagendirektor Vollbedinger über die Füße. Vollbedinger, unbeirrbar, ließ Warntafeln aufstellen. Sobald er sich mit seinen zwei Gehilfen verzogen haben würde, wollte ich die Warntafeln lesen. Und dann zu Litze. Die Hoffnung, ihn zufällig auf der Straße zu treffen, hatte ich aufgegeben. Angerufen hatte er auch nicht. Wahrscheinlich saß er mitten zwischen seinen schwarzen Wänden und maßte sich was an.
Feinfühlig ist das nicht, lieber Vinzenz.
Bei diesem Satz wollte ich bleiben. Dann blabbert Litze. Ich aber sage schroff: Ich komme aus dem Patz-Bad. Wahrscheinlich willst du mir weismachen, daß du Helga dort angebunden hast, sagt Litze höhnisch wie ein Logikprofessor. Ich werde also noch einmal sagen: feinfühlig ist das nicht, lieber Vinzenz. Endlich errötet er. Da er wenig Haare hat und seine wenigen Haare hell sind, wird die Röte bei ihm gleich überall

hinschießen. Ich werde mit meinen Augen der sich ausbreitenden Röte folgen. Er sieht also an meinem wandernden Blick, wie weithin er errötet sein muß. Nun stottere schon. Er liebt mich doch, sagt er. Herrgottnochmal. Da kann er mich doch nicht zuerst anrufen. Ich zerknicke darauf eines seiner dürren Ziergewächse. Bevor er die aufstellt, taucht er sie in grelle Farben. Bei Litze gab es blaues Schilf in weißen Vasen, zum Beispiel. Von seiner rot präparierten Artischocke werde ich unnachsichtig zwei harte Blätter brechen, werde so tun, als widerten mich diese sorgsam parfümierten Blumenleichen an, dann zerbrösle und zerreib ich die holzigen Blätter und streue den Staub grausam im Zimmer herum. Litze sieht mir ängstlich zu.
Wenn er mich anschaut, sind seine Augen vollkommen rund. Aber gleich flieht er mit seinem Blick wieder schräg in die Höhe, wo am vergoldeten Draht seine Wäsche hängt. Von dort tastet er sich zurück, bis zu meinem linken Ohrläppchen. Ich greife hin und verberge es vor ihm. Er seufzt. Weil er mich doch liebt. Weil er mich doch liebt, ruft er mich nicht zuerst an, nimmt nur alle vierzehn Tage einen Artikel ins Blatt, zahlt schlechte Honorare. Litze sagt, sonst fällt es doch auf.
Litze wird sitzen. Und wenn er sitzt, ist er dick. Noch dicker als man ihn in Erinnerung hat. Steht er aber auf, kennt man ihn nicht wieder. Er bewegt sich nie nachlässig. Ein Schritt, eine Handbewegung, und schon ist es eine Stierkämpferparodie oder ein pfiffiges Romeo-Ballett. Litze ist zuckerkrank. Er wird mir den Schnaps vortrinken, der uns beiden verboten ist. Ich werde der Bürgerliche sein, der sich nicht traut. Litze dagegen

hechelt gern vor Zynismus. Seine Hose hängt so tief als sie kann. Das Nylonhemd pappt rundum. Wirft aber noch zwei Brandblasen. Die paar hellen Haare hängen auf der gleißenden Kopfkugel herum wie gerade gesetzte Reispflanzen. Also im Feuchten. So ein Stierkämpferparodist Litze hat ja nichts zu lachen in einer Stadt wie der unseren.
Man halte es nicht für eine Übertreibung, wenn ich sage, diese Stadt liegt auf der schwäbisch-bayerischen Hochebene. Und ein Lokalredakteur kann eben nicht andauernd nach Paris fahren. Und weil ich doch immer wieder mal zweifle, ob ich hier überhaupt gebraucht werde, war es anfangs eine große Genugtuung für mich, daß ich Litze von Nutzen sein konnte. Er hat mich aber nie gezwungen, sein Bad, sein Clo, sein Zimmer zu säubern. Das tat ich freiwillig. Weil ich da von zuhause her andere Ansprüche stellte. Litze sang gern sehr laut. Ich glaube nun, wer in seiner Wohnung immer so laut singt und sich nur stierkämpferhaft bewegen kann, der übersieht manches, was ein leiserer und weniger bewegungsbegabter Mensch nicht übersehen kann. Litzes Blicke zucken lieber von der tropfenden Wäsche zu den Ballettphotos oder zu meinen Ohrläppchen. Ich aber imitiere meine Mutter und verfolge, sanft die Unendlichkeit häuslicher Arbeit beklagend, Unordnung und Staub. Nie wieder werde ich für jemanden so wichtig sein wie für Litze. Heute, da Litze tot ist, gestehe ich, daß ich mir in Litzes Dienst augenblicksweise doch vorkam wie ein protestantischer Ehemann, der seiner katholischen Frau zulieb mit in die Messe geht und das liturgische Laienspiel nie ganz erlernt; immer wieder verwechselt er die Wandlung mit

der Opferung. Aber Litze war gütig. Er liebte mich. Nie mehr wird mich jemand so lieben wie Litze mich liebte. Wer, wenn nicht der mich liebende Litze, hätte entdecken können, daß ich eine Begabung habe für Nachrufe.

Nu hör endlich auf, die Leute zu verteidigen, dies miese Nest, die ganze schofle Mischpoke, schrie er mich einmal am Nikolausabend an. Litze duzte mich, obwohl Helga dabei war. Gleich hatte ich Puls im Hals. Helga befreite die künstliche Rose aus ihrem wirr dichten Haar und reichte sie Litze hin. Litze wurde ganz starr, riß den Blick aus dem blauen Schilf, bohrte mich an mit seinen rundesten Augen und sagte: Moment, du wirst von jetzt an die Nachrufe schreiben, dann kannste ja so gut daherreden wie de willst.

Jeder, der starb und sich vorher genügend bekannt gemacht hatte, wurde in unserer Zeitung gewürdigt. Für Litze war das eine widerliche Pflicht. Litze wäre gern Auslandskorrespondent geworden. In Rom oder in Paris. Also haßte Litze alle, denen es gelungen war, sich in Rom oder in Paris einen Namen zu machen, der bei uns mit einem Nachruf versehen werden mußte. Ich wurde Litzes Spezialist für Nachrufe. Und tatsächlich, ich selber muß sagen, am besten weiß ich mich auszudrücken, wenn es sich um Tote handelt. Im Gegensatz zu Litze, habe ich gegen einen Toten nichts mehr einzuwenden. Je schlimmer einer bei Lebzeiten war, desto angenehmer kann man doch seinen Tod empfinden. Litze pflegte zu schreien: Hat einer einen Namen, ist sicher was faul. Meine Erfahrung reicht nicht aus, Litze zu widersprechen. Meine Frage lautet so: Feiert man nicht auch das Ende der Pest und der Kriege? Also laßt uns doch auch den Tod gewisser Männer in Nachrufen feiern. Insgeheim hoffte ich natürlich, aus mir wäre ein Historiker zu machen. Nach kurzer Einübung gelang es mir nämlich, das Leben und die Leistung berühmter Zeitgenossen so darzustellen, daß der Tod sein Bitteres verlor. In meinen Nachrufen war der Tod immer eine Bestätigung dafür, daß der Gestorbene lange genug gelebt hatte. Handelte es sich um einen Todesfall in unserer Stadt, so trug die von mir erzeugte Schicksalsmilde oft dazu bei, daß sich Angehörige und Gegner des Gestorbenen plötzlich versöhnten. Und mir begegnet man seitdem mit Respekt. Tauche ich schon mal in einer Gesellschaft auf, so fragt man mich, wer denn nun dran sei. Das macht mich oft fast stolz.

Litze, der Nachrufe endlich ledig, spezialisierte sich seinerseits ganz auf Grausamkeit. Helga sagte: Heute muß sich eben jeder spezialisieren. Ich küßte ihr dafür eine ihrer kleinen weißen Schläfen.

Litze war der bessere Schreiber, das gebe ich gern zu. Irgendwann werde ich seine Artikel sammeln und herausgeben. Wie er einen Verkehrsunfall zu schildern verstand! Als wäre er nicht nur selber dabei gewesen, sondern als hätte er den Unfall sogar selber und in voller Absicht herbeigeführt. Ein Verkehrsunfall wurde unter Litzes Händen eine Art Schachpartie mit tödlichem Ausgang. Und die vielen, sehr verschiedenen Selbstmorde schilderte er, als habe er selbst den Strick gereicht, den Hahn aufgedreht. Die von älteren Fräuleins gequälten Hasen erlebten in Litzes Sätzen ihre Folterungen noch einmal, die Schreie jener Hasen hallten nach Erscheinen des Artikels noch nächtelang über die ängstliche Stadt hin, indes Litze, schon wieder

Neues witternd, seine Notdurft in den Silcherbrunnen prasseln ließ. Litze wurde der Meister des Brutalen. Ich kenne keinen Glaubwürdigeren unter den Brutalisten als ihn. Zu diesem Gewerbe gehört Menschenhaß. Und den eben hatte Litze. Das Schöne war bei ihm, er war nicht Herr seines Hasses. Er vermochte ihn nicht zu bewirtschaften. Also eine Karosseriefabrik zum Beispiel hätte er mit seinem Haß nicht betreiben können. Müßte ich nicht fürchten, daß draußen, in der größeren Welt, ein anderer Begriff der Schicklichkeit herrscht, würde ich hierhersetzen, was Litze schrieb über den sonderbaren Korvettenkapitän a. D., der im Rappenbachviertel wohnte und sich eines Nachts selber die Hoden im Schraubstock zerquetschte. Zur Erhaltung seiner Selbstachtung, schrieb Litze. Wer diese Litze-Arbeit liest, kennt Litze. Aber so kann man wohl nur hier schreiben, unter Leuten, die der Viehzucht immer noch nahestehen. Litze feierte den Korvettenkapitän als einen neuen Mucius Scaevola. Ich schlug nach und verstand, wie Litze das meinte.

Lastzüge fauchten vorbei. Ich bot mich an, wenigstens einen Reifen des Anhängers zu streicheln. Ich gebe zu, ich hielt es plötzlich für dringend notwendig, diese gewaltigen Gefährte zu beruhigen. Sie brachen durch das Städtchen, als würde aus allen Fenstern siedendes Pech nach ihnen geschüttet.

Ich kann auch beschwören, daß ich immer wieder den Namen meines Freundes fast hörbar murmelte. Ich hatte doch die Zeitung täglich verfolgt. Litze war schlimm dran. Die Hitze steigerte alles, aber dann verhinderte sie das Entscheidende. Und die Geräte lieferten statt Fußball nur trocken tropfendes Tennis. Der große Brutalist Litze lebte seit Wochen kläglich von auswärtigen Meldungen. Ersatz aus Kaiserlsautern, den er beschämt aufputzte. Offenbar hatte er auch einen Unhold in den Anlagen. Aber es wurde und wurde nichts daraus. Machte ein Mädchen bloß quieks, war der wieder weg. Und Litze ließ die Unterlippe hängen, als wolle er einladen zur Besichtigung seines schwindenden Zahnfleischs.

Ich, sein einziger Freund und Schüler, wollte ihm etwas Erquickendes mitbringen. Links und rechts atmeten junge Frauen. Hörbar. Zwischen Erwartung und Empörung. In den Augen die Trockenheit. Bitte, ich bin kein ununterbrechbarer Psalmist. Auch kann ich mir meine Auffassung nirgends patentieren lassen. Aber an jenem Tag hörte ich einfach die Hunnen ums Lechfeld reiten und dann wieder schwärmten sie herüber und um unsere Stadt und konnten sich nicht entschließen. Dann schluckte sie der Schatten des Rickenwaldes. Es gibt einfach Tage, die dienen der Vorbereitung. Also muß man warten können. Litze, lieber Vinzenz, ich komme. Aber nicht mit leeren Händen. Du hast mich nicht angerufen. Feinfühlig ist das nicht, aber bitte. Ich bin ein undeutlicher Mensch, nicht so leicht zu verletzen. Gegen Mittag hatte ich endlich eine Spur. Kaffeehändler Heimpel, der immer mit der eigenen Rösterei prahlt, habe aus einem Sack nicht nur grünen Kaffee geschüttet, sondern auch einen toten Brasilianer. Heimpel, der von sich und seinen Angestellten immer weiße Mäntel verlangt, soll erschrocken sein. Polizeimeister Gierer hat angeblich alles mit zwei Fingern einer der ältesten Schreibmaschinen anvertraut. Und weil unsere Leute zum Überfluß neigen, sagen sie gleich

dazu: ein unverbrauchter Nachfolger Gierers werde sich hoffentlich weigern, mit dieser Maschine irgendeinen Fall aufzunehmen. Nun könnte Heimpel, sagen die listigen Hausfrauen, mit Hilfe des toten Brasilianers beweisen, daß er seinen Kaffee nicht aus Sachsen bezieht (wo Heimpel herstammt), sondern aus Brasilien. Das tut er aber nicht. Er zieht es vor, an diesem heißen Tag in seinem Ladenlokal kostenlos Kaffee reichen zu lassen. Litze zuliebe schleppte ich mich hinter dieser Sache her. Aber nach kraftraúbenden Recherchen mußte ich einsehen, daß der tote Brasilianer wahrscheinlich eine Erfindung unserer Leute war. Man hatte sich gewundert über die großzügige Einladung des Kaffeehändlers Heimpel und hatte sich dann den toten Brasilianer sozusagen konsequent entwickelt. Polizeimeister Gierer jedenfalls will nie seine zwei Schreibmaschinenfinger für einen toten Brasilianer in Bewegung gesetzt haben. War das nicht eine Erscheinung wie Skorbut? Die Bevölkerung wird von Litze im Stich gelassen. Litzes Artikel fehlen, wie nur Vitamine fehlen können. Man erkrankt und produziert tote Brasilianer in Heimpels Kaffeesäcke.
Ach Litze, ich habe mich wirklich bemüht, dir etwas Hilfreiches zu melden. Aber dieser Tag lag in der Hitze wie die Sau im Sud. Ich stand unter Juwelier Kammholzers Markise und sah mir sein Goldparlament an und hob die Hand zum Einbruch und ließ sie wieder sinken. Am liebsten ließe ich nachträglich noch den Landrat in Spielhöschen gänzlich zergehen. Ich machte mir hoffnungsvoll in den Anlagen zu schaffen. Las endlich Vollbedingers Tafeln. Sah weg von den Tafeln und sah auf die Damen, die am Anlagensee promenierten

und dann und wann querab was ins Wasser warfen. Den Schwänen zu. Auf den Tafeln ließ Vollbedinger verkünden, Schwäne seien keine Kolkraben, also sei es nicht statthaft, sie zu Fleischfressern zu machen. Anlagendirektor Vollbedinger verbot dies sogar ausdrücklich. Aha, dachte ich. Moment, Litze, laß mich das eine Zeit lang beobachten. Ich bin auf einer neuen Spur. Obwohl ich, als Spezialist für Nachrufe, den im freien Gelände spürenden Journalismus nicht erlernt hatte, durchschaute ich bald, was hier geschah. Die Damen, durchweg aus unserer besseren Gesellschaft, fütterten die Schwäne mit Fleisch. Frau Hagen, die den Anlagenkiosk nur bewirtschaften darf, weil die Stadt es erlaubt, Frau Hagen verkaufte den Frauen das Fleisch in Form von Bouletten. Ihr Mann, der sonst die Zähler abliest, radelt immer wieder her und schüttelte seinen Rucksack in die Aluminiumwanne hinterm Ladentisch. Ein Hubschrauber, der wie die Parodie des ausbleibenden Gewitters vorbeiflog, erschreckte die Frauen nur eine Minute lang. Guß-guß-guß, schrieen sie gleich wieder und fügten primitive Männernamen hinzu. Die Schwäne kamen heftig her und schnappten. Hatte eine ihr Zeug verfüttert, war sie schon wieder am Kiosk. Frau Hagen, sagte ich, Frau Hagen! Was wollen Sie, sagte Frau Hagen, das ist Saison. Und sie zeigte mir, welche Frau die Frau des Anlagendirektors Vollbedinger sei. Helga, rief ich, sozusagen in Not, Helga, wo bist du? Sie war unter einer Weißtanne und studierte eine Zunge aus Harz. Ich machte eine der Damen auf ihr unvorschriftsmäßiges Tun aufmerksam. Und was tut Patz, der junge Patz, was tut denn der? Diese Frage war ihre Antwort. Ach Patz, ja, der junge Patz. Der sei abgebraust. Der blonde Wladimir. Kaum hatte ich das erfahren, empfand auch ich seine Abwesenheit. Sein roter Sportwagen fehlt uns, sobald wir daran denken, daß er nicht da ist. Für den Vater Patz muß es zwar erholsam sein, seinen Sohn in der Ferne zu wissen. Es heißt ja, der alte Patz könnte sich oft nicht mehr anders helfen als dadurch, daß er seine Hände vors Gesicht schlage. Jeder, der Wladimir mit einem jungen Ding in den Abend fahren sieht, denkt daran, daß der alte Patz am Schreibtisch sitzt, die Hände vors Gesicht geschlagen. Und wer Wladimirs letzte Tat schildert, fügt hinzu: Der alte Patz ist nicht zu beneiden. Nachts fährt Wladimir in Heubergers Schaufenster hinein, greift sich eine der zierlichen Puppen, schaltet den Rückwärtsgang ein und hat schon wieder eine Wette gewonnen. Wladimir ist der fröhlichste Held, den eine Bevölkerung haben kann. Er ist die Jugend, die noch nicht ins Büro muß. Er ist die Opposition, der Reichtum, die Anarchie, die schönste Hupe nördlich der Alpen. Und Litze ist sein Geschichtsschreiber. War es. Litzes Kunst ist es zu danken, daß die Bevölkerung Wladimirs Taten und den Kummer seines Vaters gleich stark empfindet. Litze hat da eine Balance des Gefühls geschaffen, wie sie sonst nur noch bei Shakespeare erworben werden kann. Selbst wenn Wladimir, der jetzt ja auch schon fünfundzwanzig vorbei ist, inzwischen lieber pünktlich im Direktionshaus der Lederfabrik erscheinen würde, um Briefe zu diktieren, er dürfte es nicht. Seine Abwesenheit in jenen heißen Augusttagen hat es uns allen wieder gezeigt. Und Litze ohne Wladimir, das ist wie Thukydides ohne Perikles. Und vom Schlimmsten, von Wladimirs Abwesenheit, hatte mir Litze nichts erzählt.

Der gute Vinzenz. Wer ist eigentlich hier kein Held! Ich geb es jetzt zu und widerrufe es nicht, auch nicht vor dem Staatsanwalt: ich war schon am Vormittag kurz bei Litze, sah ihn schnappen und schwitzen. Ich säuberte seine Wohnung. Dann ließ ich ihn sitzen. Inmitten einer von mir hergestellten Ordnung ließ ich ihn sitzen. Ich erkläre es mir jetzt so: Litze roch schon. Fischhändler werden mich verstehen. Bitte, ein Gewitter mit Wolkenbruch, und ich hätte gesagt: Vinzenz, gehen wir baden. Das hätte ich gar nicht erst sagen müssen. Ein Gewitter mit Wolkenbruch, und Vinzenz wäre wieder flott gewesen. Oder eine Postkarte von Wladimir. Oder ein zweiter Korvettenkapitän, der per Telephon mitteilt: Lieber Litze, kommen Sie, heute abend lohnt es sich. Oder der Unhold in den Anlagen hätte endlich sein an Hamlet geschultes Zögern beendet. Aber wenn alles unterbleibt, dann kann ich auch nicht helfen. Gern gestehe ich auch, daß Litze mir zuwider war, wie er da saß in seinem Hemd, in seiner Hose. Der Fischblick. Das quappende Maul. Hechelnd und Schnaps schwitzend. Selbstverständlich begann ich, gleich nachdem ich Litze verlassen hatte, mir Vorwürfe zu machen. Als ich dann alle Vorwürfe gegen mich gesammelt hatte, verließ ich die Anlagen und watete langsam, langsam stadtauswärts. Litze, sagte ich, auf mich kannst du dich leider verlassen. Ich komme jetzt und halt dir die Hand, bis wieder Ereignisse kommen, die dich flott machen.

Wie allgemein bekanntgeworden sein dürfte, wurde gegen halb sechs Anlagendirektor Vollbedingers siebenjährige Tochter auf der Eigerstraße von einem Lastzug, wie man sagt, erfaßt und dann auch getötet. Frau

Vollbedinger war natürlich unvorbereitet. Während sie Guß-guß rief und Bouletten zerbröckelte, kam Frau Hagen aus dem Kiosk, legte ihre Hand auf Frau Vollbedingers Unterarm, sprach wie der Bote im Stadttheater. Herr Vollbedinger war noch im Amt und projektierte die Aufstellung neuer Warntafeln. Wahrscheinlich stand unter uns Zuschauern auch der Unhold, nun endgültig ermattend. Vielleicht war er jetzt glücklich. Ihm war etwas abgenommen worden. Könnte nicht auch ich diesen Tag hier enden lassen? Die Stelle wäre schrecklich genug. Damen, die rasch noch Bouletten ins Gebüsch geworfen hatten, atmen aus und schauern wie unter plötzlichem Hagel. Sprang nicht ein junger Blitz versuchsweise über den Rickenwald hin? Ein Donnerhündchen bellte nach. Die Vögel in den Baumkronen erfüllten endlich ihre Pflicht. Hunde spurten wieder. Die von der Polizei und die vom Krankenhaus zelebrierten für uns die Unfallmesse. Rundum wurde mehr aus- als eingeatmet. Jetzt noch ein Gewitter oder gar die sofortige Rückkehr des Helden Wladimir zu verlangen, zeugte von krankhafter Unersättlichkeit. Ach Litze, jetzt schau, es ist geschehen. Blutig, ein Opfer, siebenjährig, großartige Umstände. Beschreib diesen fürchterlichen Fall. Dann darfst du dich wieder sehen lassen auf der Straße, ohne Angst zu haben, man zerreiße dich wie den Raubtierwärter, der das Fleisch nicht bringt. Und rascher als ich durfte, ging ich in die Füssener Straße, um meinen lieben Litze zu trösten. Aber mein lieber Litze hatte nicht gewartet. Mein lieber Litze war ungeduldig geworden. Er hatte sich also einen schönen Anzug angezogen, einen geradezu violetten Anzug, dann hatte er sich mit Hilfe seines bieg-

samen, aber vergoldeten Wäschedrahts, zu dem seine Augen sich so gern flüchteten, einfach erhängt. Ich bin in Versuchung, Litze zu imitieren. Ich bin aber nicht Litze. Ich weiß wirklich nicht, wie es zugegangen ist. Ich weigere mich, so zu tun, als wäre ich dabei gewesen. Meine Sache sind Nachrufe, nicht Schilderungen. Ich behaupte auch: wie er ausgesehen hat, als er da hing, habe ich vergessen. Ich ließ die Tür weit offen stehen und ging. Der Abend war keineswegs kühler geworden. Mir persönlich wäre ein Gewitter immer noch sehr willkommen gewesen. Wie von selbst ging ich ins Krankenhaus. Professor Höpfl, mein Internist, stand, schon in Zivil, am Rosenrondell und versuchte einem Rekonvaleszenten zu entkommen. Er schaufelte ihn mir in die Arme und schlüpfte ins Auto. Ich weigerte mich, dem zuzuhören, der mir erzählen wollte, wie er übermorgen alles antreffen werde, zuhause. Die Oberschwester lehnte es dafür auch ab, mich wieder aufzunehmen. Das ist ein Rückfall, sagte sie. Das kommt öfter vor, daß Patienten, die lange bei uns waren, kurz darauf wiederkommen und einfach bleiben wollen. Ich bestell Ihnen jetzt eine Taxe. Da ich ihr zeigen wollte, daß es noch Unvorhersehbares gibt, sagte ich: Ich will keine Taxe. Machte kehrt und ging. Es war nun schon dunkel. Ich rief Helga. Wir blieben aber beide wortlos. Der Weg in die Diözesansiedlung erwies sich als ein weiter Weg.
Helga rieb des öfteren ihre Schläfe an meinem Ohr. Zuhause weckte sie gleich die Mutter und sagte: Litze ist tot. Helga und die Mutter umarmten einander so, daß ich ihre Gesichter nicht sehen konnte. Mir kam es vor, als dauerte die Umarmung zu lange. Ich ging in

mein Zimmer. Helga kam sofort nach. Schreib jetzt keinen Nachruf auf Litze, sagte sie. Warte noch. Ich wartete. Litze gab nicht nach. Er schwang sich auf zum Heiligen. Einen ganzen Sommertag beansprucht er für sich. Jedes Mal erscheint er mir mit noch mehr Insignien. Bouletten, Autoreifen, Hubschrauber, Kaffeesäcke. Er läßt es um sich schweben. Das Gold seines Wäschedrahtes verwendet er wie nur ein alter Meister. Ich gebe nach. Er soll seinen Tag haben wie andere Heilige auch. Helga empfiehlt mir zwar, ich möge säuberlich trennen, was getrennt geschah; Helga sagt, ein Tag sei ja kein Herd, in dem ein Scheit das andere entzünde, aber selbst Helga kann mich vor Litzes Heimsuchungen nicht schützen. Ich hätte gern eine Geschichte erfunden, die Helga und Litze miteinander versöhnt. Darauf verzichte ich zugunsten der Heiligsprechung Litzes. Vorerst ist das eine private Heiligsprechung, das gebe ich zu. Aber die Wirkungen, die Litzes Tod hatte, erlauben es fast, von einem Opfertod zu sprechen. Schon meinetwegen hoffe ich, Litze habe seinen Tod überhaupt so gemeint. Er kannte doch unsere Leute. Also fühlte er sich verpflichtet. Und tatsächlich zehrten dann auch alle heftig von seinem Tod. Und das Wunder: sein Tod reichte für alle, sie lebten ruhig und in Frieden, bis Wladimir heimkehrte und es endlich anfing zu regnen.

Mitwirkung bei meinem Ende

Er stieß das Gartentor auf, als habe er es zu prüfen. Genähert hatte er sich aus der Richtung, aus der sich Besucher nähern, die nachher angeben, sie kämen aus Zürich.

So ein spröder junger Mann, dachte ich.

Als mischte ich mich schon zu sehr in seine Angelegenheiten, wenn ich vermutete, er käme aus Zürich, verbot er mir, ihn mit irgendeiner Stadt in Verbindung zu bringen. Der wartet noch ab, dachte ich, läßt sich Angebote machen und wählt dann, aus welcher Stadt er sein will. Weil ich weiß, daß mir so etwas viel zu sehr imponiert, spielte ich den vorsichtigen Älteren. Er aber sagte: Bei Ihnen hat man es nicht schwer, wenn Sie einen sofort bewundern. Und weil er alles bemerkte, was wichtig war, bemerkte er auch, daß ich jetzt rot wurde. Er lachte herzlich laut und konnte sich kaum im Sessel halten, so schüttelte ihn die Heiterkeit. Ich schaute zu, konnte mich auf nichts gefaßt machen. Das wäre aber nötig gewesen. So ein Besucher mußte einmal kommen. Man weiß es doch. Aber jeden Tag läßt man sich wieder die Milchkanne in die Hand drücken oder sinkt zwischen einer fast schon gerauchten Zigarette und der warmen Hauswand hinab in die Zukunft, zu Freunden nach Maß, Würmern und unverdaulichem Porzellan, dann kommt aber der junge Besucher und lacht. Hier also mußt du weiterleben. Zuschauen mußt du, bis er sein Lachen freiwillig einstellt. So so, sagte er, Sie benützen also tatsächlich noch immer Regale.

Gegen meinen Willen, sagte ich: Sie billigen das nicht? Warum nicht, sagte er. Bitte, Sie können darauf bestehen. Das ist eben Ihre Methode.
Er sah mich an, als interessierte ihn an mir nichts mehr. Ich überlegte, wofür ich mich entschuldigen könnte. Sollte ich geltend machen mein tatsächliches Leben an Ort und Stelle? Die unausgesprochene, aber spürbare Billigung der Nachbarn. An Feiertagen zum Beispiel, wenn man hinter den Kindern hergeht. Meine Methode? Er hatte mich abgetrennt von jedem erhoffbaren Zusammenhang mit der Fachwelt. Eigentlich hatte er gesagt: Wenn Sie so vorgehen, müssen Sie sich nicht wundern.
Wieviel Erfahrung mußte dieser junge Mann schon gesammelt haben! Einen Blick hatte er auf mein Haus und meinen Garten und einen Blick auf mich geworfen, und er wußte, was er wissen mußte. Aber er ging nicht vor wie die Besserwisser, die man widerlegen kann. Ich kann zum Beispiel nicht behaupten, er habe eigensinnig über ein Thema gesprochen, etwa über seine eigene Methode. Fenimore Cooper, sagte er einmal, hat anschaulich beschrieben, wie die Indianer das in die Hand nehmen. Diesen Satz weiß ich noch, weil ich gern gefragt hätte, wo dieser Fenimore Cooper aufzutreiben und wo dann bei diesem Fenimore Cooper der wichtige Abschnitt zu finden wäre. Aber ich hatte sofort gespürt, daß es sich nicht schickte, den Weg zu diesem so wichtigen Abschnitt einfach aus meinem Besucher herauszufragen. Er hatte sich offenbar Mühe gemacht. Ich nahm mir vor, jenen Fenimore Cooper solange durchzublättern, bis ich den Abschnitt finden und dadurch gewissermaßen ehrlich erwerben würde.

Hier kommen Sie ja kaum darum herum, dem Briefträger die Hand zu geben, stellte der riesige junge Mann plötzlich fest.
Sehr genau erinnere ich mich auch daran, daß er sagte, seinem Freund in Warschau könne er blind vertrauen. Der tut mehr für mich als ich selber, sagte er. Durch seinen Freund kennt man ihn dort.
In diesem Fall war es noch viel deutlicher als in dem von Fenimore Cooper, daß ich mich nun nicht frech meines Besuchers bedienen konnte, um mir etwa den Osten, ohne den wir in unserem Fach kaum mehr auskommen, einfach durch einen Mann öffnen zu lassen, der eben nicht mein Freund, sondern der Freund meines Besuchers war. Ich sah gleich ein, daß ich selbst nach Warschau reisen müßte, oder besser noch, um einen Schein von Originalität zu wahren, nach Prag. Aber wie sollte ich in Prag jemanden dazu überreden, mein Freund zu sein? Mehr für mich zu tun als ich selber. Ohne einen solchen Freund, sagte mein Besucher noch leichthin, kann man es heute gleich aufgeben.
Nun kam meine Frau gerade vom Einkaufen zurück. Das war keine glückliche Fügung. Erschöpft ließ sie die schweren Netze auf den Boden sinken, ihr Gesicht schimmerte, zum Atmen bedurfte sie eines offenen Mundes. Der junge Riese benützte die Gelegenheit und sagte: Richtig, Sie sind ja verheiratet. Der Ton erinnerte mich an seinen Satz: Bitte, Sie können darauf bestehen. Das ist eben Ihre Methode. Plötzlich kullerten jetzt auch noch alle meine Kinder herein. Es sind sehr lebendige Kinder, sie bewegen sich immer rasch und unvermutet. Obwohl es nur vier sind, muß der ungeübte

Zuschauer im ersten Augenblick den Eindruck haben, es seien sechs oder sieben. Mein Besucher wartete dann auch gar nicht erst ab, bis die Kinder zur Ruhe kamen und zählbar wurden. Er rief sofort: Eine ganze Schar. Und zu mir sagte er leise: Das läßt sich offensichtlich nicht vermeiden. Um ihm zu beweisen, daß ich mich nicht unterkriegen lasse, befahl ich den Kindern, sich hinauszuscheren. Die zwei Kleineren, die noch nicht jeden Befehl verstehen, trug ich selber hinaus. Meine Frau trieb die zwei Älteren vor sich her. Es war seit dem Einbruch der Kinder noch keine Minute vergangen, da saß ich meinem Besucher wieder gegenüber und sagte: Sehen Sie, so schlimm ist es gar nicht. Man muß nur energisch durchgreifen. Ja, ja, sagte er, wieviel Energie man da doch verbraucht. Ein Mißverständnis, sagte ich zu leise, als daß er es hätte hören können. Er hatte eine sichere Art, einen Satz so zu beenden, daß man spürte, an einer Antwort ist ihm nicht gelegen, er will jetzt vielmehr selber weitersprechen. Das tat er auch gleich. Wissen Sie, sagte er, ich bin ein Glückspilz. Ich nickte. Das war ihm aber nicht genug. Sie können das bezweifeln, sagte er. Ich sagte: Entschuldigen Sie bitte, das würde mir schwerfallen. Nun gut, sagte er, für andere haben Sie offenbar einen scharfen Blick. Er ging im Zimmer hin und her, griff eine Vase, einen Aschenbecher, bog einer Blume die schützenden Blütenblätter auseinander, aber mit Fingern, die mir dazu sehr geeignet schienen, neugierig schaute er hinein, lachte mit hüpfenden Schultern, drehte sich ganz rasch mir zu und sagte, indem er mit einem seiner langen, wenn auch nicht mit dem längsten seiner Finger scharf zeigte: Ihnen tränt ein Auge. Ich faßte hin, spürte es

noch bevor ich hinfaßte, tatsächlich, wie auf Befehl tränte mein linkes Auge. Das war mir ganz neu.
Das sind so Fertigkeiten, die man ausbildet in der Einsamkeit, sagte er. Damit haben Sie hier herum wahrscheinlich viel Erfolg. Warum auch nicht. Es macht sich gut. Wenn Sie mir zeigen, wie man das macht, zeig ich Ihnen das. Und im Nu ließ er seine Nasenspitze einen kleinen Kreis beschreiben. Und zwar im Uhrzeigersinn. Und jetzt, passen Sie auf, sagte er. Er öffnete den Mund und ließ die Zunge gegen den Uhrzeigersinn kreisen. Mozart, dachte ich. Als er sich vorstellte, glaubte ich, ich hätte mich verhört. Als ich ihn aber da stehen sah, Zunge und Nasenspitze gegen einander kreisen lassend, da wußte ich, daß ich recht gehört hatte. Mozart. Kein Zweifel. Seine Hände ließ er waagrecht schweben. Sie vibrierten, während Zungenspitze und Nasenspitze immer noch kreisten. Schließlich lachten wir beide. Er warf noch rasch seinen rechten Arm in die Luft, ließ ihn an vielen Stellen abknicken und dann plötzlich ruhig und gerade im Raum stehen, nur ganz draußen kreiste jetzt eine Fingerspitze. Dort ist Europa, sagte er. Ich lächelte beifällig, um mich als Fachmann auszuweisen. Paris, Paris, sagte er.
Sie geben zu, sagte er, man kann von mir nicht verlangen, daß ich Sozialist werde. Ich sagte sofort, daß ich das nicht von ihm verlangen würde. Sie dagegen, sagte er, Sie haben so Neigungen. Ich errötete wieder. Er sagte: Ich werde meinen Freunden in Paris von Ihnen erzählen.
Ich sagte: Bitte, machen Sie sich keine Mühe.
Aber natürlich, sagte er, natürlich werde ich denen erzählen, wie es bei Ihnen zugeht! Ich werde meinen Be-

such etwas transponieren. Sagen wir, ich wäre an einem Sonntagvormittag gekommen. Sagen wir ruhig, an Pfingsten. Die vielen Kinder, alle im gleichen Schottenmuster.

Nur die Mädchen, sagte ich.

Schön. Die Buben . . .

Es ist nur einer, sagte ich.

Da schwieg er. Zum ersten Mal sah er mich fast feindselig an. Ich entschuldigte mich, gab zu, daß meine Korrekturen meinem Hang zur Kleinlichkeit entsprungen seien. Er möge sich bitte seine für Paris bestimmte Erzählung nicht von solchen Einwänden verderben lassen, andererseits bäte ich ihn aber doch zu verstehen, daß ich, an Ort und Stelle lebend, darauf hinweisen müsse, daß an Pfingsten hier im Zimmer nur ein Kind männlichen Geschlechts anzutreffen sei.

Es gelang mir, ihn umzustimmen. Er verzieh mir. Das sei eben meine Art, der durch die Umstände bedingte Blickwinkel. Er begreife schon, daß ich, was das Wesentliche und das Unwesentliche angehe, eine andere Ansicht haben müsse als einer, der, milde gesagt, von Paris aus urteile.

Plötzlich drängte er hinaus. Sein Zug? Ein Freund mit dem Wagen? Eine Theaterkarte in München? Ein jäh erwachendes Bedürfnis nach frischer Luft? Ich weiß es nicht. Ich begleitete ihn hinaus. Meine Frau war mit den Kindern verschwunden. Schon pries ich in meinem Gefühl den feinen Instinkt meiner Frau. Wahrscheinlich, dachte ich, hat sie sich mit der kleinen Bagage im Keller eingeschlossen; sie muß gespürt haben, daß dieser Besucher sehr strenge Urteilsgewohnheiten hatte. Schon lenkte ich den großen und doch so leichten jungen Mann durch die Haustür, da lief den Gartenweg herauf Herr Pickel, mein Nachbar, kam auf uns zu, schwenkte was in der Hand, war da und schnaufte und sagte, er komme gerade aus seiner Dunkelkammer, da seien die Photos vom vergangenen Sonntag. Er blätterte die Photos auch gleich auf, fügte jedem Photo die üblichen Angaben hinzu über Belichtung und Schärfe. Ich sah an den langen Beinen meines Besuchers hinab, verweilte mit den Augen auf seinen bewegend schmalen Schuhen. Mozart, dachte ich, erschrak, brachte meinen redseligen Nachbarn fast mit Gewalt zum Verstummen, entschuldigte mich bei dem jungen Mann, aber es war zu spät. Ich bitte Sie, sagte er, wie behandeln Sie Ihren Nachbarn. Oder ist das etwa nicht Ihr Nachbar? Ich schwieg. Herr Pickel, jedem Geschick durch Redseligkeit begegnend, schilderte sofort unser nachbarschaftliches Verhältnis. Seine Frau und meine Frau und die Kinder, fehle hier das Öl, fehle dort mal das Salz, und alles belegte er mit den Photos vom vergangenen Sonntag.

Mozart lachte, nickte, drehte sich schön aus Pickels Reichweite heraus, winkte mir noch zu, ging, dann und wann hüpfend, den Weg hinab, Pickel wandte sich ganz mir zu, entschuldigte sich für eine Unschärfe, ich sah den großen jungen Mann verschwinden, wollte ihm nach, ihn um seine Anschrift bitten, falls er glaube, ein Briefwechsel sei noch möglich, aber Pickel faßte mich am Arm, hielt mich mit der Kraft, die die Begeisterung verleiht, und sagte, auf eines seiner Bilder deutend: Und der an der Teppichstange sind Sie. Ach ja, sagte ich, das bin ich. Eine gute Aufnahme, sagte Pickel. Vor allem die Tiefenschärfe, sagte ich, weil ich weiß, was Pickel hören will. Pickel sagte: Bei Gegenlicht. Ja, sagte ich, es muß fast schon Abend gewesen sein. Das sagte ich so und hatte es noch nicht gesagt, da legte ich, zu meiner Bestürzung, meinen Kopf auf die Schulter meines kleinen Nachbarn Pickel. Da keine seiner Schultern besonders breit ist, rührte ich mit einer Schläfe an seinen Hals.

Ich selber muß sagen: Das war ein ungewöhnliches Benehmen. Und doch, wenn man an alles denkt, so scheint dieses Hinsinken auf Pickels Schulter schon möglich. Ich meine damit: Ich hätte dieses Hinsinken berichten können, selbst wenn es nicht geschehen wäre. Der junge Mann, dieses Untier namens Mozart, bei Gott, ich hatte Gründe. Aber Herr Pickel, was tat Herr Pickel?

Es muß fast schon Abend gewesen sein, sagte ich und legte den Kopf auf seine Schulter. Und Pickel, ein Nachbar, mit dem ich nie etwas Nennenswertes vorhatte, der an diesem Nachmittag keinen vergleichbaren Besucher empfangen hatte, Pickel ließ seine Wange herübersinken, mir auf die Haare, dann streichelte er mich, streichelte mich, als sei das schon immer vorgesehen gewesen.

Bolzer, ein Familienleben

Frau, oh Frau, schreit Maximilian Bolzer. Genausogut könnte er schluchzen.
Werktags ist Bolzer Vorarbeiter in der Gießerei der Herdfabrik. Davon wird ihm die Haut allmählich grau.
Heute packt er's, flüstert der dicke Herr neben mir und schiebt den Zahnstocher so tief in den Mund, daß der nicht mehr zittern kann.
Wenn es darauf ankommt, werde ich die zwei Polizisten anrufen. Sie müssen bezeugen, daß ich heute als erster da war. Der Dicke will auch noch seiner Frau einen Zaunplatz erschwindeln, das spür ich schon. Unter seiner Achsel hat er sie durchschlüpfen lassen, allmählich taucht sie jetzt auf.
Schau, Lotti, schau, heute packt er's, sagt der Dicke, der zum Überfluß noch einen Gamsbart an den Hut gesteckt hat. Die Polizisten könnten wirklich dafür sorgen, daß am Zaun jeder zu seinem Recht kommt.
Ich finde, letzten Sonntag war er besser, sagt die Frau des Gamsbarts und zieht einen Teil ihrer Oberlippe so am Zahnfleisch hoch, daß ein Goldzahn leuchten muß und ein gemütloses Seufzergeräusch entsteht. Das verachte ich gründlich. Zuletzt kommen, den besten Zaunplatz erschwindeln und dann gleich Urteile von sich geben. So tun, als gebe es der Familie Bolzer gegenüber einen Fachmann. Schon spür ich auch die spitzen Knochen der uralten Dame von links. Ihr hängen die Kleider immer wie naß am Leib herab, als komme

sie gerade von einem Schiffbruch. Tatsächlich fühlt sie sich, wenn sie sich neben einen drängt, ziemlich feucht an. Auch sie ist heute nach mir gekommen. Und die Polizisten tun, als wären sie nicht da.
Oh Frau, schreit Maximilian Bolzer schon zum dritten Mal. Los jetzt, mach schon, rufen ein paar junge Kerle, die mit ihren Motorrädern so nahe an den Zaun gefahren sind, daß die Vorderreifen wie Tierschnauzen gegen die Zaunlatten drücken.
Im Mai war es, da war zum ersten Mal einer mit dem Motorrad gekommen. Ich sagte damals gleich zu der schiffbrüchigen Dame, die immer den Platz links neben mir ergattert: Dabei bleibt es nicht, der zieht andere nach. So war es dann auch. Und was keiner von uns sich herausgenommen hätte, keiner von denen, mein' ich, die aufrecht am Zaun stehen und beobachten, was bei Bolzers am Sonntagabend geschieht, die nahmen sich's heraus, die saßen in ihren Sätteln und rauchten. Auf den Sozien haben sie so Mädchen sitzen. Sobald es bei Bolzers drin ernst wird, legen die ihre Köpfe wie für immer und eigentlich ausschweifend auf die Lederschultern ihrer Kerle.
Seit diese entschlußlosen Abenteurer, ihre Mädchen am Buckel, sitzend und rauchend zuschauen, seit Leute wie der Gamsbart und seine Lotti an den Zaun kommen, Leute, die sich anmaßen, Urteile über das zu fällen, was sich in Bolzers Wohnküche vollzieht, seitdem haben die Sonntagabende sozusagen an Würde verloren. Weder ich noch die schiffbrüchige Dame links neben mir, noch auch der einarmige Rentner haben je ein Wort gesagt. Der Rentner stand früher rechts neben mir. Jetzt drängt ihn der Gamsbart immer in die zweite

Reihe ab. Das ist nicht zu schwierig, weil sich der Einarmige ja nur mit einer Hand am Zaun festklammern kann und die hat der Gamsbart rasch abgelöst. Uns wäre es nie eingefallen, einander zu belehren, wie es auf dem Sportplatz üblich sein mag. Niemals hätten wir uns soweit vergessen, in anfeuernde Rufe auszubrechen und Bolzer direkt anzusprechen.
Glücklicherweise ist Bolzer gefeit gegen jeden Kommentar, gegen jeden Zuruf. Sein Ernst ist so ungeheuer, daß man jedem Schauspieler den Besuch dieser Sonntagabende verbieten muß. Wie ernst es Bolzer ist, beweist schon das Schild, das er am Gartenzaun angebracht hat; darauf steht nämlich: Photographieren verboten.
Frau, oh Frau, schreit Bolzer. Seine Hände sind hochgeflogen. In der Stellung, die jedem als Würgegriff vertraut ist, verharren sie. Bolzer sieht, was die Hände wollen, da tut er keinen Schritt mehr. Bloß noch seine Hände schaut er an. Der Gamsbart, der von einem Sonntag zum anderen erwartet, daß Bolzer sich in diesem Augenblick nicht mehr besänne, heult auf vor Enttäuschung. Ich dagegen lächle fast wie ein Regisseur. Wahrscheinlich macht sich jeder von uns vor, er verstehe von Bolzers am meisten. Ich, zum Beispiel, schaue jetzt Frau Bolzer an. Schließlich darf man nicht nur Herrn Bolzer anschauen. Wir am Zaun wissen zwar nicht, was die Woche über vorgefallen ist, was Herrn Bolzer zugefügt wurde durch die Launen seiner unmäßig schönen Frau, aber ich glaube, wenn er sich mit bloßen Händen an ihr vergriffe, würden wir noch in der letzten Sekunde den Zaun zerbrechen und hineinstürmen und Herrn Bolzers Hände von jenem

schlanken Hals reißen. Wären wir dazu nicht bereit, sage ich mir, hätten wir keine Berechtigung mehr, am Zaun zu stehen und zuzusehen, wie Bolzer sich besinnt, wie er sich abwendet und nach dem Leder greift. Ich sage, es ist Leder, was Bolzer von der Wand nimmt und fast ein bißchen theatralisch durch die Luft schwingt. Es hat keinen Griff, also eine richtige Peitsche ist es nicht. Aber Bolzer macht es dazu. Und Frau Bolzer flieht. Sie nimmt die Schläge nicht einfach hin. Sie schreit ihren Mann an. Sie duckt sich. Springt zur Seite. Zeigt Zähne. Läuft unter dem erhobenen Arm ihres Mannes durch. Bolzer, groß und schwer, dreht sich um. Es dauert immer einige Zeit, bis er sie aus dem eigentlichen Küchenraum vertrieben und in jene holzgetäfelte Nische gedrängt hat, die mich veranlaßt, Bolzers Küche vorzustellen als eine Wohnküche. Hat er sie erst da drin, ist sie trotz des engen Rocks auf die Bank gehüpft und er nach, und ist sie dort in der äußersten Ecke angekommen, kauert sie wehrlos und Bolzer kann endlich beginnen, ohne Störung auf sie einzuschlagen. Ich habe bemerkt, daß er ihr Gesicht immer schont. Siehst du, er packt's wieder nicht, sagt die Frau des Gamsbarts.
Schlappschwanz, sagt der Gamsbart.
Von den Motorrädern dröhnt jetzt ein gemischter Sprechchor. Die schiffbrüchige Dame und ich schauen rasch hinüber. Aber die bemerken unsere Verachtung nicht. Also schauen wir gleich wieder zu Bolzer. Ist es wirklich Leder, fragt die alte Dame. Fragt sich selber. Nicht mich. Denn sie weiß so gut wie ich, was sich gehört. Nicht ganz so gut weiß das der Rentner. Er brüllt zwar nicht, aber dem Stumpf seines rechten

Arms erlaubt er doch unmäßige Bewegungen. Er will nicht Bolzer anfeuern oder gar den vulgären Sprechchor dirigieren, das weiß ich auch, aber hinreißen läßt er sich. Also muß ich ihn anschauen. Sofort bändigt er den Stumpf. Sobald ich wegschau, fuchtelt der Stumpf wieder, als träume er einen ganz selbständigen Traum. Für den Rentner spricht, daß er sich für das Benehmen seines Stumpfes sichtlich geniert, wenn er auch nicht Herr wird über ihn.
Wozu sind eigentlich die Polizisten da, wenn sie nicht einschreiten gegen dieses Chorgebrüll. Man hört ja nicht einmal mehr das Klatschen der Schläge.
Erst jetzt – Frau Bolzer wehrt sich nicht mehr, Bolzer kann ungestört arbeiten, eine Folge von Schlägen trifft endlich, endlich auf die gleiche Stelle, wir können wieder regelmäßig atmen –, erst jetzt hätten wir eine Chance, zu beurteilen, ob es wirklich Leder ist, womit er schlägt. Bei dem Lärm aber hören wir gar nichts. Die Schläge fallen sozusagen lautlos. Lautlos schreit Frau Bolzer mit offenem Mund. Und die Kerle sollen doch ja nicht glauben, sie könnten Bolzer anfeuern. Der weiß offensichtlich genau, was er tut. Ich habe jeden Sonntag mitgezählt. Immer volle Zehnerzahlen verabreicht er seiner Frau. Daraus schließe ich, er hat einen Sinn für Gerechtigkeit. Wofür er seine Frau bestraft, geht uns einfach nichts an. Wir sind bei Bolzers am Zaun und nicht im Kino. Wir sehen nur, daß sie sich am Ende immer in die Bestrafung fügt. Sie wehrt sich nicht mehr. Bolzer muß dann rascher schlagen, bloß um die Zahl der Schläge, die er für diesen Abend errechnete, noch anzubringen. Man sieht, er kann eigentlich nicht schlagen, wenn sie sich nicht wehrt. Andererseits hat er

sein Programm. So schließt die Bestrafung immer mit hastigen Bewegungen. Bolzer trifft nicht mehr. Es kommt ihm auch gar nicht mehr darauf an. Von den Motorrädern Pfuirufe. Die Mädchen trommeln mit weißen Fäusten auf die Lederbuckel ihrer Fahrer. Drinnen richtet sich Frau Bolzer auf. Sie lacht. Sie lacht und nimmt ihm das Leder aus der Hand. Sie probiert es aus. Seide, denk ich. Also doch Seide. Sie schlägt Bolzer den Seidengürtel um den Kopf, spielerisch sozusagen. Und dann doch fester. Jetzt hat sie schon Maß genommen, schaut genau, wohin sie trifft. Und sie schlägt ihm immer ins Gesicht, das er ihr hinhält, wie es kein Hund fertig brächte. Die auf den Motorrädern johlen jetzt. Frau Bolzer scheint von Sonntag zu Sonntag zu vergessen, wie sie zu schlagen hat. Erst an Bolzers Gesicht lernt sie es wieder. Aber sie lernt es schnell. Bolzer schlägt wie eine uralte Holzhackmaschine, er ist ein großes und schweres Auf und Ab, wenn er schlägt. Sie schlägt mit kurzen, zuckenden, geradezu blitzenden Bewegungen. Von ihr könnte man verlangen: peitsch ihm den rechten Nasenflügel aus. Sie würde nichts treffen, was sie nicht treffen will. Und sie richtet ihre Schläge nicht nach Bolzers Verhalten. Sie schlägt, solange es ihr Spaß macht. Bolzer macht das Schlagen keinen Spaß. Deshalb stimmt es eher traurig, ihm zusehen zu müssen. Wahrscheinlich ist er ein Pedant. Ich empfinde es als eine wirkliche Steigerung, wenn Frau Bolzer zu schlagen beginnt. Sie wird unsinnig schön, wenn sie die riesigen Gesichtsflächen ihres Mannes bearbeitet. Vielleicht wünscht sie sich dabei einen Mann mit einem winzigen, ihrer Treffsicherheit würdigen Gesicht. Plötzlich wirft sie den seidenen Gürtel über den Haken, holt aus der Luft oder aus ihrem Ausschnitt ein weißes Tuch und tupft Bolzer das Blut von den Lippen. Es gibt Zuschauer, die glauben, sie habe Bolzer die Lippen zerschlagen. Ich bin der Ansicht, Bolzer zerbeißt sich die Lippen selber, und zwar beim Schlagen sowohl wie beim Geschlagenwerden. Zerbeißt sie mit seinem einsamen, aber großen Zahn, den wir nur selten sehen.

Wenn dann das Blut abgetupft ist, nehmen Bolzers in der Nische Platz. Bolzer verbeugt sich leicht. Läßt seiner Frau den Vortritt. Setzt sich erst, wenn sie schon sitzt. Aufrecht sitzen sie einander gegenüber. Sie schauen einander an. Sie sprechen nicht. Zuerst lächelt Frau Bolzer. Dann lächelt Herr Bolzer. Dabei gibt er dann noch ein Mal seinen Zahn preis.

Der Gamsbart sagt: Lotti, das war das letzte Mal, daß ich mit bin. Sie sagt: Wer wollte denn unbedingt. Von den Motorrädern hört man ein entmutigtes Murren. Dann springen die Maschinen an und die Lederkerle schießen, ihre Mädchen wie Rucksäcke auf dem Bukkel, ins Dunkel davon. Die zwei Polizisten dürfen ihre steifen weißen Handschuhhände für Augenblicke in die Scheinwerferbahnen tauchen. So dunkel ist es geworden, daß die höflicheren Leute des öfteren Entschuldigung murmeln müssen, bis sie die Straße erreicht haben. Der Grad der Rührung und Belustigung, den die Leute auf dem Heimweg zugeben, ähnelt der Stimmung, die sich ausbreitete, wenn man von der Sonnwendfeier oder vom Verbrennen der Winterhexe heimwärts ging.

Ich bleibe gern noch ein bißchen am Zaun, das gebe ich zu. Und neben mir die schiffbrüchige, immerfeuchte

Dame. Rechts darf nach Gamsbarts Abzug der einarmige Rentner jetzt wieder an den Zaun. Wir drei sind die Geduldigsten. Wir sprechen nichts. Wir schauen zu. Bolzers sitzen. Und wir schauen zu. Wir drei finden das bloße Dasein der Bolzers interessant genug. So sehenswert wie die Züchtigung, die sie einander vermachen. Wir können, oder um nicht zuviel zu behaupten, ich kann dem bloßen Dasitzen der Bolzers soviel entnehmen wie der Schlägerei. Ich gebe zu, man kann das nicht erzählen. Aber genau hinschauen kann man. Die Tischplatte zwischen den beiden ist so leer, daß man wünscht, eine Bierflasche stünde darauf und möglichst auch noch ein Glas. Aber Flasche und Glas fehlen. Das ist es doch. Und wenn man Bolzers lange genug sitzen sieht, glaubt man zu begreifen, daß Flasche und Glas fehlen müssen. Andererseits nimmt es einen ganz schön mit, Bolzers so sitzen zu sehen. Könnte nicht ein Kind hereinlaufen oder wenigstens eine Katze. Aber Bolzers haben offensichtlich streng dafür gesorgt, daß sie einander allein gegenübersitzen. Daß sie mit einander sprechen, erwartet man nicht. Das sieht man auch vom Zaun aus, mit Worten ist da nichts zu machen. Da man sich bei allem gleich was denken muß, denkt man jetzt: die tragen was aus.
Solange Bolzers einander verprügeln, sind sie gewiß attraktiv. Jetzt aber, wenn sie so sitzen, könnte man sich in beide Bolzers geradezu verlieben. Sie stellen was dar so an ihrem Eßtisch. Ich kann dem nicht widerstehen. Wer lachen und weinen will, sollte sich das gelegentlich anschauen. Gott sei Dank hält es Bolzer nicht aus, für immer so zu sitzen. Was würde sonst aus mir, was würde aus der ganzen Stadt, die doch insgeheim längst

von Bolzers Veranstaltung zehrt. Bolzer weiß, morgen ist Montag. Also zündet er sich dann doch eine Zigarette an. Diesen Augenblick benütze ich, drehe mich hart um und gehe. Schließlich soll es nicht so aussehen, als sei ich unersättlich.

Rohrzucker

Der unflätige Frühlingsabend, das Gestöhn im Grünen, Grübels höflicher Ton seiner Familie gegenüber: Ich würde lieber ... Oder: Vielleicht begreift ihr, daß ich lieber ... Dann endlich: Ich weiß nicht, ob ihr verstehen wollt, daß ich heute abend lieber Rohrzucker hieße.

Blumen, die einander wildfremd sind, strecken einander die Blüten entgegen, es fehlt der Wind. Grünes Fett trieft über Vögel, die im Grünen hocken. Blicke von links nach rechts und, als von rechts nichts kommt, zurück nach links, von wo auch nichts kommt. Vögel, die nicht geradeaus schauen können.

Grübels Frau, die aufträgt. Grübel, der den Rühreierberg anschaut, die Rettichschüssel, den Spinat, den Schnittlauch im Rühreierberg, den Rühreierberg, den sämigen Spinat seiner Jugend. In der Küche des Schachen-Hotels darf er an den Spinat längst kein Mehl mehr nehmen.

Jetzt Grübels Frau: Du willst ihn doch so. Jetzt Grübel: Ich lache doch, weil ich, falls ihr das mitmachen könntet, heute abend lieber Rohrzucker hieße. Jetzt die Kinder, mehr Mädchen als Buben, Grübel erschrickt. Zum ersten Mal sieht er, daß er vier Kinder hat. Grübels ausschweifender Wunsch: hätte er doch dieses Zimmer mit einem Fremdenführer betreten und der Fremdenführer, hinter dessen Schultern er geborgen wäre, erklärte ihm flüchtig, was hier an Historischem zu sehen wäre, und man ginge rasch weiter. Grübel –

dies als Höhepunkt seines ausschweifenden Benehmens – greift sich an den Hals, dann gleich bis zum Mund. Es hebt ihn nämlich. Vom Stuhl. Noch einmal und gleich wieder.

Frau Grübel, die Brechreiz sagt. Nein, nicht sagt. Denkt. Hoffentlich, denkt sie, ist das Brechreiz. Frau Grübel, deren Augen zeigen, daß sie gelernt hat, ihren Hoffnungen nicht zu trauen. Die Augen weiten sich nämlich. Frau Grübels Augen, die sich unter Druck weiten. Offenbar atmet Frau Grübel momentan nicht, obwohl sie denkt: nichts als Brechreiz.

Grübel, der hinter der vorgehaltenen Hand noch rasch fragt, ob er Rohrzucker sei. Die kichernden Kinder, die heftig nickende, immer noch atemlose Frau. Also Rohrzucker, sagt Grübel, der spürt, wie es ihn schon wieder vom Stuhl hebt, ruckweise, ein ums andere Mal. Er horcht nach innen, nach außen. Wer, außer ihm, hört die Schritte, das Knirschen, das Gemurmel mehrerer Stimmen, das protestierende Geschrei aller Vögel, die den Vorgarten bewachen, die also doch nicht vergeblich nach links und nach rechts geschaut hatten, hört das die Frau, hören die Kinder das? Grübel, der nun einmal Rohrzucker sein will, sieht eine Menge willkürlich gekleideter Leute durch den Vorgarten hasten und in sein kleines Haus eindringen. Grübel, der zusieht, wie sie ihn auffangen, ihn also nach einer seiner Ruckbewegungen nicht mehr auf den Stuhl zurückplumpsen lassen, sondern nach ihm greifen und ihn einsacken. Er empfindet es so, obwohl sie ihn gar nicht in einen Sack stopfen, sondern in eine Kiste. Grübel, der die Kiste erkennt als einen Sarg. Sein Blick auf Frau Grübel. Ein Versuch, sich zu entschuldigen. Eine Höf-

lichkeit, die keinen Ton mehr hervorbringt. Eine Hand am Hals. Eine Hand am Mund.
Frau Grübel ruft laut: Brechreiz, nichts als Brechreiz. Aber Grübels Mutter und Grübels Freunde, Joachim und Karl, müssen es besser wissen. Wir kennen August länger, sagen sie, bitte, Gertrud, glaub uns das. Und die Mutter gibt mit ihrem schwarzen Krückstock das Zeichen zum Weitermachen. August Rohrzucker alias Grübel nickt seiner Frau zu. Wir sind bei Gott nicht zu unserem Vergnügen hier aufgetaucht, ruft die Mutter. Und wirklich: Gertrud kommt schon aus dem Schlafzimmer zurück und hat ihr Schwarzes an. Das mit dem Oberteil aus Chiffon. Na also, denkt Rohrzucker. Joachim und Karl sind dafür, die Kinder nicht mitzunehmen. Bis man vom Friedhof zurück sein wird, ist es dunkel. Gertrud schreit: Die Kinder gehören dazu. Sie schreit es Augusts Mutter ins Gesicht. Die sagt: Aber natürlich, meine Liebe. Vier Männer, die als Feuerwehrleute auftreten, rufen einander leise Hooo-Hopp zu und schon schwimmt Rohrzucker auf ihren Schultern zur Tür hinaus und die Treppe hinab. Gertrud wird rückfällig, fängt schon wieder an zu schreien, nennt sich zum ersten Mal öffentlich Frau Rohrzucker, besteht darauf, daß zuerst eine Untersuchung stattfinden müsse, weil hier kein Grübel abzuholen sei und schon gar kein toter Grübel, hier wohne und lebe Rohrzucker, August Rohrzucker mit Frau und vier Kindern, hier sei eine Familie gerade beim Abendessen. So schreiend greift sie nach dem Sarg, belästigt die Träger, daß Augusts Mutter ihren schwarzen Stock heben und ihr damit mehrere Male auf die Hände schlagen muß. Rohrzucker sieht mit Befriedigung, daß seine vier

Kinder mit dieser Behandlung ihrer Mutter keineswegs einverstanden sind. Sie fletschen die Zähne gegen ihre Großmutter und hören erst auf, als die ihnen runde Bonbons in die Münder schiebt; so mit der flachen Hand tut sie das, wie man es bei Pferden macht, um nicht gebissen zu werden. Sobald die Kinder mit den Bonbons beschäftigt sind, werden sie von der Großmutter an vier krause alte Damen verteilt. Rohrzucker möchte rufen: Gertrud füge dich, das sind doch bloß die Schwestern meiner Mutter. Jede Schwester übernimmt sofort das Kommando über ein Kind. Da die Frauen in Rohrzuckers Familie vom fünfzigsten Jahr an unter Behaarung und Arthritis leiden, haben auch diese vier Tanten schattige Gesichter und Krückstöcke. Die Krückstöcke sind natürlich unten mit einer Gummikappe versehen, können also auch sehr leise aufgesetzt werden. Aber Gertrud fügt sich nicht, sie schreit nach den Kindern, also müssen Joachim und Karl und Schwester Felicitas nach ihr greifen und sie zur Ruhe bringen. Der zarte Joachim stellt sich dabei besonders geschickt an. Er hat den Lappen dabei, den er im Schachen-Hotel über heiße Pfannenstiele und Topfhenkel wirft, um sich nicht zu verbrennen. August hat sich oft lustig gemacht über Joachim, weil der immer noch Angst hatte, sich die Hände zu verbrennen. August selber hat nie solche Lappen benützt. Jetzt, als Joachim mit Hilfe dieser Lappen Getruds Schreie dämpft und dann sogar völlig erstickt, gibt August zu, daß diese Lappen auch ihr Gutes haben können. Für Karl, der im Schachen-Hotel das Fleisch besorgt, ist es natürlich kein Problem, Gertruds Hände zu bändigen. Schwester Felicitas tut ein übriges und fesselt Gertruds Hände gleich mit einem Rosenkranz zusammen. In Gebetshaltung. Hände in Gebetshaltung hinter einem Sarg, das wird kein Aufsehen erregen. Obwohl die Nonne ihre Sache gut macht, denkt Rohrzucker: mit dieser Nonne stimmt was nicht. Keine Störungen mehr, ruft Augusts Mutter, ich habe auch Nerven. Dann hebt sie ihren schwarzen Stock, will schon das Zeichen zum Abmarsch geben, da bemerkt sie, daß Karls Pfeife nicht brennt, reißt einem fünften Feuerwehrmann rasch den Helm vom Kopf und gibt Karl im Schutz dieses Helms das Feuer für die Pfeife. Es ist nämlich aus Rohrzuckers Fliederbüschen plötzlich ein heftiger Wind herausgebrochen, der um den Trauerzug herumfährt und sich nicht mehr beruhigen will. Endlich steigt hinter dem Helm die kleine blaue Wolke hoch, die Pfeife brennt. Augusts Mutter befiehlt Karl, an der Spitze des Zuges zu marschieren. Karl salutiert mit dem Gruß des Elferrats, dem er angehört, dessen grüngoldene Mütze er heute mit einem schwarzen Schleier überworfen hat. Joachim, der Nichtraucher, soll direkt hinter dem Sarg gehen. Dann dürfen folgen die vier Tanten mit den Kindern, dann Getrud, bewacht von Schwester Felicitas, und danach die Menge hellblonder Frauen. Rohrzuckers blonde Frauen, denkt Rohrzucker. Daß seine Mutter daran dachte, stimmt ihn zärtlich für sie. Rohrzucker mustert diese Frauen. Nein, keine magere darunter und keine unter dreißig, alle sind, wie er es liebt, über fünfunddreißig und eher fett, quellend, teigig und radikal. Die Aussattung ist vorbildlich. Lacktaschen, Strümpfe mit abenteuerlichen Nähten, giftgrüne Blusen, königsblaue sportliche Hütchen, ach, und ein paar frech schwarz gleißende Zylinder. Und alle lecken rosarotes Eis aus Waffeltütchen, lecken mit jener Fähigkeit zur Hingabe, die Rohrzucker nur bei teigigen Blondinen für möglich hält. Ein sanfter Ruck, der Zug bewegt sich. Rohrzucker hält sich die Ohren zu. Er kennt seinen Gartenweg. Um diese Zeit sind die Schnecken unterwegs, die er schont, die ein Trauerzug, will er ordentlich in Bewegung bleiben, nicht schonen kann. Unter den spitzen Absätzen der Blondinen, unter den Hufen seiner Tanten werden die Schneckenhäuser krachen, keine der Schnecken wird seinen Auszug überleben. Erst auf der Straße nimmt Rohrzucker seine Hände von den Ohren. Sitzt er in der Badewanne? Seine Mutter, die am Trauerzug auf und abläuft wie ein Truppenführer, beweist ihm, daß er nicht in der Badewanne sitzt. Barfuß rennt plötzlich Gertrud aus der Kolonne und bettelt bei den Leuten, die vom Straßenrand aus die Kolonne beobachten. Eine Witwe, ruft sie, vier empfindliche Kinder! Rohrzucker seufzt. Er sieht voraus, daß seine Mutter das nicht dulden wird. Da ist sie auch schon, scheucht Gertrud in die Kolonne zurück, bestraft diesmal Schwester Felicitas, weil die Gertrud entkommen ließ, ist gleich wieder vor dem Sarg bei Karl, überzeugt sich, ob die Pfeife noch brennt, ja, sie brennt noch, also heult sie jetzt endlich laut auf, und heult solange, bis die Blondinen, die ihrer Schminke wegen bisher nur vorsichtig schluchzten, mitgerissen werden und nun naß und laut heulen. Die Mutter kontrolliert das rasch, dann hört sie auf zu heulen. Mit einem kleinen Sprung in die Höhe schaut sie zu Rohrzucker hinein. Zufrieden, mein Junge? Der nickt, so gut er kann. Es kommt noch besser, ruft sie und schwärmt gleich wieder aus. Ihre Arthritis hat sie für

diesen Abend bei ihren Schwestern in Pflege gegeben.
Klopft jemand, ruft jemand August, wer flüstert denn da? Es ist die Nonne, die greise Felicitas. August scheucht sie weg vom Sarg. Felicitas grinst, zwinkert, häkelt mit den Fingern rasch ein Wort aus dem Alphabet der Fingersprache, aber die hat August seit mindestens vierzig Jahren vergessen. Felicitas geht wieder neben Gertrud, fährt plötzlich mit einem schönen weißen Arm aus dem Ärmel ihrer Tracht, schnalzt mit dem Finger, die Blondinen haben sofort rote und grüne Stiefelchen an und fürchterlich kurze Röckchen, sie heben die Füße, werfen die Beine, Felicitas schwingt einen Tambour-Stab, aha, denkt August, dachte ich's doch, die Prinzengarde, das ist aber nett von Mama. Und was könnte dieser ernsten Stunde besser entsprechen als die schwarze Unterwäsche auf dem ebenso hinfälligen wie weißen Fleisch der Blondinen.
Man passiert das Goldene Lamm, die Mutter legt die Krücke ihres Stocks dem Lammwirt um den Nacken, zieht ihn her, reiht ihn ein und heißt ihn beten. Rohrzucker billigt dieses Vorgehen seiner Mutter gegen den Lammwirt. Die drei Lehrjahre bei dem, das war kein Zuckerschlecken. Daß selbst ein so barbarischer Lehrherr Sinn für das Geziemende hat, sieht August daran, daß der Lammwirt seine hochweiße Kochmütze mit einem schwarzen Schleier überworfen und einen schwarzen Kochlöffel mitgebracht hat. Aus dem Bahnhofsgebüsch fängt die Mutter zwei feuchte und frierende Buben, reiht sie ein und heißt sie beten. Sie selber betet immer nur solange, bis sie hört, daß ihr Vorbeten gezündet hat, dann stellt sie ihr Beten ein, bis das Gebet

sein Ende erreicht und nach unten hin in tieferen Stimmlagen verröchelt; jetzt erst gibt sie den Einsatz fürs nächste Gebet. Den Ton wählt sie so hoch, daß die Betenden mit jeder Zeile ein bißchen tiefer rutschen können und doch auskommen bis zur letzten Zeile, die sie selber dann wieder auffängt und hochzieht zur nächsten Runde. Sobald aber die nachlässigen Blondinen ein paar Tonstufen auslassen, daß befürchtet werden muß, man werde den tiefsten Ton vor dem letzten Wort erreichen, greift sie ein, kurbelt den Ton mitten im Satz hoch, betet das Gebet unnachgiebig in die richtige Tonlage hinein, bis das Gebet wieder in Sicherheit ist. Dann erst schert sie wieder aus, fängt den zweiten Bürgermeister ein, der gerade mit seiner Frau ins Kino wollte, fängt den Gewerbeschullehrer und sogar den Direktor des Schachen-Hotels. Jeden Fang meldet sie Rohrzucker hinauf.
Ja, Junge, so ist es, du hast dein Leben verplempert, ruft sie. Nichts hast du getan für deine Beerdigung, nichts. Allein müßte ich hinter deinem Sarg herlaufen, allein mit dieser . . . na ja, eben mit dieser deiner Frau. Aber laß nur, es wird schon. Und weg ist sie. Plötzlich zieht sie ein wüstes Gesicht auf, wartet bis Gertrud aufholt, beugt ihren riesen Graukopf zu Gertrud hinab und schreit: Halt. Der Trauerzug stoppt. Joachim, ruft die Mutter, du bist Zeuge, sie betet nicht, sie tut praktisch überhaupt nichts. Und sofort betet sie laut vor und wartet mit erhobenem Stock darauf, daß die Schwiegertochter nachbete. Oh Schande, hätte Rohrzucker gesagt, wenn er noch etwas zu sagen gehabt hätte. Eine richtige Panne, denkt Rohrzucker. Das hätte nicht passieren dürfen. Nicht jetzt, wo man ge-

rade mitten auf dem Marktplatz angelangt war. Rundherum die Gaffer. Hätte die Mutter nicht warten können, bis man wieder in einer Straße verschwunden gewesen wäre. Mama, Mama, denkt Rohrzucker, besser, du hättest zu Hause geübt mit ihr. Aber seine Mutter, aus altem Schrot und Korn sozusagen, ließ die Schwiegertochter niederknien auf dem Marktplatz, brachte ihr alle notwendigen Gebete bei, fragte den Zeugen Joachim immer wieder, ob noch Fehler vorkämen, und erst als Joachim ruft: Gut, sehr gut, sie hat es! da erst hebt sie den Stock, stößt ihn zweimal in die Luft und schreit: Horridooo. Und mit der Linken erwischt sie den Dirigenten der städtischen Musikkapelle, plaziert ihn zwischen Tanten und Blondinen und befiehlt ihm zu dirigieren. Daß der keinen einzigen seiner Musiker bei sich hat, hilft ihm nichts. Ihre Schuld, ruft die Mutter und stößt ihren Stock aufs Pflaster. Der Dirigent ist zaghaft. Er kann sich zu wenig hineindenken in diese Mutter, das sieht man. Dirigier, schreit sie. Wo sind die Musiker? flüstert der. Die werden sich finden, schreit sie und stößt ihren Krückstock auf das Pflaster, daß der Krückstock plötzlich klingt wie ein ganzer Schellenbaum. Und siehe da, aus dem allernächsten Haus stürzt ein Hornist, entschuldigt sich und fängt sofort an zu blasen. Daß da bald die ganze Kapelle vollzählig sein wird, ist jetzt vorauszusehen. Wer aber glaubt, die Mutter hätte sich endlich zufriedengeben sollen, der hat weder von Grübel-Rohrzuckers Mutter noch von irgend einer anderen Mutter eine rechte Vorstellung. Tatsächlich wirkte der Trauerzug, seit die Musik mitmarschierte, dürftiger als vorher. Fast mehr Musiker als Trauernde. Das ist nicht das erwünschte Verhältnis.

Die Mutter weiß das. Deshalb gibt sie Karl einen Befehl. Der salutiert an der Narrenmütze und führt den Trauerzug nicht über den Marktplatz hinweg in die nächste Straße hinein, sondern immer um den Marktplatz herum. Horridoo, ruft er, Horridoo, ruft die Mutter. Aber nicht das grelle Fasnachtshorridooo, sondern ein wirklich gravierendes, dem Anlaß entsprechendes Horridoo. Und vom Trottoir und aus den Hausgängen rekrutiert sie Personal und Requisiten. Die ersten Wagen werden eingeschleust. Auf einem Reisigwagen, von sieben Zwergen gezogen, thront bewegungslos und weißschwarz das Schneewittchen, im schönen Mund zeigt sie den bösen Apfelschnitz. Dann meldet die Mutter: Marika Rökk ist eingetroffen, Stalin wird mitgeführt, ein Oberbürgermeister ist da, mehrere Heuhexen, Grasdämonen, Gockelmetzger, Hawaimädchen, Hitlerjungen, Clowns, Astronauten, Göring, Hänsel und Gretel und Kristina Söderbaum. Ja, ja, mein Junge, und der Ochsenwirt, bei dem du sechs Jahre für Drecksgeld geschuftet hast, ist auch da, und der Gärtner, der dich anzeigte wegen der paar lumpigen Gurken, und der krüppelige Hausmeister, der schuld ist, daß du von der Oberschule mußtest, und der Major Bux, der dir die Schulterstücke abriß vor der Kompanie, und der Bundeskanzler, Junge, der Bundeskanzler, verstehst du. Da sieht August ein, daß er zu seinen Lebzeiten wirklich zu wenig an seine Beerdigung gedacht hat. Ohne seine Mutter wäre es eine ärmliche Veranstaltung geworden.
Horridoo, schreit sie jetzt, stellt sich in die Mitte des Platzes und winkt zuerst Schwester Felicitas zu sich, dann die Feuerwehrleute mit dem Sarg. Schwester Fe-

licitas schnalzt mit dem Finger, die Schwesterntracht fällt, die Mutter ruft Horridooo und proklamiert August zum Prinzen. Horridooo, August der Erste, Horridooo, ruft sie. Horridooo, Prinzessin Melitta, Horridooo. Und die weißblonde Melitta, vor vierzig Jahren ein Nachbarskind, schmiegt jetzt ihre jüngste Wange an den Sarg. Ein gewaltiges, gleichzeitig feierliches Horridooo dröhnt ringsum auf. August ist erst zufrieden mit dieser Kundgebung, als er sieht, daß Joachim mit Hilfe seiner Lappen der barfüßigen Gertrud Augen und Ohren verbindet. Jetzt kann August sich erheben, Kußhände umherwerfen und sein ernstes Horridooo rufen.

Horridooo, ruft er, Melitta, Rohrzuckerkönigin, ich bin's, Prinz Rohrzucker der Erste, du hast Rohrzucker verlangt, im Wartesaal, ich brachte Rohrzucker in den Wartesaal, du warst nicht da, achtmal warst du nicht da, achtmal zerschlug ich Rohrzucker im Dunkeln, Rohrzucker leuchtet, Melitta, zerschlägt man ihn im Dunkeln, Horridooo, in Verehrung, dein Rohrzucker. Melitta grinst und legt ihre älteste Brust auf den Sargrand. Trotzdem, ruft Rohrzucker, trotzdem. Die Mutter jagt her, greift nach Melitta. Es gelingt August, Melitta hochzuziehen, sie rittlings auf den Sarg zu setzen. Die Mutter jagt weiter. Den Lammwirt treibt sie auf, den Ochsenwirt, den krüppeligen Hausmeister, den Gärtner, den Major, einen Hitlerjugendführer (ach ja, der hat mir beim Geländespiel den Arm ausgerenkt, denkt August), die dickste aller Blondinen treibt sie auf (ach die Beiköchin, denkt August), dann treibt sie alle zusammen, scheucht sie auf einen Holzstapel, jagt noch einmal her, greift nach Melittas Beinen, da klopft ihr

aber August energisch auf die Finger. Unbelehrbarer, schreit sie, jagt weg, legt eigenhändig mit der Fackel Feuer an den Stapel und tanzt solange um den Brand, bis die Flammen alles ratzekahl verbrannt haben. Siehst du, sagt August zu Melitta. Ich danke, sagt Melitta. Dank Rohrzucker, sagt August. Rohrzucker leuchtet, wenn man ihn im Dunkel zerschlägt.
Vorwärts marsch, schreit die Mutter, Horridooo, schreit sie. Mit Musik geht es fort, auf den Friedhof zu. Prinzessin Melitta reitet auf dem Sarg. Gertrud wird von zwei Barmusikern mit Hilfe von schlammigen Bürsten hinter dem Sarg herdirigiert. Die Kinder frieren trotz aller Musik. Vom Friedhofsportal winkt Pfarrer Mootz dem Trauerzug entgegen. Er fürchtet offensichtlich, der Zug könne sich im letzten Augenblick noch für die überwölbte Einfahrt der Paterbrauerei entscheiden. Vier Ministranten kommen in vollem Karacho mit einem Holzbock quer über die Gräber, stellen den Holzbock ab, ziehen unter ihren Kutten die Hosen hoch, einer streicht sich mit wendiger Zunge den Rotz unter der Nase weg und in den Mund, Hochwürden Mootz gibt ein Zeichen, Karl salutiert jovial mit der Pfeife an seiner Mütze, dirigiert dann mit der Pfeife den Sarg von den Feuerwehrschultern auf den Holzbock, der fünfte Feuerwehrmann hält das für seine Aufgabe, Karl schlägt ihn ohne Aufwand zu Boden, Hochwürden Mootz greift nach dem Weihwasserwedel, der Rotzbube von Ministrant bietet den Wedel verkehrt herum an, Hochwürden greift ins Nasse, beherrscht sich, verabreicht dem lausigen Ministranten die Ohrfeige so sachlich, als gehöre sie zur Zeremonie. Dann der Text. Der Mesner bittet die Blondinen und

andere Trauergäste, die Kofferradios leiser zu stellen. Vom Grabhügel her winkt der Totengräber mit der Flasche. Tadelnd winkt der Pfarrer zurück. Er wisse schon. Eng, immer enger werden die Wege bis zum Grab. Die mitgeführten Wagen bleiben in frischen Hügeln stecken, Schneewittchen stürzt und verliert mit einem Schrei ihren Apfel, der Trauerzug reißt auseinander, verwildert in der Dämmerung, die hinter jedem Grabstein aufsteigt. Die Blondinen stolpern natürlich zuerst, stolpern zuerst über Gräber, dann übereinander, das können die Feuerwehrmänner nicht mitansehen. Joachim, der einzige, der eine Lampe hat, leuchtet hierhin und dorthin. Rote Stiefelchen und spinnfeine Damenschuhe bleiben in empfänglicher Graberde stekken. Die Musikanten verständigen sich durch Signale, Gertrud ruft nach den Kindern, die Kinder antworten nicht, dafür stampfen die Tanten. Der treue Karl, der ein Ochsenviertel leicht auf die Schulter schwingt, setzt den Sarg neben der Grube ab, die Mutter bittet Stalin, Göring und den Bundeskanzler ans Grab. Bitte, Herr Bundeskanzler, sagt sie, bitte, erklären Sie uns, warum Sie darauf bestehen, meinem Sohn ein Staatsbegräbnis zu bereiten. Der Bundeskanzler tritt vor, aus seinem Inneren dröhnt es: Horridooo. So ernst er dies auch von sich gibt, die Mutter ist nicht zufrieden. Wo ist die Prinzessin, ruft sie. Joachim leuchtet ins Dunkel. Melitta liegt mit einem asthmatischen Feuerwehrmann vor Marmor auf isländisch Moos. Joachim meldet das scheinheilig und erklärt sich bereit, diese Szene für alle mit seiner Funzel anzustrahlen. Nein, schreit Rohrzucker, nein. Laßt sie im Dunkel. August spürt, daß seine Beerdigung in Gefahr ist, eine andauernde Peinlichkeit zu werden. Joachim verduftet in Richtung Melitta. Bitte, ruft August ihm nach, bitte, nimm sie doch. August spürt, es geht jetzt um die Form. Er wird eingreifen müssen. Seine Mutter bemerkt offenbar nicht, daß man längst allein am Grab steht. Würde der treue Karl nicht mit seinen Metzgerhänden den zappelnden Bundeskanzler festhalten, wäre der auch schon weg. Hochwürden ist mit dem Text beschäftigt. Die Ministranten suchen die Blondinen ab. Die Musiker sind zersplittert in konkurrierende Ensembles. Es muß etwas geschehen. Er soll deinen Namen aussprechen, schreit die Mutter und haut dem Bundeskanzler eine runter und streichelt ihn gleich wieder. Der aber sagt nur: Horridooo. August sieht die gefesselte Gertrud, die nichts hören und sehen darf, er sieht ihre nackten Füße. Will denn seine Mutter bis zum Jüngsten Gericht hier stehen und darauf warten, daß der Bundeskanzler den Namen ihres Sohnes ausspricht? August spürt, er hat lange genug Geduld gehabt mit seiner Mutter. Wo sind die Kinder? Was erleben die Mädchen in diesem dunklen Friedhof? Kann das die Großmutter verantworten? Und was liegt ihm daran, daß der Bundeskanzler seinen Namen ausspricht, der ihm längst schnuppe ist. Denn Rohrzucker, das weiß er, Rohrzukker wird dieser Herr nicht sagen. Was ist dem Cuba, denkt August aberwitzig und sieht sich aufstehen im allerletzten Licht. Der Wind begrüßt ihn. Rohrzucker, buchstabiert der Wind, der kluge Wind. Ach Mutter, laß den Kanzler laufen, Karl, nimm die Finger von dem Herrn, wir brauchen sowas nicht, schau doch, wie der Wind sich um mich kümmert, wie sorgfältig der mich buchstabiert im Dunkel, Rohrzucker, buchstabiert er,

Rohrzucker, zerschlagen und leuchtend. Ja, ruft Gertrud, begrab du deinen Sohn, Rohrzucker begräbst du nicht. Die Mutter sieht den Kanzler entwischen. Karl schleicht sich auch weg. Gertrud ist frei. Da setzt sich die Mutter ans offene Grab und winselt. Hochwürden läßt sich nicht stören.
Wir müssen sie hereinlegen, was meinst du, Gertrud? Gertrud nickt. Mit ihren Zehen stochert sie in der Graberde und fischt, Gott weiß wie schnell, mit den Zehen den Apfelschnitz Schneewittchens auf und steckt ihn Augusts Mutter in den Schmerzensmund. Die Mutter wird grün. Die Mutter wird grünen. Die Mutter grünt. Der Frühling trieft. Vögel hocken, den Blick nach links, den Blick nach rechts.
August freut sich einerseits über die Geschicklichkeit seiner Frau, andererseits findet er, soweit hätte sie nicht gehen dürfen. Also, rein mit ihr und dann den Deckel zu, ja? Ja, sagt Gertrud. Dann retten wir die Kinder aus dem Dunkel dieses Friedhofs, dieser Balgerei und leben in der Luft, eine süße Familie. Ja, sagt Gertrud. Gertrud, die Jasagerin, sagt August. August, unsterblicher Rohrzucker, sagt Gertrud. So schwärmen sie, seit die Mutter grünt. Rohrzucker, der nun selber glaubt, er müsse sich übergeben. Gertrud, die hinabschaut zu ihm. Wo schaut sie bloß hin, denkt Rohrzucker. Bin ich unten, fragt er. Es läutet, rufen die Kinder. Rohrzucker, der denkt, es läutet. Die Kinder, die ihn der Großmutter zeigen. Die Großmutter, die Bonbons austeilt, den Graukopf schüttelt. Gertrud, plötzlich geknickt; die Kinder frierend; Vögel, die nicht geradeaus schauen können. Der Frühling, die Dämmerung, Rohrzuckers Leuchten, ein höflicher Ton.

Ein schöner Sieg

In der Kleinstadt hat man seinen Feind vor Augen, das schon. Wer nie einen Feind hatte, kann das sogar für einen Vorteil halten. Wer aber seinen Feind hat, dem radiert es ganz schön die Arterien entlang, wenn er in jeder der fünf Straßen immer wieder diesem biegsamen Herrn in die Arme läuft. Das war ja gerade, als gäbe es fünf solche Herren, biegsam und namens Benno, als hätte ich nicht einen, sondern fünf Feinde. Wagte ich mich auf die Post, stand der sechste Herr Benno schon parat, um einen Schritt vor mir in die Vorhalle zu springen, mir zuliebe die ewig schwingende Tür zu bändigen und sich schließlich – um mich seine in den Gelenken beheimatete Überlegenheit so recht spüren zu lassen – tief vor mir zu verbeugen.

Ich übersah den gelenkigen Zauber, den er aufführte, übersah den ganzen Herrn Benno. In meinen hin und her hastenden Augen konnte er lesen: Sie wurden übersehen, Herr Benno. Ich weiß, ich weiß, murmelte er und erschien mir aus der leeren Telephonzelle, auf die ich listig, aber schon in Atemnot, zugerannt war.

Als Herr Benno in die Straße zog und von einem Tag auf den anderen visàvis ein Geschäft eröffnete – es war als hätte er in der einen Nacht den Briefmarkenladen aufgegessen, der all die Jahre keinen Menschen gestört hatte –, da wußte ich sofort, daß jetzt endlich mein Feind leibhaftig erschienen war. Herr Benno gab sich den Anschein, als sei er lediglich dort eingezogen, um Hosen zu verkaufen, nichts als Hosen, eine hing platt neben der anderen, aber mich konnte er nicht täuschen. Ich bekleide den Herrn zwar nur bis zur Gürtellinie, der Gürtel selbst, das gebe ich zu, spielt in meinem Geschäft schon so gut wie keine Rolle mehr, aber immerhin, ich führe ihn. Herr Benno verbarg seine Gürtel zuerst noch in Schubladen, sicher hat er aber seinen Kunden gesagt, wenn sie wollten, könne er, und da fuhr er die Schublade schon aus und seine Hände und Arme tauchten auf, über und über behängt mit schlangenhaft züngelnden Gürteln. Aus Freundschaft zu mir will er eingezogen sein, der Gürtel mehr ein Berührungspunkt als ein feindliches Aufeinandertreffen, die Hosen eine treffliche Ergänzung, jetzt könne sich ein Herr endlich komplett ausstaffieren in unserer Straße, und dergleichen ölige Sprüche, der Gürtel mehr dies als das, und *trefflich* gebrauchte er. Wenn einer schon *trefflich* gebraucht! Vorsicht, sagte ich, Vorsicht, der redet über den Gürtel hinweg und *trefflich* sagt er, *trefflich* gebraucht er, mein Gott, da dürfte wirklich Vorsicht geboten sein.

Nun bin ich so, daß ich schnell etwas einsehe. Zu schnell, um gesund alt werden zu können. Viel zu schnell sah ich ein, daß es diesem biegsamen Herrn gegenüber nur eine Rettung gab: die bedingungslose Unterwerfung. Gott sei Dank wird mein gefährliches Talent, alles sofort einzusehen, wieder ein bißchen ausgeglichen durch die Unfähigkeit, meinen Einsichten entsprechend zu handeln. So habe auch ich meinen Schutz. Man wird allerdings nicht verlangen können, daß einer, der immer gezwungen ist, gegen seine Einsichten zu praktizieren, als ein besonders fröhlicher Mensch umherhüpft.

Ich wehrte mich also gegen Herrn Benno so gut es ging, obwohl ich eingesehen hatte, daß Herr Benno ein Feind war, der für mich erfunden worden war; das Schicksal selbst mußte ihn in Auftrag gegeben und alle notwendigen Maße geliefert haben. Schrittlänge, Halsgelenkigkeit, Brustumfang, Augenschärfe, Brauenbeweglichkeit, Haarfarbe und Bartwuchs, alles so, daß ich zugeben mußte: jawohl, das ist er, dein Feind. Das Schlimmste war wohl – und daran erkannte ich eigentlich erst, daß Herr Benno geschaffen worden war, um mein Feind zu sein –: man hatte Herrn Benno mit nichts endgültig ausgestattet. Man kannte wahrscheinlich meine Wendigkeit, meine nicht unbeträchtliche Phantasie, und sagte sich, einen Feind, den man ihm fix und fertig gegenüberstellt, den wird er einfach umgehen, den spinnt er ein, der ist nach vierzehn Tagen sein Freund. Also hielt man Herrn Benno sozusagen im Fluß. Er wurde von allem, was ich gegen ihn unternahm, schon vorher unterrichtet. Dann erst gab man mir den Einfall ein, auf die und die Weise gegen Herrn Benno vorzugehen, schickte mich also gegen den mit jeder Art von Lächeln gerüsteten Herrn Benno ins Feld. Für ihn muß es fast langweilig gewesen sein. Aber vielleicht genügte es ihm auch, daß er einfach seine Pflicht tat.

Jeder weiß, für den Unterlegenen ist der Kampf viel spannender als für den Überlegenen. Wie man doch überall auf Gerechtigkeit stößt! Da bin ich, da ist Herr Benno. Ich weiß noch nichts, als daß dies einer jener Vormittage ist, an denen man sich nicht gern im Spiegel sieht. Voller Zärtlichkeit gegen sich selbst ist man am Vorabend eingeschlafen und am Morgen wacht man auf und möchte weinen vor Widerwillen gegen die anbiedernde Grimasse, die einem aus dem Spiegel entgegengrinst. Man verbietet sich diese Grimasse, zieht sie ein, man bewölkt das Gesicht, aber kaum sieht man sich bewölkt, könnte man zischen vor Verachtung über den Provinzschauspieler, der da im Spiegel posiert. So zieht man rasch noch fünf, sechs Gesichter auf, eines unerträglicher als das andere, bis man es nicht mehr aushält und sich vornimmt, vorerst überhaupt keinem Spiegel mehr in die Quere zu kommen. Für mich, der ein Herrenmodengeschäft zu betreiben hat, ist das schwer durchzuhalten. Trete ich an einem solchen Tag hinter den Kunden, der vor dem Spiegel steht, will ich mit der Hand die Silhouette, die die Jacke dem Kunden beschert, in der Luft nachzeichnen, dann sehe ich nicht die Taille des Kunden, sondern sehe mich; die Hand bleibt starr in der Luft stehen, sie vergißt die zärtliche Kurve, die sie, zur Betörung des Kunden, in die Luft zeichnen soll, mein Gesicht füllt sich mit Widerwillen, der halbgewonnene Kunde, der mir einen letzten, um Bestätigung bittenden Blick zuwirft, sieht meine Grimasse des Ekels, wird mißtrauisch, weil er das alles auf die Jacke bezieht, die er gerade anprobiert, er zieht die nächste und die übernächste an, und jedesmal schreckt ihn mein Gesicht wieder aus den Ärmeln hinaus, er verliebt sich in keines der Muster, wird vielmehr angesteckt von meinem Ekel, von meinem Gram, und rennt schließlich mit Selbstmordgedanken auf die Straße. Ich folge ihm bis zur Tür, lächle wie eine alternde Filmschauspielerin, und da passiert es: wen sehe ich visàvis: mich, in Gestalt von Herrn Benno. Er lächelt wie eine alternde Filmschauspielerin.

Das macht ihn so überlegen, daß er schon beim Frühstück weiß: heute kann der da drüben sich nicht ausstehen. Und zu dieser ungeheuren Einfühlungskraft hat er auch noch die Fähigkeit, sich in mich zu verwandeln. Mühelos tritt er unter seine in die Zukunft führende Ladentür, um mich, wenn ich vor meinen Spiegeln fliehe, gütigst und unvertreibbar mit meinem Spiegelbild zu empfangen.
Das tut er natürlich nicht an Tagen, die mich schon vom ersten Frühlicht an mit Selbstzufriedenheit erfüllen. Ihm wird während der Nacht oder beim Rasieren, so genau kann ich es auch nicht sagen, spätestens aber beim Frühstück wird ihm eingegeben: heute sind dem da drüben rothaarige Dicke zwischen sechsundvierzig und dreiundfünfzig widerlich, besonders wenn sie grüne Anzüge mit wattierten Schultern tragen. Ohne zu zögern und ohne Gewissensbisse tritt Herr Benno flugs als rothaariger Dicker von zirka achtundvierzig im grünen Anzug mit wattierten Schultern auf. Und da er meine Abneigungen viel genauer kennt als ich selbst, da ich ja wahrscheinlich erst von meinen Abneigungen befallen werde, wenn er schon bereit ist, deshalb trägt er noch eine violette Warze rechts neben der Nase und einen roten Schnauz, in dem Tropfen dauerhaft glitzern, und übertrifft so alle rothaarigen Dicken, die ich je zuvor gesehen habe. Während er mir dann in jeder Straße entgegenläuft oder vor mir die schwingende Posttüre aufreißt, steckt er sich immer wieder mit spielerisch ausholender Handbewegung eine leere kalte Pfeife unter den fettigen Schnauz. Mit dieser vollkommen unnötigen Geste, denn die Pfeife ist immer kalt, weist er mich darauf hin, daß er gar nicht der sechsund-

vierzig- bis dreiundfünfzigjährige Dicke ist, sondern daß er Herr Benno ist, der es nur aus Willfährigkeit einem zürnenden Gott gegenüber übernommen hat, als Mannequin gegen mich Dienst zu tun, als Mannequin, dem jedes Kostüm recht ist, das mich ärgert, mich in Trauer oder Raserei stürzt, bis ich schließlich nicht mehr anders kann, als hinüberzurennen und ihn zu bitten, mich als seinen Angestellten anzunehmen, weil ich dann wenigstens im Schutz gewisser Gesetze, die dem Arbeitnehmer die nackte Existenz garantieren, noch ein paar ruhig matte Jahre verbringen könnte.
Ich bin nicht hinübergerannt. Auch Händeringen und kniefälliges Beten gestattete ich mir nicht, denn Herr Benno war doch offensichtlich höheren Orts besser angeschrieben als ich. An irgendeinen Antiken erinnerte ich mich, der konnte tun, was er wollte, sein Gegner hatte immer rechtzeitig so ne flinke Göttin im Ohr, die alles vereitelte. Natürlich hätte ich die Hölle anrufen können; diese unteren Mannschaften sind ja die einzige Hilfe, auf die der Unterlegene wirklich zählen kann. Aber so schwach war ich noch nicht. Auch war ich nicht sicher, ob mein Herr Benno nicht von oben und unten subventioniert wurde. Ich igelte mich ein. Wer von meinen Freunden und Bekannten auch nur ein Sterbenswörtchen über Herrn Benno sagte, den kannte ich nicht mehr. Natürlich ließ ich weder meine Frau noch meine Freunde und Bekannten merken, was sich zwischen Herrn Benno und mir abspielte. Ein Freund nach dem anderen wurde aus meinem Leben gestrichen. Wer es über sich brachte, von Herrn Benno anders als mit Abscheu zu sprechen, mit dem war ich fertig. Nicht, daß ich auch nur ein einziges Mal ver-

sucht hätte, den und jenen eines Besseren zu belehren. Oh nein. Ich stimmte fröhlich ein, wenn sie den schlanken Herrn Benno lobten, seinen Geschmack, den er in seinen Schaufenstern beweise (wo wirklich eine Hose platt neben der anderen hing), seinen liebenswürdigen Dialekt (diesen Gaunerjargon, schwankend zwischen Böhmisch und Friesisch, hielten sie für einen Dialekt), seine Musikalität (musikalisch nannten sie ihn, weil er eine laute Stimme hatte, weil er schamlos genug war, acht Tage nach seinem Eintritt in den Gesangverein dem verdienten Solo-Tenor unseres Vereins sämtliche Solopartien zu entreißen, was sich der Dummkopf auch mit vor Ergebenheit leuchtenden Augen gefallen ließ, denn es war nun einmal Mode geworden, Herrn Benno anzuhimmeln).

Aber wie gesagt, ich sträubte mich nicht, ich war der erste, der nach unserem Konzert am Dreikönigstag auf ihn zuging und ihm die Hand so lange preßte, bis die anderen, die sie ihm auch pressen wollten, ungeduldig wurden und mich wegstießen, so daß es mir leider nicht gelang, die weiteren Glückwünsche zu verhindern. Ich war auch der, der im Lions-Club die herzlichste Werberede hielt, um Herrn Bennos sofortige Aufnahme in den Club zu bewirken; aber bis der Club-Sekretär bei Herrn Benno vorsprach, war er schon – wie ich befürchtet hatte – in den Rotary-Club eingetreten. Ich rannte in viele Wohnungen, um Herrn Benno in möglichst viele Ausschüsse und Komitees wählen zu lassen, und konnte es doch nicht verhindern, daß er zu alledem auch noch in den Stadtrat gewählt wurde.

Gut und gern fünf Jahre habe ich damit zugebracht, nur für Herrn Benno zu werben, sein Ansehen zu vergrößern und ihm zu immer mächtigeren Stellungen in unserer Stadt zu verhelfen. Meine Rechnung war klar. Er mußte den anderen unangenehm werden. Der Oberbürgermeister mußte ihn zu fürchten beginnen. Aber Herr Benno nippte nur von all der Macht, die ich ihm zuschanzte, und er machte von seinem Einfluß auf eine so zarte und liebenswürdige Weise Gebrauch, daß ich ratlos wurde.

Ich stand inzwischen kahl und ohne Anhang da. Weil ich niemanden ertrug, der gut von Herrn Benno sprach, hatte ich mir eine Zeit lang damit geholfen, daß ich immer zuerst das Wort ergriff; ich fürchtete, jeder, der den Mund aufmacht, wird gut über Herrn Benno sprechen. Und wenn schon gut über ihn gesprochen werden mußte, dann war es mir lieber, ich selbst war sein Lobredner. Aber meine Freunde und Bekannten wollten nicht für alle Zeit darauf verzichten, auch einmal etwas zum Lob dieses besonders gelungenen Mannes zu sagen. Also mied ich die Menschen. Da holte aber Herr Benno zu einem schlimmen Schlag aus. Er vermittelte zwischen mir und meinen Freunden, die sich wahrscheinlich bei ihm über mein rätselhaftes Ausbleiben, über meine Unzugänglichkeit beklagt hatten. Herr Benno war es, der sie mir alle wieder ins Haus schickte, der sie aufhetzte, sich mit mir wieder zu versöhnen. So wollte er dafür sorgen, daß ich bis an mein Lebensende die Redereien zu seinem Lob anhören mußte. Und die Freunde, die meine Beziehung zu Herrn Benno nicht im mindesten durchschauten, waren naiv genug, mir mitzuteilen, ich hätte es nur Herrn Benno zu verdanken, daß sie es trotz meines sonderbaren Benehmens noch einmal mit mir probierten.

Konnte ich die ganze Bande noch einmal vor den Kopf stoßen? Ich tat's. Ich warf jeden hinaus, ich besuchte keinen Club mehr, der zweite Tenor im Gesangverein war um eine Stimme ärmer, sollten sie mich für verrückt halten, mir war alles recht, wenn ich bloß nichts mehr von Herrn Benno hören mußte. Meine Frau lebte auf. Sie hielt es für reine Zuneigung. Endlich hatte sie mich ganz. Kanaan lag dicht vor unserer Nase. Jeden Abend strickten wir beide an einem innigen Plaudergewebe, beide bemüht, einander zu beweisen, daß wirs prächtig aushielten ohne die übrige Welt. Aber sie konnte es nicht lassen, von der Welt zu sprechen. Und die Welt war für sie unsere Stadt. Und von der Stadt zu reden, ohne von Herrn Benno zu reden, war unmöglich. Man sage nicht, ich hätte ihr eben anvertrauen müssen, welche Plage mir das Dasein dieses Herrn bereitete. Lieber hätte ich noch Herrn Benno selbst eingestanden, wie es um mich stand, lieber jedem Fremden, jedem der treulosen Freunde, bloß nicht meiner Frau. Hätte ich ihr auch nur eine Andeutung gemacht, sie hätte sich sofort in ihn verliebt. Schließlich sah sie zu mir auf, zumindest verehrte sie mich, und jetzt hätte sie plötzlich hören müssen, daß ich nichts als ein Zwerg bin, der bei ihr Schutz sucht auf der Flucht vor dem Riesenschatten des Herrn Benno! Man kann mir über die Ehe erzählen, was man will, aber den Anschein einer gewissen Überlegenheit muß ein Mann schon zu wahren wissen, sonst löst sich doch alles in ein Auf und Ab auf und die Stabilität ist hin; eine Ehe ist eine Währung, ganz ohne Vertrauen geht es weiß Gott nicht.

Und meine liebe gute Frau fängt also an, von Herrn Benno zu sprechen, schwärmt von seiner blanken

Stimme, rühmt seine Schaufenster, findet, auch die unseren seien besser geworden, seit visàvis Herr Benno eingezogen sei, lobt mich, daß ich mich im freundschaftlichen Wettstreit mit Herrn Benno so gut entwikkelt hätte. So schwätzte sie Abend für Abend. Ich war listig, gab mich äußerst beherrscht. Ich wußte, dies ist deine letzte Zuflucht. Wenn er dich von hier vertreibt, ist es aus. Es wird sich legen, dachte ich und begann, in meiner Frau Interesse für entlegenere Dinge zu wekken. Ich kaufte Bildbände über polynesische Kunst, schaffte einen Projektor an, kaufte Schmalfilme, farbige, die vermuten ließen, auf Südseeinseln sei alles einfacher, kaufte Platten mit asiatischer Tempelmusik, unter deren beharrlichen Schlägen jeder Zuhörer zugeben muß, daß er eine Seele hat, und als der Stoff sich zu erschöpfen begann, bereitete ich eine Umschichtung des Familieninteresses nach Südamerika vor. Diesen Wunder- und Zauberkontinent würden wir wohl nicht so schnell aufarbeiten, hoffte ich. Und als ich mir das Angebot an Platten, Bildern, Büchern und Schmalfilmen besah, wußte ich, das wird bis zur goldenen Hochzeit reichen, falls Herr Benno uns solange belagerte. Aber leider versagte meine Frau. Sie erlahmte einfach. Kopfschmerzen schützte sie vor, gähnte auch ganz unverhohlen, ja sie schlug sogar vor, ob wir nicht doch wieder einmal ausgehen sollten, in den »Kranz«, zum Tanzen, vielleicht träfen wir Bekannte, vielleicht sogar ... Nein, schrie ich, Schluß, kein Wort mehr. Ich wußte natürlich, wen sie dort treffen wollte. Sie behauptete, ich wisse es nicht. Ich will es nicht wissen, sagte ich so gefährlich leise als möglich. Wir übertreiben es, sagte sie. Das Geschäft leidet, sagte sie. Gestern traf ich Herrn Benno, sagte sie. Ich verglühte, löschte aus, stand starr vor der Verräterin. Ahnungsloses Mundwerk du. Du hast ihn eingelassen. Und da sind wir nun ein Fleisch, dachte ich und wandte mich ab und suchte nach einem Spiegel.

In der siebten Nacht nach diesem Abend machte ich noch einen Versuch. Ich hatte Hosen eingekauft. Es war, wie ich heute einsehe, eine Verzweiflungstat. Ich stopfte meine weichen, phantasievoll gebauschten Kashmere-Shawls in dunkle Schachteln, riß den Schirm aus dem Fenster, die zierlich gestikulierenden Handschuhe, die nie zu beruhigenden Manschettenknöpfe, die ergeben hingebreiteten Pullover und all die auf sich bedachten herrlichen Hemden, alles, auch die vertrauensvoll hingestreckten Socken, alles riß ich aus den Fenstern und hängte Hosen hinein, eine Hose platt neben die andere, und an jedes Hosenbein heftete ich das dumme plumpe Preisschild, daß jeder Passant am nächsten Morgen verwundert stehen blieb und nicht mehr wußte, auf welcher Straßenseite er sich eigentlich befand.

Herr Benno reagierte darauf, wie ich es verdiente. In meiner eigenen Gestalt, die ich an diesem Morgen bis zu diesem Augenblick mit Erfolg gemieden hatte, mit meinen eigenen Gesten rannte er über die Straße, stürzte herein und beglückwünschte mich zu meinem Entschluß, mich endlich mit ihm zu fusionieren. Er umarmte mich. Es war kurz vor zehn. Um diese Zeit hat meine Frau das Frühstücksgeschirr gespült und kommt herunter. Sie kam auch an diesem Tag herunter, sah uns, zuckte mit den Augenbrauen, rieb sich die Augen, sah sich nach Spiegeln um, rannte von einem

Spiegel zum anderen, drehte alle Spiegel um, behängte die, die sich nicht drehen ließen mit Blazern, weil das die längsten Jacken sind, die ich führe, wandte sich wieder zu uns, ging schüchtern auf uns zu, konnte ihre Augen aber doch nicht daran hindern, fröhlich und gierig, ja immer gieriger aufzuleuchten, reichte Herrn Benno die Hand, der ergriff ihre Hand, Frauenhände ergreifen, das kann er, die Rechte schmiegt sich in die Rechte, gleichzeitig stellt er ein Bein zurück, greift mit der Linken nach ihrem Handgelenk, schiebt seine Linke wie eine Manschette um ihr nacktes Handgelenk, so wie er jetzt steht und zugreift, kann er machen mit ihr, was er will, kann sie, was Hebelwirkung und Standfestigkeit angeht, ohne weiteres über seine Schulter werfen, das will er aber nicht, er will ihr nur zeigen, daß er es könnte, das genügt auch, sie schmilzt ihm hin, spricht ihn mit meinem Namen an, er lächelt dauerhaft, begreift es zu spät, zumindest später als ich, eine Sekunde später, und diese Sekunde war meine Sekunde, meine Lebenssekunde, möchte ich sagen, denn in dieser Sekunde verschwand ich, war draußen, war am Bahnhof, war fort und kann nun, aufgehoben in der Großstadt, zurückblicken auf diese schlimme Zeit, die ein so gutes Ende nahm. Ich will mich nicht zu laut rühmen, aber man wird zugeben, daß es keine Kleinigkeit ist, nach Jahren geduldigen Nachgebens, die eine einzige unwiederbringliche Sekunde zum entscheidenden Schlag zu benützen. Ich weiß nicht, ob Herr Benno heute in jener Kleinstadt unter meinem Namen oder unter seinem Namen die beiden Geschäfte betreibt, das ist mir auch egal. Einer von uns beiden ist ausgelöscht. Das genügt mir.

Manchmal kribbelt es mich zwar, es ist mir, als müßte ich hinfahren und als Herr Benno dort ein Geschäft anfangen, von mir aus eins mit Unterhosen, aber dann sage ich mir, daß man einen Sieg nicht zu sehr ausnützen soll. Ich habe hier ein kleines Geschäft mit ausgesuchten Artikeln, keine Hose hängt platt neben der anderen, Handschuhe spielen miteinander in meinen zwei Fenstern, gläserne Füße bitten um Vertrauen zu den Socken, die sie tragen, ein Schirm steht wieder schräg und streng wachend über allem, und ich sage mir, es ist besser, sich nicht mehr zu weit hinauszuwagen. Ich will schon zufrieden sein, wenn der Übermut nicht Herrn Benno, oder wie immer er jetzt heißt, befällt und ihn verführt, nach mir zu suchen. Jeden Morgen schaue ich zuerst auf das Geschäft visàvis, es ist leider ein Briefmarkenladen, aber ich preise mich glücklich, wenn dort immer noch Briefmarken ihr gezahntes viereckiges oder rechteckiges Dasein auf weißen Rahmen fortfristen. Gelegentlich mache ich bei dem alten Herrn drüben einen Besuch, erkundige mich nach der Geschäftslage – ich bin Briefmarkenläden gegenüber nun einmal mißtrauisch, das gebe ich zu –, biete ihm zinslose Kredite an und kaufe, wenn er Kredite schüchtern ablehnt, ein paar Marken ohne im geringsten um den Preis zu handeln. Ob er Erben habe, die sein Geschäft fortführen werden, frage ich mit flatternder Stimme. Ja, die hat er, versichert er, und ich gehe pfeifend über die Straße in mein Geschäft zurück. Und doch muß ich jeden Morgen wieder unruhig hinüberschauen, denn noch einmal möchte ich den Kampf gegen Herrn Benno nicht durchstehen. Vor allem hätte ich jetzt ja keine Frau mehr, mit der ich ihn in der entscheidenden Sekunde überlisten und schlagen könnte. Und weil ich jetzt weiß, worauf ein Mensch gefaßt sein muß, falls er ein Herrenmodengeschäft betreibt, werde ich mir überlegen, ob ich nicht doch noch einmal heiraten soll. Ganz abgesehen davon, daß es auch wohltuend ist, seinen Feind in den Armen der eigenen Frau untergehen zu sehen. Die Trauer hat ihre Grenzen. Schließlich gehört meine Frau jetzt dem Menschen, der mir näher kam als je ein Mensch zuvor, der als einziger wußte, was zwischen ihm und mir vorging, also war er wohl auch der einzige, der mich verstanden hat.

Eine unerhörte Gelegenheit

Mit den Füßen stieß ich mich ab, Tisch und Papierkorb zog ich nach mit den Händen, ohne aufzustehen rutschte ich vorsichtig in dem Zimmer herum, das Fräulein Hotz mir angewiesen hat. Glitt ich aus auf dem Linoleum, stemmte ich mich steiler weg. So suchte ich, rückwärtsrutschend, den besten Platz, bis ich ihn in der äußersten Ecke fand. Wie der Zeiger der Uhr mußte ich unmerklich Fortschritte machen, sonst hätte mir das gern und flink kontrollierende Fräulein den Weg in die Ecke zuletzt noch verlegt. Jetzt deckt die Ecke meinen Rücken, rahmt mir die Schultern, das Zimmer liegt wie ein Schußfeld vor mir, und der Tisch, der quer vor meiner Ecke steht, schützt mich gegen alles, was plötzlich durch die Tür kommen kann. Eine Stellung, um fröhlich zu werden, das ist klar. Kein Wunder, daß ich öfter einfach singe. Die Mädchen in den anderen Zimmern legen die Schere weg, lassen die Nähmaschinen einen Augenblick aus der Umarmung. Klatschen auch schon mal. Meine Stimme trägt, das weiß ich.

Eine Wäscheklinik nennt Fräulein Hotz ihren Ausbesserungsbetrieb. Seit ich hier wohne, weiß ich, daß die Menschen nicht in jeder Jahreszeit gleich rücksichtslos umgehen mit ihrer Wäsche. Hat draußen die Liebe Saison oder der Haß – was es jeweils ist, läßt sich den zerrissenen Wäschestücken nicht mehr ansehen –, dann gibt es zu tun bei Fräulein Hotz.

Sofort werden noch vier Mädchen eingestellt. Zwei

oder drei werden mir ins Zimmer gesetzt. Dann sing ich eine Zeit lang sehr leise.
Fräulein Hotz erlaubt mir Gesang als zweites Fach, besteht aber darauf, daß ich der Ausbildung am Klavier den Vorrang gebe. Trifft sie mich schreibend an, müssen auf meinem Blatt Wörter wie Sonatensatz oder Mozart zu lesen sein. Die Stiche und Nähte ihrer Näherinnen kontrolliert sie nicht halb so genau wie die Papiere auf meinem Tisch. Wenn also in meinen Aufzeichnungen plötzlich der Satz auftauchen sollte: *Bach erlebte noch den Beginn der Verdrängung des Klavichords und Klavicimbals durch das Pianoforte*, dann heißt das, Fräulein Hotz ist plötzlich eingetreten.
Zum Glück ist Fräulein Hotz nach der Geburt ihres einzigen Kindes dick geblieben. Mit Hilfe eines scharfen Gürtelchens versucht sie sich einzuteilen. Was sie aber aus der mittleren Gegend wegschnürt, quillt oben und unten aus. Seit ich die Ecke erreicht habe, muß das Fräulein sich recht plagen, bis sie neben mir steht.
Als sie mich im Jahre 50 aufnahm, wußten wir beide nicht, daß wir einander einmal so zäh belagern würden. Ich war auf der Flucht, kam aus Stuttgart, an einem Sonntag, dem eine ganz überflüssige Gedächtnismarkierung zuteil wurde durch den Ausbruch eines Krieges. Wer an diesem Sonntag in Stuttgart war oder im nördlichen Württemberg, der weiß, daß der Himmel schwarzblau war und tief herabhing. So eine Wolkenwüstenei, unter der man unsicher hinfährt. Ein Kanonendonnerhimmel, unter dem man den Kopf einzieht. Ich fuhr unsicher, mit eingezogenem Kopf unter diesem Himmel hin, suchte Madonnen in entlegenen Kirchen, weil es damals zu meinem Beruf gehörte, abseits

stehende Madonnen zu photographieren. Mein Autoradio, seinen Zweck doch noch erfüllend, teilte mir mit, daß ein Krieg ausgebrochen sei. Natürlich dachte ich sofort: an diesem Sonntag mußte ein Krieg ausbrechen. Nicht bloß des Himmels wegen. Auch meinetwegen. Ich atmete auf. Immer, wenn ich eine Zeit lang darauflosgelebt habe, nachlässig, hastig, ohne Bedacht, wird die Umwelt nervös, lädt sich auf, zeigt, daß sie mich nicht länger ertragen kann. Ich sehe dem Augenblick entgegen, der alle zusammenführen wird, die mich kennen. Das genügt dann schon.

In solchen Zeiten wünsche ich immer, eine große Katastrophe möge die Leute ablenken von mir. Jener Krieg in Korea, das spürte ich sofort, war mir zuliebe arrangiert worden. Auch bei uns entstünde ein milderndes Durcheinander, eine hilfreiche Verwirrung. Umstände also, die meine Flucht begünstigen konnten. Fliehen mußte ich. Aber ich weiß nicht, ob ich auf der Rückfahrt nach Stuttgart den Mut gefunden hätte, in Waiblingen nach Osten abzubiegen, wenn ich nicht seit dem Verlassen der Löwensteiner Berge ununterbrochen Kriegsmeldungen gehört hätte.

Der schlechte Lautsprecher meines Autoradios quetschte alle Drohreden und Warnrufe jenes Nachmittags auf seinen schmalen Frequenzbereich zusammen und gab dadurch den Stimmen aus allen Weltlagern eine einheitliche, nur noch mich betreffende Schärfe. Der achtunddreißigste Breitengrad war überschritten, ich bog in Waiblingen nach Osten ab, begann plötzlich laut zu singen, erreichte, immer noch singend, in Ulm die Autobahn, ließ mich, aufatmend, von der Einfahrtsschleife hineindrehen in die Gerade und hatte das Gefühl, daß ich mit donnerndem Motor auf München zuraste.

Es war aber eine Flucht. Sie endete bei Fräulein Hotz, in der Ecke dieses Zimmers.

Nun war ich aber zu der Zeit, als ich mich in Stuttgart niederließ, schon ein gewiefter Mann, wußte schon, mit welcher Behutsamkeit man eine neue Stadt betreten muß. Nie wieder würde ich wahllos Bekanntschaften machen. Stuttgart durfte für mich zu keinem zweiten Göttingen werden. Kommst du mit einem ins Gespräch, mußt du sofort prüfen, ob der paßt zu den Leuten, die du schon kennst. Du bist verantwortlich für den Zusammenhang und für alle Möglichkeiten. Der Nachmittag, als ich in Göttingen den milden Geistlichen Martin Mohr bei mir zum Tee hatte und dann kam jäh herein mein Freund, der radikale Musiker Nacke Bruut, dieser Nachmittag wird mir eine Lehre bleiben.

Ein guter Photograph ist fast überall willkommen. Das war mein Glück. In Stuttgart fing ich bei Herrn Dr. Muspel an. Muspel war ein hoher Militärarzt gewesen, bevor er die Medikus-Mull-A.G. gegründet hatte. Auf den Hauptverbandsplätzen jenseits von Maas und Memel hatte er sich vorbereitet auf die Gründung einer solchen Firma. Er war so musikalisch und kunstverständig, wie ein feinerer Mediziner sein soll. Von anderen feinen Medizinern unterschied er sich noch dadurch, daß er die Jagd ablehnte und als Sport nur Hallenhandball gelten ließ. Er selbst hat in allen Städten, in denen er länger als sechs Monate wirkte, akademische Hallenhandball-Clubs gegründet.

Aus diesen Angaben zu Muspels Person kann jeder ergänzen, wie Muspel etwa über Amerika dachte oder gar über Amerikaner, was er hielt von Akkordeon-Clubs oder vom Federballspiel. Nur noch ein Hinweis ist nötig. Der Hinweis auf eine Muspelsche Neigung, die sich zwar ungeheuer harmonisch einfügt in Muspels Wesen, auf die man durch psychologisches Schließen aber doch nur dann kommt, wenn man schon sehr viel Übung hat. Zuletzt, das will heißen, als er schon sechsundfünfzig Jahre alt war, hatte Dr. Muspel noch entdeckt, daß in ihm ein Talent schlief, das sich nur in Batikarbeiten ganz entfalten konnte. Er weckte die Liebe zu diesem schönen Kunsthandwerk auch in seiner Frau. In seinen Töchtern wird sie ohnehin als ein Erbe geschlummert haben.

Dr. Robert Muspel war mein Auftraggeber und mein erster Bekannter in Stuttgart. Vielleicht begreift man, daß es nicht einfach ist, Bekanntschaften zu machen, wenn man immer eine so deutliche Persönlichkeit wie Dr. Muspel als Richtmaß vor Augen hat. Das war ja mein Fehler in Göttingen gewesen, ich hatte Bekanntschaften gemacht, wie es mir gerade einfiel. Und als meine Bekannten einander kennenlernten, paßten sie so wenig zu einander, daß ich Göttingen verlassen mußte. Zwei so verschiedene Menschen wie Martin Mohr und Nacke Bruut einigten sich laut schreiend auf den Vorwurf, ich sei charakterlos.

Die genauen Ansprüche, die ich an jeden möglichen Bekannten in Stuttgart stellte, hatten denn auch zur Folge, daß ich nach zwei Jahren nur zwei Männer und eine fünfköpfige Familie kennengelernt hatte. Aber die beiden Männer und die Familie, dafür konnte ich mich verbürgen, waren Muspels würdig, die durfte ich ihm, wenn es der Zufall fügte, ohne ängstliches Herzklopfen vorstellen. Sie waren sozusagen nach seinem Bild geschaffen.

Ich will nicht von denen erzählen, die den Ansprüchen, die ich im Geiste Muspels stellen mußte, nicht gewachsen waren. Meine erste Eroberung war Robert Grau-Grand. Er spielte selbst in der Halle, liebte Batik, verachtete Jäger. Leider verachtete er auch Photographen. Aber ging es denn um mich? Ich stellte meine Person zurück. Gab mich als Bildhauer. Da ich, meiner peinlichen Vorsicht wegen, doch sehr zurückgezogen gelebt hatte, war ich glücklich, endlich einen Menschen gefunden zu haben, der alle Muspelschen Ansprüche erfüllte, der darüber hinaus noch mit einer Baltin verheiratet war und – des Guten noch nicht genug – einen Prozeß angestrengt hatte gegen einen Akkordeon-Club, weil der in seiner Nachbarschaft ein Clubheim eingerichtet hatte. Diesen Mann durfte ich mir nicht entgehen lassen. Und so verschieden ist ein Bildhauer nicht von einem Photographen, der seinen Beruf ernst nimmt.

Mein zweiter Mann war Robert Gries. Dreimal sah ich ihn, umlauerte ich ihn, dann war ich meiner Sache halbwegs sicher. Ich eröffnete das Gespräch über Hallenhandball. Ich hatte mir angewöhnt, möglichst bald den höchsten Anspruch zu erwähnen. Und tatsächlich, Robert Gries war für Hallenhandball und er pries ihn fast wie Dr. Muspel selber: kein Pöbelsport, keine Krawallveranstaltung für Hunderttausend, sondern ein Ballspiel, das auf spiegelndem Boden flinke und einfallsreiche Spieler fordere. Herrn Gries gegenüber mußte ich lediglich verschweigen, daß ich Katholik bin. Er haßte den Katholizismus. Ich fand, das sei ein geringes Opfer. Heimlich konnte ich ja in die Kirche gehen so oft ich wollte.

Eine ganze Familie nach Muspelschem Gusto erwarb ich im Mineralbad. Einer dieser Halbwüchsigen erregte den Zorn der Familie Bott und meinen Zorn dazu mit einem Kofferradio, an dem er so lange herumdrehte, bis er Akkordeonmusik gefunden hatte. Vater Bott, Mutter Bott, zwei Bott-Töchter und der Sohn hatten bis zu diesem Augenblick ruhig in der Sonne gelegen, hatten scharfe Bonmots über die Federballspieler ausgetauscht, aber auch dankbar vermerkt, daß das Federballspiel die Tennisplätze vor einem gewissen, auf Tennisplätzen offensichtlich nicht erwünschten Publikum schützte. Man könne es ja keinem verbieten, sagte Vater Bott. Aber das, sagte Lia, die ältere Bott-Tochter, und winkelte ihren Daumen gegen das Kofferradio. Da wußte ich, in dieser Familie gewinnst du mit einem Schlag fünf Freunde der rechten Art. Ich war es, der den Bademeister gegen das Kofferradio aufbrachte. Am nächsten Abend war ich bei Botts zu Gast, bewunderte, nun schon sachverständig, die Batikarbeiten der Töchter und lauschte Herrn Botts Erinnerungen aus der Zeit, als er im Hallenhandball noch aktiv war. Herr Bott war Notar und trug Verantwortung für zwei Töchter, also schwitzte Herr Bott geradezu vor Abneigung gegen uneheliche Kinder. Heute verhätschelt man diese Fälle, sagte er. Vielleicht hätte es ihn für mich eingenommen, wenn ich ihm erzählt hätte, daß weder meine Mutter noch ich verhätschelt worden waren, damals, als ich ohne haftenden Vater zur Welt gebracht worden war. Ich erzählte es nicht. Mein Geständnis hätte Bott doch eher für jene Zeit als für mich eingenommen. Also erfand ich dann und wann eine samtene Erinnerung an einen treusorgenden Vater und flocht sie ein in unser Gespräch. Und weil die Familie Bott von Berufen mit fester Laufbahn offensichtlich eine hohe Meinung hatte, ich mich aber nicht von einem Atemzug zum anderen zum Beamten ernennen konnte, gab ich mich als Lektor. Und siehe da, das klang in Botts Ohren doch schon angenehm streng. Aus einer fürsorglichen Frage der Frau Bott entnahm ich, daß man der Ansicht war, ich hätte durchaus das Zeug zum Oberlektor.

Nachdem der Bund mit Botts geschlossen war, beendete ich die Suche nach Freunden. Es war doch recht anstrengend, immer daran zu denken, daß Robert Grau-Grand mich als Bildhauer wollte, daß ich Robert Gries gegenüber niemals eine mir lieb gewordene katholische Erinnerung zum besten geben durfte, daß ich bei Botts die Ressentiments des unehelich Geborenen zu verbergen hatte, dafür aber als Lektor ein guter Kletterer sein mußte. Das war anstrengend, gewiß. Aber ich war stolz. Unter so vielen Menschen hatte sich in knapp zwei Jahren ein Bekanntenkreis organisch gebildet. Mein Gönner und Brotgeber Dr. Muspel konnte ihn sofort seinem eigenen Bekanntenkreis einverleiben. Er würde nichts auszusetzen finden.

Meine Freunde, träfen sie unvorbereitet aufeinander, müßten mich bewundern für den guten Instinkt, der mich geleitet hatte. Katastrophen wie in Göttingen waren nicht mehr zu befürchten. Bloß, wie würden sie es aufnehmen, daß ich für den ein Bildhauer, für jenen ein Photograph, für den andern ein Lektor war?

So unvollkommen ist alles auf der Welt. Ich sah ein, daß ich den Triumph, so gut zueinander passende Menschen gefunden zu haben, letzten Endes doch nicht auskosten dürfe. Alle meine Freunde waren zwar wie geschaffen, einander kennenzulernen, aber in dem Augenblick, in dem wir alle zusammen in einem Raum stünden, würde ich entlarvt werden, würde dastehen als ein Lügner und Hochstapler und verlöre sie alle auf einmal. Als mir diese Einsicht dämmerte, war es schon zu spät, alle im Wachsen befindlichen Freundschaften grob abzubrechen und nach einem neuen, noch gar nicht vorstellbaren Prinzip wieder von vorne anzufangen. Ich mußte meine Kraft jetzt darauf verwenden, meine Freunde nicht miteinander in Berührung kommen zu lassen. Damit war der Plan, Herrn Muspel einen imponierenden Bekanntenkreis zu offerieren, eigentlich gescheitert. Meine Opfer waren vergeblich gewesen. Hätte ich nach meinem Gutdünken Freundschaften geschlossen, wie sie sich boten, das Ergebnis hätte nicht schlimmer sein können. So macht man immer wieder Fehler. Später einmal, in einer anderen Stadt, nahm ich mir vor, würde ich, belehrt durch meine Göttinger und Stuttgarter Erfahrungen, ganz anders vorgehen. Aber würde ich noch die Kraft haben? Und wie sollte es in Stuttgart weitergehen? Wie lange würde es mir noch gelingen, meine Freunde voneinander fernzuhalten?

Jener Sonntag anno 50 brachte die Lösung. Sie war so grob und unerträglich wie alle Lösungen, die von außen über uns verfügt werden. Herr Muspel rief mich am frühen Vormittag an, fragte, ob ich trotz des zweifelhaften Wetters die Kirchen im Hohenlohischen be-

suchen wolle. Ja, sagte ich. Gut, sagte er, aber vielleicht könne ich es einrichten, schon am frühen Abend zurück zu sein. Warum nicht, sagte ich. Allmählich sei es Zeit, daß ich auch seine Freunde kennenlerne. Sehr gerne, sagte ich. Er sei ein vorsichtiger Mensch, sagte er, deshalb habe er mich bisher immer allein eingeladen, jetzt aber, nach bald zwei Jahren, könne er es verantworten, mich auch seinen Freunden und den Freunden seiner Familie vorzustellen. Und er zählte stolz die Namen seiner Freunde auf. Es überraschte mich nicht einmal, daß alle meine Freunde dazugehörten, Robert Grau-Grand, Robert Gries und die Familie Bott. Er zählte noch mehr Leute auf, Leute, die ich sicher auch noch entdeckt hätte, wenn ich nach der Familie Bott nicht schon erschöpft gewesen wäre.
Ich dankte Herrn Muspel, sagte, daß nur Unvorhersehbares mich abhalten könne, am Abend zu ihm zu kommen. Dann fuhr ich ins Hohenlohische, tappte in finsteren Kirchen herum, warf Heiligen hilfesuchende Blicke zu, verfiel in ein endloses Kyrie eleison, erbat mir vom blauschwarzen Himmel einen Blitz, hörte endlich aus dem Radio, daß ich erhört worden war: in Korea war ein Krieg ausgebrochen.
Ja, dann bog ich in Waiblingen nach Osten, Stuttgart ließ ich unter schon schwarzem Himmel im Tal, hatte das Gefühl, daß mein Medikus-Mull-Muspel und seine Freunde jetzt den Ausbruch des Krieges feierten und mich vergäßen.
In München verkroch ich mich in einem großen Hotel. Am Montagmorgen saß ich beim Frühstück, wußte nicht, was ich aß und trank, las zur Ablenkung alle Inserate einer Zeitung und stieß auf ein Inserat, in dem

ein Fräulein Hotz, wohnhaft in der Franz-Josef-Straße, einem Mieter versprach, bei ihr sei er aufgehoben. Dieses Inserat duftete nach Schicksal. Es zog mich an. Ich fuhr sofort in die Franz-Josef-Straße, und Fräulein Hotz nahm mich sofort auf. Sie roch den Flüchtling in mir. Sie wollte für jemanden sorgen, wir paßten zusammen. So schien es. Vielleicht passen wir auch heute noch gut zusammen, und ich will es bloß nicht zugeben, weil ich dann auch zugeben müßte, daß ich am Ende bin. Manchmal sitze ich nämlich in meiner Ecke und denke, dieser Aufenthalt bei Fräulein Hotz ist nur eine Pause. Ich sage mir: Du sammelst Kraft. Es kann sein, du kündigst schon morgen, mischst dich wieder unter die Leute, fängst wieder von vorne an, rücksichtslos und klug wie nie zuvor. Aber ich bin nicht mehr frei, das muß ich jetzt gestehen. Fräulein Hotz verriet mir nämlich schon in der ersten Woche, daß sie einen Sohn hatte, der als Flieger viel Erfolg in Rußland gehabt haben muß. Er sei dann fünfundvierzig in Gefangenschaft geraten, sei in Constanza eingeschifft worden. Mehr weiß sie nicht. Obwohl ich das Schwarze Meer nie gesehen, geschweige denn selbst, und auch noch von Constanza aus, befahren habe, glaubt Fräulein Hotz, ich sei mit ihrem Sohn befreundet gewesen. Das glaubte sie anfangs. Als wir wieder einmal nachts lange sprachen, um einander über alles zu trösten, was uns nicht nach Wunsch geraten war, verriet ich ihr, daß auch ich der Sohn einer Ledigen sei. Das hätte ich nicht tun sollen. Sie streichelte mich, duzte mich plötzlich, weinte ein bißchen, ging zwar wieder in ihr Zimmer, fand aber am nächsten Tag nicht mehr zurück zur richtigen Anrede, nannte mich Gerold, ließ keinen Widerspruch gelten, lächelte bloß besserwisserisch, bewies mir, daß mir Gerolds Jacken wie angemessen paßten und bat mich, doch endlich zuzugeben, daß ich Gerold sei. Wenn ich das nicht zugeben wolle, weil ich ihr vielleicht immer noch den bürgerlichen Makel meiner Geburt nachtrage, dann müsse ich ihr wenigstens gestatten, daß sie mich Gerold nenne.

In meinem Schrank hängt inzwischen alles, was Gerold nicht mit nach Rußland nahm. Ich weigerte mich lange, diese Kleider zu tragen. Sie sagte, bloß aus Spaß, bloß zur Unterhaltung könnte ich doch einmal den Zweireiher anziehen. Ich gab nach, wir lachten beide, als ich den recht altmodischen Zweireiher anhatte, der mit Nadelstreifen meine Taille nachzeichnet, als wäre ich ein Reitlehrer oder Ballettmeister. Durch List und Hartnäckigkeit und wehleidige Drohungen hat Fräulein Hotz einen Vertrag zwischen uns erzwungen: ich habe mich bereit erklärt, immer wenigstens ein Kleidungsstück aus Gerolds Garderobe zu tragen. Wenn ich aber eine ganze Woche lang diesen Vertrag nur mit seinen Krawatten einlöse, schreit Fräulein Hotz, heult, windet sich so lange in meinem Zimmer herum, bis ich, bloß um meine Ruhe zu haben, noch eines seiner rotbraun karierten Sporthemden anziehe. Sie hat es durch solche Vertragsbrüche längst so weit gebracht, daß ich jetzt immer zwei Kleidungsstücke Gerolds zu tragen habe. Ich habe ihr angeboten, nur noch Gerolds Kleider zu tragen, wenn sie dafür aufhört, mich zum Musikstudium zu zwingen. Gerold wollte doch immer Musik studieren, sagt sie dann recht naiv. Aber ich nicht, sage ich kalt. Das glaub ich dir nicht. Und schon

ruft sie zwei ihrer Nähmädchen und läßt sich von denen bestätigen, daß ich musikalisch sei und daß es ein Verbrechen wäre, wenn ich nicht Musik studierte. Die Mädchen grinsen und bestätigen Fräulein Hotz alles, was Fräulein Hotz bestätigt haben will.
Ich weiß jetzt, jede Lebenslage wartet auf mit besonderen Aufgaben. Schön. Ich habe auch gar nicht gehofft, daß man aus Stuttgart fliehen und direkt ins Paradies kommen kann. Aber die Aufgaben dürfen den, der sie lösen soll, nicht zu sehr erschrecken. Des Fräuleins Gerold zu sein, das habe ich gelernt. Ich bin kein schlechter Gerold. Bliebe ich hier, so überlege ich jetzt wie ein Kurgast, dann müßte ich wahrscheinlich nie mehr Menschen kennenlernen und bis zur Atemlosigkeit darum besorgt sein, daß sie zu mir und dann auch noch zueinander passen. Fräulein Hotz ist ganz wild vor Einverständnis, wenn ich sage: Mein Musikstudium findet im Zimmer statt. Genauso hat sie sich das auch gedacht.
Kann ich also jetzt schon mitteilen: ich will nicht mehr hinaus? Einerseits weiß ich nicht, was Fräulein Hotz noch von mir verlangen wird, wenn sie einmal weiß, sie hat mich. Andererseits genügt es, die Wäsche zu sehen, die draußen zerrissen wird. Was wird da zerrissen. Und an welchen Stellen! Das genügt mir. Ich bleibe. Was mir in Göttingen passierte, vermied ich zwar in Stuttgart, aber wenn ich, was in Stuttgart passierte, in Hamburg vermeide, so wird, das muß ich jetzt einsehen, dort wieder etwas passieren, was nur durch den Ausbruch eines weiteren Krieges vertuscht werden kann. Mein Gewissen rät mir, von der Welt keine weiteren Kriege zu verlangen. Fräulein Hotz braucht einen Ge-

rold. Das ist eine Aufgabe, der ich meiner ganzen Natur nach gewachsen sein könnte.
Noch hatte ich aber dem Fräulein meinen Namen nicht preisgegeben, noch bestand ich auf Gesang mehr als auf Klavier. Neuerdings droht das Fräulein unverblümt, sie werde mir kündigen, wenn ich nicht Gerold sei und – als sei dies eine notwendige Konsequenz – und dem Klavier nicht den Vorzug gebe. Sie hat, sagt sie, einen Fliegerleutnant in petto, der ist stationiert in Fürstenfeldbruck und sucht ein Zimmer in München. Der kommt in Uniform, sagt sie fast zirpend.
Am gleichen Abend lasse ich, wie aus Versehen, ein Blatt Papier auf dem Tisch liegen. Ich habe auf diesem Blatt Gerolds Unterschrift geübt. Sie nimmt das Blatt, liest es Zeile für Zeile, als stünden da Mitteilungen. Gerold Hotz, Gerold Hotz, Gerold Hotz, liest sie. Dann lächelt sie, reicht mir das Blatt und sagt: Es fehlt noch der Beruf. Richtig, sage ich, nehme das Blatt und spüre, daß jetzt der äußerste Punkt unseres Kampfes erreicht ist. Sie drängt auf Klavier, das ist klar. Aber ich sammle alle meine Kraft und schreibe noch einmal Gerold Hotz und darunter ebenso flüssig, und sie sieht es und läßt es geschehen, darunter schreibe ich: Kammersänger. Und Fräulein Hotz besteht in diesem Augenblick die Prüfung, die eine Frau erst zur Mutter macht, sie läßt die zweite Abnabelung geschehen, begreift, daß der Sohn einen Eigensinn hat, ja, es macht sie sogar glücklich, ihn so stark zu sehen. Glücklich aufheulend rennt sie hinaus zu den nähenden Mädchen und brüstet sich. Ich aber lehne mich singend in meine Ecke zurück.

Nach Siegfrieds Tod

Die Boten einer Firma (die hier nicht genannt sein will) versammelten sich am dritten Tag nach dem Tod ihres Kollegen Siegfried Brache im Gang, an dem die Büros der Hauptverwaltung liegen. Es war sehr früh am Tag, fast könnte man sagen, es war um fünf Uhr morgens.

Lucius Nord hatte im Schrank des verstorbenen Kollegen Brache eine Liste gefunden, auf der kein Bote fehlte. Vielleicht hatte ihn diese Liste auf den Gedanken gebracht, eine Botenversammlung einzuberufen. Lucius war der einzige Bote, dem in all den Jahren weder eine Hand noch ein Auge, ja nicht einmal ein Ohr abhanden gekommen war. Kein Wunder, daß er sich unter seinen Kollegen unzulänglich vorkam. Mag sein, daß ihn dieses Gefühl der Unzulänglichkeit bewog, die Sache der Boten heftiger zu vertreten, als es sonst bei den Boten Brauch ist.

Wägelchen schiebend, begegnen die Boten einander in den langen Gängen im Schutz ihrer Sprache. Diese Wägelchen, zirpend unter Papierlasten wechselnden Datums, verzieren sie durch ihre Gestalten, die sich keiner Erwartung fügen. Im Botenzimmer sitzend, berühren die Boten einander an den Ellbogen und ertragen die Widerwärtigkeit, die man zu ertragen hat, wenn man längere Zeit mit Schicksalsgenossen in einem Raum verbringen muß, ohne daß große Veränderungen zu erhoffen sind.

Lucius Nord, der sich diesen Namen erst zugelegt hatte, als er Bote geworden war, Baff, den man Bäffchen nannte, und Pieter Naal, diese drei waren zuerst da am dritten Morgen nach Siegfrieds Tod, sie ordneten die Ankommenden, als wüßten sie sehr genau, wo jeder am besten stehe; auf die von Brache geerbte Namensliste zeichneten sie sorgfältig Haken um Haken, ja, sie benahmen sich fast wie die Abteilungsleiter, in deren Vorzimmern sie täglich ihre Papierfrachten löschten.

Unter Bäffchens Händen bildete sich ein Halbkreis. Den einen zog er mit der fleischigen Rechten am Gürtel nach vorn, den nächsten schob er mit der eisernen Linken um eine Handbreit zurück. Um den Halbkreis standen feierlich und drohend die Botenwägelchen. Das war Pieter Naals Einfall gewesen. Pieter Naal war ein Kenner gotischer Schicksale.

Lucius räusperte sich. Schon horchten ein paar Putzfrauen aus der Dämmerung herüber. Aber Bäffchen drehte Putzfrau für Putzfrau mit ungleichen Händen um und stieß jede kurzerhand (denn seine Linke war kürzer) in den Rücken, daß die Putzfrauen, Frau für Frau, ins Ungewisse rutschten. Zu jedem Stoß sagte er entweder beschwörend: Das geht nicht an! oder er sagte, seine Stoßkraft prahlerisch überschätzend: Ab nach Kassel!

Nun aber Lucius Nord.

Freunde, sagte er, folgende Fragen: Wie war das, als in der Sitzung der Abteilungsleiter der Tod Siegfried Braches bekanntgegeben wurde? Sind tatsächlich alle aufgestanden für die Gedenkminute? Ist es nicht bloße Heuchelei, wenn auch der Personalchef aufsteht für die Gedenkminute zu Ehren Braches, den er doch bei jeder

Gelegenheit einen radikalen Boten nannte? Wie lange hat denn die Gedenkminute gedauert? Hat sich jemand darum gekümmert? Oder haben sich alle darum gekümmert, haben also bloß auf die Uhr geschaut, anstatt Siegfried Braches zu gedenken? Wurden ironische Bemerkungen gemacht? Kann der Direktor den Tod eines Boten überhaupt ohne Ironie bekanntgeben? Wird man Siegfrieds Tante nach seinem Tod noch ins Haus und ins Botenzimmer lassen? Sollen wir die Frage, was sie dort zu suchen hat, beantworten? Sollen wir uns gegen die angekündigte Kontrolle des Botenzimmers wehren? Sollen wir noch länger abwarten, ob man uns den Winterfahrplan wieder ins Botenzimmer hängen wird? Hängt man ihn hinein, sollen wir dagegen protestieren? Wollen wir geltend machen, der Fahrplan störe die notwendigen Erholungspausen der Boten, weil jeder, wenn er über Züge was wissen will, rücksichtslos ins Botenzimmer eindringt? Und wenn man uns den neuen Fahrplan vorenthält, sollen wir auch dagegen protestieren, etwa behaupten, der Fahrplan im Botenzimmer sei ein altes Recht?
Wollen wir auf den Vorwurf eingehen, es seien zu viele Katzen im Botenzimmer gewesen, als der Leichnam Siegfried Braches dorthin geschafft wurde? Muß das Botenzimmer immer bereit sein, Kollegen, die während des Dienstes vom Tod ereilt werden, aufzunehmen? Was ergibt sich daraus für die Katzen, die sich im Botenzimmer aufhalten? Hätte man es verhindern können, daß die Katzen Siegfried Brache ableckten? Hätte man es verhindern sollen? Haben sie das getan, weil er tot war, oder ist das schon früher vorgekommen? Warum interessiert sich der Personalchef dafür, ob

Siegfried von Katzen abgeleckt wurde? Gönnt er das dem Toten nicht, weil Siegfried ein radikaler Bote war? Warum schleichen sich überhaupt Katzen ins Haus und, sobald sie im Haus sind, warum finden sie ohne Verirrung sofort den Weg ins Botenzimmer? Sind es wirklich die Würste? Hat der Betrieb das Recht, die Schränke der Boten im Botenzimmer zu kontrollieren? Kontrolliert der Betrieb auch die Schränke in den Büros? Wenn nicht, warum will er die Botenschränke kontrollieren? Wirklich nur wegen der Katzen? Oder will man sich über die Tanten informieren, die gelegentlich von feinfühligen älteren Boten mitgebracht werden? Oder vermutet man den durchgegangenen Kassierer in den Schränken des Botenzimmers? Oder die verschwundene Sekretärin des Direktors? Ist das Verlangen nach Kontrolle nicht bloß eine Maßnahme des Direktors, durch die er von der aufsehenerregenden Tatsache, daß seine Sekretärin verschwunden ist, ablenken will? Und wenn es so wäre, sollen die Boten dem Direktor helfen, über seine Verlegenheit hinwegzukommen? Das heißt, sollen sie freiwillig einen nicht genauer festlegbaren Teil der Schuld an diesem Verschwinden auf sich nehmen, in der Hoffnung, der Direktor werde sich irgendwann einmal den Boten gegenüber erkenntlich zeigen? Aber beweisen die Boten nicht Schwäche und schlechtes Gewissen, wenn sie das Wohlwollen des Direktors für notwendig halten? Beweisen sie dadurch, daß sie ihr Glück nicht mehr ausschließlich auf ihre Leistung bauen können? Werden die Feinde der Boten nicht sofort auf diesen Schachzug hinweisen? Käme nicht alles darauf an, sich gerade jetzt korrekt zu verhalten? Aber welcher Stand im Haus hat bisher durch korrektes Verhalten überlebt? Sollen ausgerechnet die Boten ihr Ende durch korrektes Verhalten beschleunigen? Kann man das von den Boten verlangen angesichts des Beispiels, das die Abteilungen geben? Sollen die Boten etwa Anhänger des Personalchefs werden, der ihre Dezimierung im Auge hat? Sollen wir, als letztes Mittel gegen den Personalchef, eine Versehrtenmannschaft aufstellen, um so in der Öffentlichkeit für unsere Firma zu wirken? Darf der Personalchef – ihr seht, ich drücke mich nicht um die Versehrtenfrage herum –, darf er die Kollegen, die ihre Invalidität nicht dem Kriege verdanken, weiterhin als Boten zweiter Ordnung behandeln? Will er einen Keil zwischen uns treiben? Ist es wirklich bloß eine Bildungslücke, wenn das Wort *Intrige* für den Boten ein komisches Fremdwort ist? Gibt aber unsere Einigkeit dem Personalchef das Recht, uns als *Völkchen* zu bezeichnen? Wie meint er das? Können wir es dulden, daß der Personalchef weiterhin Chauffeure, die einen Unfall verschuldeten, strafweise zu Boten macht? Geht das gegen unsere Ehre oder geht das nicht gegen unsere Ehre? Wird dadurch die Anzahl der Boten, die zum Trinken neigen, nicht in untypischer Weise erhöht? Ist diese Praxis des Personalchefs vielleicht ein Manöver, um das Ansehen des Botenstandes zu untergraben? Sind wir das Strafbataillon der Firma? Müssen wir uns gefallen lassen, daß der Personalchef den Boten durch einen Ukas verbietet, ausländische Gäste in den Gängen anzustarren? Ist nicht auch das wieder ein Schachzug, um dem Boten seine Fortbildung zu erschweren, ihm seine Weltoffenheit auszutreiben? Warum zum Beispiel hat es Verdacht erregt, daß an Siegfrieds Grab Boten ande-

rer Firmen ein Lied sangen? Dürfen wir nicht mit Boten anderer Firmen in Verbindung stehen?
Welcher Verdacht muß da bei uns entstehen?
Soll der Bote angesichts so vieler Fragen resignieren? Oder soll er die Fragen nach Art der Abteilungsleiter erledigen? Muß der Bote überhaupt anerkennen, daß es Fragen gibt, die mit seinem Beruf verknüpft sind, oder soll er nicht einfach behaupten, daß es sich hier um allgemeine Fragen handelt, um Fragen also, die es auch dann noch geben wird, wenn der Personalchef sein Ziel erreicht, das heißt: die Boten ausgerottet haben wird? Kann der Bote wünschen, die Gegenseite müsse den Beweis liefern, daß diese Fragen nur durch die Boten entstehen? Soll der Bote überhaupt etwas wünschen? Oder soll er nicht den Betrieb in die Rolle des Wünschenden hineinmanövrieren? Ist der Bote also jemand, der Wünsche erfüllt, ohne selbst Wünsche zu haben? Wird er dafür gut genug bezahlt? Wäre die Frage, ob der Direktor den Tod eines Boten ohne Ironie bekanntgeben kann, überhaupt notwendig, wenn der Bote besser bezahlt würde? Soll aber andererseits auch noch der Bote anfangen, mehr Geld zu fordern, um dadurch zu höherem Ansehen zu gelangen? Hat der Bote das nötig? Sicher nicht! Der Bote hat, dank seinem Beruf, der ihm alle Büros des Hauses erschließt, ein gesundes Selbstbewußtsein. Wie aber denkt die Umwelt? Warum ließ der Personalchef am Schwarzen Brett anschlagen, der Bote Siegfried Brache sei einem Herzschlag erlegen, warum hielt es der Personalchef nicht für angebracht – wie er es drei Wochen vorher, als der Einkaufsleiter starb, sehr wohl für angebracht hielt – von einem Herzinfarkt zu sprechen? Wollte er

damit seinen Feind, unseren Kollegen Siegfried Brache, noch im Tod demütigen, weil Siegfried ein radikaler Bote war? Oder soll der Bote für immer des Herzinfarkts unwürdig bleiben?

Lucius Nord sprach ohne Manuskript und Pult, aber er hatte sich für diese Rede von seinem eigenen Geld ein Paar Schuhe mit besonders dicken und weichen Sohlen gekauft. Bei jeder Frage hob er die Absätze, ließ sich auf die Fußballen rollen, bis er nur noch auf den Zehen stand, hob die Stimme, wie er die Absätze hob, und jedesmal knirschten die neuen Sohlen, bis Lucius den höchsten Punkt und die Frage ihr Fragezeichen erreicht hatte. Nicht daß er von Anfang an beabsichtigt hätte, nur Fragen zu stellen! Er habe nicht mehr herausgefunden, sagte er später. Die jedesmal steil nach oben strebende Fragemelodie und die synchron arbeitenden Füße hätten ihn, den noch ungeübten Redner, einfach weitergezogen. Wie weit sie ihn noch gezogen hätten, kann niemand sagen. Da man komplizierte Fügungen gern Zufälle nennt, muß man es wohl auch einen Zufall nennen, daß an diesem Morgen – lange vor Arbeitsbeginn – der Direktor und der Personalchef zusammen das Haus betraten und den Gang herunterkamen.

Wenn man will, kann man alles erklären. Die Führenden kommen gern schon mal etwas früher, um die Masse der pünktlich Hereinhastenden zu beschämen. Oder: ein Bote hatte einen Brief in den falschen Korb gelegt, ein irregeleiteter Brief aber ist kaum mehr auf den rechten Weg zu bringen in einem großen Haus, sehr genau jedoch läßt sich, gute Organisation vorausgesetzt, die Spur bis zum Schuldigen verfolgen, und der Schuldige wollte seinen Schnitzer wiedergutmachen,

also spielte er den Judas. Auf jeden Fall kam der Direktor mit dem Personalchef den langen Gang herunter, beide plauderten wie zwei große Sportsleute verschiedener Disziplin auf dem Weg in die Arena; plauderten wie ein Filmstar mit einem Weltraumforscher plaudert. Beide schlenderten, waren entspannt, zeigten jene Spur von Anmut, die man immer beobachten kann, wenn zwei Menschen beieinander sind, die sich zur Elite zählen, die aber – dank ihrer unterschiedlichen Profession – nicht zu Konkurrenten werden können.
Der fast feierliche und durch Bäffchens zusammenwirkende Hände immer noch makellose Halbkreis der Boten erschreckte die beiden Herren nicht.
Das kann auf einen Judas hinweisen. Es kann aber auch heißen: diese beiden Herren waren nicht so leicht zu erschrecken.
Und Lucius Nord? Als er sah, daß die beiden Herren schon drauf und dran waren, zwischen ihm und seinen Zuhörern freundlich grüßend durchzugehen, sah er voraus, in welch schlimmer Ungewißheit die Boten zurückbleiben müßten, wenn jetzt lediglich Morgengrüße ausgetauscht würden und die beiden Chefs hinter glänzenden Türen verschwänden. Er wollte sich nicht in die Rolle des Ertappten drängen lassen.
Lucius hatte nicht viel Zeit. Er konnte sich nicht einmal mehr auf die Zehenspitzen stellen, aber wenigstens die Hacken hatten noch zueinander gefunden, als er rief: Herr Direktor, ich melde, Boten bei der Diskussion revolutionärer Fragen.
Daß er den Direktor unter Umgehung des Personalchefs angesprochen hatte, erfüllte ihn sofort mit Sorge. Aber die Antwort des Direktors beruhigte ihn wieder.

Bravo, meine Freunde! Weitermachen!
Einige Boten wiederholten: Weitermachen.
Alle sahen den beiden Herren nach, sahen, daß jeder der Herren in ein anderes Zimmer, nämlich jeder in sein eigenes, ging. Da löste sich der Halbkreis sofort auf, man klopfte einander auf die Schultern, einer schlug vor, ein Lied zu singen, aber da war ein anderer schon bei seinem Wägelchen.
Jetzt wollte jeder so schnell wie möglich zu seinem Wägelchen. Kreuz und quer liefen sie durcheinander, die Wagenburg erwies sich als ein großes Hindernis, aber dann hatte schließlich doch jeder sein Wägelchen gefunden, klammerte sich an sein Wägelchen, stob mit seinem Wägelchen in seriöser Hast davon.
Wer kurz darauf einem Boten begegnete, der spürte, daß von den Boten etwas Feiertägliches ausging. Der Betriebspsychologe Dr. Gander, der von nichts wußte, will sogar noch am späten Nachmittag in den Augen einzelner Boten etwas wie Verklärung festgestellt haben.
Wenige Tage später gab Lucius Nord im Botenzimmer bekannt, die Betriebsleitung sei der Ansicht, es könne den vielen körperbehinderten Boten nicht zugemutet werden, revolutionäre Fragen im Gang stehend zu diskutieren, deshalb biete man den Boten an, die Diskussion revolutionärer Fragen in Zukunft im großen Sitzungssaal der Firma zu veranstalten. Als Lucius Nord dann noch hinzufügte, die Betriebsleitung habe ausdrücklich vermerkt, daß auch die Wägelchen mitgebracht werden dürften, da war es im Botenzimmer mehrere Augenblicke lang ganz still. Dr. Gander hätte wieder etwas wie Verklärung feststellen können.

Lucius Nord, der immer noch die Schuhe mit den dikken weichen Sohlen trug, hob sich von den Absätzen auf die Zehen und sagte: Meine Freunde, was wollen wir mehr?

Der Halbierer

Sehr geehrter Herr Oberschulrat, ich habe mir jetzt auch ein Folterwerkzeug ausgedacht. Die Hoffnung, ich hätte dafür einiges Geschick, wurde wach in mir, kurz nachdem ich auf einem Ohr taub geworden war. Das Ohr stürzte sozusagen über Nacht zusammen, verursachte dabei ein Geräusch, als breche eine Bergkette in der Mitte auseinander, und tose nun in zwei Hälften zwei verschiedene Täler hinab. Das Geräusch kam gegen Morgen zur Ruhe, verfestigte sich zu einem breiten, ausfüllenden, sozusagen bewegungslosen Geräusch. Als solches lebt es jetzt in dem toten Ohr weiter. Eine Art Panzerplatte von fast kosmischem Ausmaß. Wo auch immer ich stehe, durch mich wird alles geteilt. Eben mit Hilfe jener reglos tosenden Platte. Ganz von selbst fand ich mich dann auch mit Halbierungsvorstellungen beschäftigt. Plötzlich hatte ich eine ganz ursprüngliche Freude am Halbieren. Wie steht es mit den Augen, zum Beispiel. Welche räumlichen Illusionen machen wir uns, bloß weil wir nicht auf ein Auge verzichten wollen. Das ist allerdings nicht mein Feld. Das Ohr, da bin ich nun ein Spezialist geworden, das Ohr ist ein zeitlicher Sinn. Da geht es also um die Persönlichkeit selber. Und was kann man nicht alles halbieren, Herr Oberschulrat. Haben Sie darüber schon nachgedacht?
Mir fiel sozusagen plötzlich auf, daß das Wort *halbieren* in unserem Sprachgebrauch nicht die Rolle spielt, die ihm zukommt. Auch *vierteilen* wäre so ein Fall.

Aber merkwürdigerweise wollte ich mich mit Vierteilen überhaupt nicht abgeben. Das wäre nichts als Willkür. Ich wandte mich also dem Halbieren zu. Das Wort gibt es. Alle Wörter haben das gleiche Recht. Also darf *halbieren* nicht schlechter gestellt sein als *Liebe, Gesang* oder *abrunden* und *spazierengehen.* Ich baute mir eine kleine Anlage aus Aluminium, mit der ich alles halbieren konnte, was dem Maß der Anlage entsprach. Mäuse; Äpfel; Birnen; Würste; Brote; gewisse Kugeln; andere sphärische Objekte; Musikstücke in bestimmten Grenzen; Gedanken, die nicht über die hier verwendeten Maße hinausgingen, dementsprechend auch Gedichte. Die Versuchsanlage funktionierte. Ich baute eine zweite, größere Halbierungsmaschine, eine dritte sehr sehr viel kleinere; und jetzt bin ich soweit, daß ich mein Halbierungssystem in jedem beliebigen Maß bauen kann. Das heißt also, Herr Oberschulrat: es gibt nichts, was nicht halbiert werden könnte. Man muß nur die Maße einer Sache feststellen, dann gibt es auch eine entsprechende Halbierungsmaschine. Sie können sich denken, daß Sie nicht der erste sind, der an dieser Stelle fragt: aber wozu? Meine Frau hat diese Frage schon viel früher gestellt, und sie hat sie über lange Zeit hin aufrechterhalten. Ich sagte schon, daß ich auf einem Ohr ertaubte. Obwohl ich sofort spürte, ich müsse meiner Frau verheimlichen, welches Ohr taub geworden war, brachte sie durch geschickte Tricks, die sie beglückend systematisch anwandte, heraus, welches Ohr betroffen war. Kaum hatte sie mein gesundes Ohr entdeckt, stellte sie ihre Frage an eben dieses gesunde Ohr. Nun wissen Sie selbst, Herr Oberschulrat, ein gesundes Organ gibt keine Antwort. Was gesund ist, begreift keine Frage. Was gesund ist, funktioniert einfach und basta. Ein krankes Ohr aber ist fähig, ein Problem zu verstehen, eine Frage aufzunehmen und damit umzugehen. Das ist bildlich gesprochen, versteht sich. Beim Ohr trifft ja gerade das nicht zu. Ein taubes Ohr versteht nichts mehr. Rein akustisch. Aber ein krankes Herz etwa oder eine kranke Zunge, die sind eben durch ihr Kranksein aufgeschlossen für das Problematische von Herz und Zunge. Insofern wäre meiner Frau besser gedient gewesen, wäre ich an einem anderen Teil meines Körpers erkrankt. Das taube Ohr hörte nicht auf meine Frau, und von einem gesunden Ohr kann man nichts verlangen. Ich gebe zu, ich reagierte nervös. Man forscht, man vertieft sich, man ist hinter einer Entdeckung her, die vielleicht einmal groß genannt werden wird, und muß immer hören: wozu, wozu? Kurzum, Herr Oberschulrat, ich wohne hier, in den Bergen, über der Stadt, ziemlich einsam: ich sah keine andere Möglichkeit, als meine Frau zu halbieren. Es war die größere Halbierungsmaschine, die dazu nötig war. Die Fragerei hörte nicht ganz auf, aber sie war halbiert. Halbierte Fragen, Herr Oberschulrat, das ist etwas Schönes. Es gibt da begeisternde Möglichkeiten, die Schnitte zu legen. Und man kann sogar weitermachen. Noch einmal halbieren. Wodurch dann auch dem Vierteilen wieder zur Geltung verholfen wird. Macht man weiter, erfindet man ganz nebenbei das Achtteilen. Sie merken schon, eine Tätigkeit, die später einfach in Musik übergeht. Vorerst muß aber das Halbieren zu einer allgemein anerkannten Tätigkeit gemacht werden. Wollen Sie dazu beitragen? Ich habe hier an der Schule Schwierigkeiten. Die Herren Kollegen, die ich alle längst halbierte, verweigern mir ihre Mithilfe. Es käme jetzt darauf an, Herr Oberschulrat, daß Sie persönlich hier aufträten und sich von mir halbieren ließen. Das tut weh, ich weiß. Vorerst ist mein System noch ein Folterwerkzeug. Aber wenn man einmal die erste Halbierung hinter sich hat, wird es besser. Ich bin bereit, meine Frau als Beispiel vorzuführen. Und vor allem mich selbst. Ich habe mich des öfteren halbiert. Am Anfang war es schrecklich. Ich traute mich nicht mehr in den Unterricht. Aber allmählich lernt man, daß der Verlust einer Hälfte nicht so schlimm ist. Es kommt natürlich darauf an, wie man den Schnitt legt. Ein Simpel kann Sie durch Halbierung ganz unmöglich machen. Er bringt Sie praktisch um. Ich bin so weit, das darf ich wohl sagen, daß jeder durch die Halbierung gewinnt. Es würde zu weit führen, wollte ich im einzelnen schildern, welche Feinheit der Menschenkenntnis meinerseits erworben werden mußte, damit ich die Verantwortung für eine Halbierung wirklich auf mich nehmen konnte. Meine beste Halbierungsleistung wird deshalb auch wahrscheinlich meine Frau bleiben. Da hatte ich die Kenntnisse.

Ich bin von den Schritten meiner Kollegen unterrichtet. Ich weiß, daß man mir die Ausübung meines Lehrberufes verbieten will. Vielleicht sitzen Sie, Herr Oberschulrat, gerade über meinen Personalakten. Bitte, urteilen Sie, wie Sie müssen. Ihnen gesagt: nur mein linkes Ohr ist taub. Also ich könnte mich immer so stellen, daß ich jede Schülerstimme höre. Auch könnten die Fratzen ein bißchen lauter reden. Die sind ja so mundfaul, das glaubt man nicht. Und was die Kollegen angeht, so verspreche ich, daß ich ohne Einwilligung eines Betreffenden keinen Halbierungsversuch mehr unternehmen werde. Ich bin nun einmal mit Leidenschaft Lehrer und könnte ohne diesen Beruf nicht länger leben. Ich wäre sogar bereit, das Halbieren seinzulassen, es aufzuschieben bis nach meiner Pensionierung. Das heißt allerdings, daß eine große Entwicklung verzettelt wird und, sollte mir etwas zustoßen, vielleicht auf lange Zeit hin überhaupt nicht stattfindet. Irgendwann einmal kommt die Halbierungszeit, das ist sicher. Die Persönlichkeiten sind zu sehr ins Kraut geschossen. Das Lehrerzimmer reicht bei weitem nicht mehr aus, diese aufgeblähten Persönlichkeiten zu fassen. Täglich Zusammenstöße. Immer ernstere Verletzungen. Oft dauert die Heilung bis Weihnachten. Und auch dann sieht es noch so aus, als gingen die Wunden einfach in Ferien und kämen im Januar frisch blutend zurück. Nicht nur an unserer Schule, Herr Oberschulrat. Überall fehlt es an Halbierung. Im Stadtrat, in den Metzgereien, im Goldenen Löwen, beim Friseur Dachser und auf den Städtischen Bühnen. Ich denke da vor allem an einen Bariton, bei dem jeder Auftritt zu einem Hochamt des Atheismus wird. Ich bin nicht gläubig, aber gebunden. Ach, Herr Oberschulrat, lassen Sie sich bitte nie die Zähne richten beim Herrn Dr. Seideling. Wie der vor Sie hintritt und eine Herrschaft beansprucht für seinen Beruf und vor allem für seine weiße Persönlichkeit. Das schreit nach Halbierung. Aber bitte, ich weiß, ich errege Anstoß. Ich bin ein gemeiner Weltverbesserer, sagt der Kollege Neumerkel, der als Physiker an meiner Halbierungsidee keinen guten Faden lassen will. Bitte, ich geb es ja auf. Obwohl viele Ehen gerettet werden könnten durch Partnerhalbierung. Und, wie gesagt, das Lehrerzimmer. Also ein Neubau wäre überhaupt nicht nötig, wenn ich nur das Halbieren anfangen dürfte. Aber man läßt mich ja nicht. Man schlägt Ihnen vor, mich sofort zu suspendieren. Wollen Sie das wirklich tun? Ohne je das Resultat einer Halbierungsbehandlung studiert zu haben? Es tut weh, ich weiß. Aber schauen Sie mich an, ich hab mich oft und oft halbiert. Um mich Ihnen grob verständlich zu machen, sag ich: in mir haben Sie ein lebensfähiges Zweiunddreißigstel vor sich. Sie wissen ja, ein Zweiunddreißigstel stellt keine bombastischen Ansprüche mehr. Unsereiner klebt nicht mehr, mault nicht mehr traurig herum. Ich bin ja noch nicht fertig mit mir. Ich mache weiter. Mit mir selbst auf jeden Fall. Falls Sie sich nämlich nicht dazu entschließen können, rasch hierher zu fahren, um sich von mir in aller Öffentlichkeit zerkleinern zu lassen, damit auch Sie einmal von Ihrem lästigen Aufgeblähtsein und den damit verbundenen Spannungen erlöst wären, falls Sie sich also weigern, sich halbieren zu lassen, dann weiß ich, daß Sie auf der Seite der Kollegen stehen. Bitte, dann bleiben Sie, wo Sie bleiben wollen. Tragen Sie schwer an Ihrer Oberschulratspersönlichkeit, schleppen Sie herum, was Sie glauben nicht entbehren zu können. Ich hätte aus Ihnen gern eine Halbheit gemacht. Aber bitte. Ich mache weiter an mir. Und wenn ihr mich verstoßt aus dem Beruf, dann werde ich rapide vorankommen. Dann hab ich mich in einem Jahr durch fortgesetzte, feinste Halbierungsprozedur so winzig gemacht, daß ich für euch unerreichbar bin. Ihr kommt mir sowieso schon alle vor wie kranke Riesen, die es nicht mehr lange machen. Es steht euch sozusagen das Aussterben

bevor. Ich werde eine Broschüre schreiben, in der ich euch euern Tod genau schildern werde. Die schick ich Ihnen. Sie haben aber noch die Chance, rasch herzufahren, mir drei Tage für Messungsvorgänge zur Verfügung zu stehen und dann eine gewisse überfällige Hälfte Ihres Selbst loszuwerden. Da sowas nachwächst, müßten Sie allerdings immer wieder kommen. Ich halte mich für wichtiger als den Friseur. Machen Sie von mir keinen Gebrauch, kann ich Sie nur bedauern. Ich war einen Augenblick schwach vorher. Klammerte mich ans Lehrfach. Wahrscheinlich ist es nur gut, daß Sie mich davon befreien. Es hindert mich an meiner Entwicklung, die ich durch Halbierungen in heute noch unbekannte Gegenden lenken will. Sie werden mir dorthin kaum nachfolgen. Sie hören ja auf beiden Ohren gleich gut. Das heißt, es geht Ihnen alles da hinein und dort hinaus. Die Zeit bricht sich nicht. Sie können nichts lernen. Nur außen herum erobern. Bleiben Sie die Kugel, die hinrollt. Lawinenabsichten im Herzen. Donnernd, so gut es geht. Ich bin überheblich, ich weiß. Das ist noch so ein Rest. Den werd ich demnächst halbieren. Verzeihen Sie mir den Fanatismus. Ich schließe mit meinem Schlachtruf, der lautet: Die Hälfte ist mehr.
Für heute, Ihr Felix Fürst, Oberstudienrat

Erlebnis

Mir keine Milch. Sie werden sich erkälten. Nie im Leben. Wir saßen an Deck. Ich blies den Rauch von mir. Türen schlugen. Die Sonne schien. Der Abend brach herein. Ein Faden riß. Darf ich Ihnen nachgießen. Ein Arbeiter kam vorbei. Die Hose flatterte. Ich küßte ihm die Hand. Ich wischte mir das Blut von den Lippen. Wie spät ist es? Das ist doch unglaublich. Am Fabriktor Gestalten. Keine Möwe weit und breit. Der Briefträger stieg vom Rad. Meine Mutter war schon weg. Ich habe ihn kaum gekannt. Allmählich kam mir das komisch vor. Ich rutschte aus. Die Uhren tickten immer lauter. Ich nahm noch ein Stück. Meine Tante putzte auswärts. Ich beruhigte das Kleine. Die Kette klirrte. Noch fand ich es interessant. Die Vorhänge hingen . . . Der Polizist konnte einem richtig leid tun. Es war wie im Sommer 37. Die Frauen trugen Hosen, die unten weit wurden. Ich war sehr gespannt. Es war natürlich quälend. Man lebte so richtig auf. Überall die Wäsche. Es roch nach. Aber genau das sollte geändert werden. Alle setzten sich ein. Nehmen Sie doch noch einmal Platz. Ich fragte mich. Ich sagte, es zieht. Ich konnte mich nicht verständlich machen. Ich sah den Ruderern zu. Ich trainierte heimlich. Wir waren arm. Wir hatten alles, was wir brauchten. Ich fraß mich voll. Ich ließ mir die Mandeln herausnehmen. Jetzt, dachte ich. Wir entfernten uns vom Ufer. Rasch. Das Land. Im Dunst blieb das. Ich kriegte keine Luft mehr. Ich hatte das Gefühl. Der Nachbar war beim Roten Kreuz.

Das Wasser war völlig ruhig. Das Schiff machte einen guten Eindruck. Wir wählten den Sonntagmorgen. Die Dunkelheit brach schnell herein. Ich konzentrierte mich. Nur Mut. Mein Zimmer lag nach Osten zu. Natürlich wurde man auch gewarnt. Wenn man sich längere Zeit auf einem Schiff befindet, gewöhnt man sich an solche Warnungen. Ich rauchte eine Zigarette nach der anderen. Die SPD-Baracke schwitzte. Mein Freund erbrach sich in den eigenen Hut. Es war zum Kotzen. Das Konzert hatte schon begonnen. Wenn wir untergehen sollten, wäre ich für einen raschen Untergang. Diese paar Minuten wird man sich doch beherrschen können. Der größte Schwindel war, daß man schwimmen gelernt hatte. Aber so ist es im Leben. Man lernt eine Menge Unbrauchbares. Das ist das Schöne. Wie man sich rasch und schmerzlos erhängt, lernt man nicht. Das Telephon klingelte. Ich rannte. Ich komme zu spät, mein Herz. Langsam ging ich in die Küche zurück und trocknete weiter Geschirr ab. Ich faßte jeden Teller gleich mit dem Tuch an, mit dem ich ihn dann trocknete. Ich rieb jeden Teller trocken, bis er glänzte. Den Boden hatte ich geputzt, Herd und Anrichte hatte ich geputzt. Sobald jetzt alle Teller und das Besteck und die Töpfe trocken glänzten, stünde ich in der Küche und dächte, ob ich heute noch auf den Kurfürstendamm gehen sollte, um Bismark ausreiten zu sehen. Ich fürchtete mich ein bißchen. Das Klingeln war zu schrill. Auch der Kaiser. Der Wind fährt oft so jäh in die Straße. Das gelbe Kastanienlaub gehörte einem Herrn George, der daraus Gedichte machte. Manche Weingutssöhne gingen aber auch zum Film. Ich hatte das Gefühl, ich sei Anfang des Jahrhunderts geboren und stünde seitdem in der vollkommen aufgeräumten Küche eines bürgerlichen Hauses in Berlin-Charlottenburg. Wahrscheinlich war ich schon tiefer gesunken, als ich ahnte. Ich war schon von dem alten Forscherehrgeiz befallen. Ich wollte den Untergang überliefern. Das Kajütbuch. Der Glaube an das Überleben des Kajütbuchs. Daß ich untergehen würde, akzeptierte ich von Minute zu Minute mehr. Aber aus irgendwelchen Märchen oder Mathematikstunden hatte ich das Gefühl, daß das Kajütbuch gefunden werden müsse. Mir war, als habe man darauf einen Anspruch. Das war das Schöne an der alten Welt. Dieser Unterschied zwischen Mannundmaus einerseits und dem Kajütbuch andererseits. Durch eine nervöse Schwimmbewegung schaufelte ich eine Biene, die noch auf der Oberfläche schwamm, tief ins Grüne hinab. Es ist schon verrückt, wozu man. Ich kniete. Ich steckte ein Glasröhrchen in den Mund. Ich tastete mich auf dem dunklen Friedhof weiter. Ich begrüßte Anverwandte. Ich steckte den Kopf so tief als möglich in den rauschenden Efeu. Ich trat leise in die Maiandacht. Blieb beim heiligen Antonius stehen. Mein Gott, war das schön. Diese geschnitzte Handbewegung. So ein zarter Zeigefinger. Ich beschloß, das Ende der Andacht abzuwarten, dann dem Antonius seinen Zeigefinger abzubrechen. Ich konnte ihn, seiner Gebogenheit wegen, brauchen, um in meinen Ohren zu kratzen. Ich tat das so ungern mit meinen eigenen Fingern. Ach die Musik. Die lenkte einen doch immer wieder ab. Und die blaue Bläue. Tropfen. Von Ewigkeit zu Ewigkeit. Die großen Zehen erinnerten sich ihrer Bewegungsmöglichkeit. Eine Ameise. Wer hatte mich festgebunden. Scheiße sowas. Meine Notdurft. Ich konnte das ja nicht ewig zurückhalten. Also laufenlassen. Es war eine Erlösung. Aber dann. Tatsächlich interessierte es mich nicht, wessen Gefangener ich war. So war ich. Ich litt mehr unter der Tatsache, daß ich festgebunden war und mir alles in die Hose ging. Irgendwann hörte das natürlich auf. Ich wurde ja immer trockener. Also wartete ich 60, 70 Stunden, höchstens 130, dann. Ich ließ den Kopf hängen. Ich wollte doch keine Vögel mehr sehen. Überhaupt nichts Unanständiges mehr. Nur noch Ameisen. Und jene viel zu groß geratenen, erbarmungswürdigen Riesenschnaken, die man bei uns Schneider, in England aber Daddy Longleg nannte. Wie ich wußte. Vielmehr: gehört hatte. Von Mr. K. S. Parkes. Für ein Butterbrot. Den Teller hatte ich nicht gespült. Ich dachte, nach einem Butterbrot genüge es, den Teller mit einem Tuch abzuwischen. Jetzt schaute ich von einem Teller zum anderen und versuchte festzustellen, welcher Teller das sei. Ich bereute schon. Ich hatte Angst. Ich hatte einen Teller nicht gespült. Das tat man nicht. Man spülte jeden Teller, der gebraucht worden war. Ich kniete nieder und bat um Verzeihung. Ich betete zum heiligen Antonius, daß er mir den Teller zeige, den ich nicht gespült hatte. Aber mir fiel natürlich ein, daß der heilige Antonius nur zuständig war für das Wiederfinden von Verlorenem. Für diesen Tellerfall war kein Heiliger vorgesehen. Ich war allein. Es wäre wirklich einfacher gewesen, diesen Scheißteller zu spülen. Aber so ist das Leben. Das ist das Schöne. Ich wußte, woher dieses Ächzen kam. Von einem Kinderdreirad, das seit Weihnachten nicht mehr geschmiert worden war. Ein hohes Kreischen und Ächzen. Es bewegte sich durch die Räume. Ich war bereit. Ich würde die Küche vom Garten aus betreten. Wenn er dann gegen Abend in die Küche kommen würde, um sich etwas Wurst auf einen Teller zu legen, würde ich hinter der Tür stehen, würde warten, bis er das große Brotmesser in der Hand hätte, dann würde ich ihn hart anrufen. Ich glaubte, das sei eine Möglichkeit. Das fiebernde Kind auch. Es schrie. Es blies Blockflöte. Eine Materialschlacht war im Gang. Die Sahne, die Sonne, die Granaten, die Bordelle, die Flügelschatten, die Federn, die Beine, die Perlen, die Wölbungen, die Risse, das Blut, die Schwärze, der Gestank, der Gestank. Sie hätten mir ja auch mal unter die Arme greifen können. Ich konnte nicht mehr. Unter diesen Umständen. Jetzt wurde es mir klar, daß ich kein 25jähriges Betriebsjubiläum bei den Vereinigten Stahlwerken feiern konnte. Ich war eben andauernd erkältet gewesen, das war's. Ich hatte lang genug in feuchten Gegenden gewohnt. Ich hatte nichts mehr dagegen. Es mußte allerdings ein sehr kleines Loch sein. Ich wollte es mir zumindest durch den Kopf gehen lassen. Ich war ganz in Gedanken versunken. Das Wasser schlug über uns zusammen. Das Konzerthaus gab einen Ton von sich. Die Butterbrote schaukelten. Mir fehlte ein Finger. Ich preßte den Teller gegen meine Brust. Grüne Besucher gingen über uns hinweg. Es war vorbei. Das ist ja das Schöne am Leben. Es schepperte, daß man sein eigenes Wort nicht verstand. Darf ich Ihnen nachgießen. Ich rief: Ist das ein Motiv? Sie verstand mich nicht. Der Krach war schon zu groß. Ich nahm noch einmal alle Kräfte zusammen und schrie noch einmal, ob das ein Motiv sei. Aber es war schon zu spät.

Die Entdeckung des idealen Punktes

Eine Zeit lang notierte ich noch alles, dann nicht mehr. Es kommen natürlich immer noch Anrufe. Ich nehme das Telephon meistens ab und melde mich, wie ich glaube, mit lebhafter, heller Stimme. Ich spreche um ein Vielfaches schneller, als es mir – meinem Gefühl nach – entspricht. Ich will auch nicht das leiseste Anzeichen meines wirklichen Zustandes nach außen dringen lassen. Dementsprechend arrangiere ich auch den Inhalt meiner Antwortsätze. Ob nun am Telephon oder in Briefen oder auf Karten, ich sage immer das gleiche: keine Zeit, entsetzlich viel zu tun, breche wahrscheinlich bald zusammen unter soviel Arbeit; weiß nicht mehr, wo mir der Kopf steht vor lauter Terminen; wie ich das alles schaffen soll, ist mir völlig schleierhaft; bitte um Verständnis für diese Absage; das dürfte Jahre dauern, bis ich eine neue Verpflichtung eingehen kann; es steht zu fürchten, daß ich die übernommenen Arbeiten zu meinen Lebzeiten nicht mehr werde erledigen können; immer deutlicher wird alles, was ich tue, Fragment, ich breche immer früher ab, lasse immer mehr als endgültig Abgebrochenes liegen; das Unfertige wird mein Genre; ich habe keine Zeit mehr; ich bitte um Verständnis dafür, daß ich keine Zeit mehr habe; überhaupt keine Zeit mehr, in Eile, Ihr . . .
Ich bin froh, wenn ich wieder eine Antwort hinter mir habe. Dann sitze ich wieder den Rest des Tages, bis tief in die Nacht hinein, reglos. Ich habe einen Schreib-

tischsessel, den man nach hinten kippen kann. Gegen Abend, wenn das Blut in meinen Beinen versackt, kippe ich den Sessel nach hinten und lege die Beine in die Höhe. Ich habe etwas, worauf ich die Beine legen kann. Eine Art Ablagetisch mit 3 Ebenen. Je nach Bedarf kann ich so meine Beine höher, noch höher oder ganz hoch legen. Zum Essen stehe ich natürlich auf. Ich lebe ja in einer Familie. Ich gehe hinüber in das Zimmer, in dem gegessen wird. Genauso stehe ich auf, um abends das Licht anzumachen in meinem Zimmer. Ich will nicht im Dunkeln sitzen. Vor allem deshalb nicht, weil ich die Erfahrung gemacht habe, daß Geräusche, dadurch daß man sie im Dunkeln hört, einen anderen Ausdruck, eine andere Bedeutung annehmen, als ihnen zukommt. Ich ziehe auf jeden Fall die Bedeutung vor, die Geräusche haben, wenn man sie bei Licht hört. Kriegen Geräusche im Dunkeln nicht etwas Übermächtiges? Mir jedenfalls verwehren sie das Weiteratmen. Also, ich bin geradezu darauf angewiesen, Geräusche bei Licht entgegenzunehmen. Daß ich die Geräusche im Dunkeln als übermächtig empfinde, hat übrigens nichts mit Angst zu tun. Ich bilde mir überhaupt nicht ein, daß jemand, der mir gefährlich werden könnte, diese Geräusche verursacht. Es sind die Geräusche selbst, die puren Geräusche, die – vielleicht gerade in ihrer Nichtzurückführbarkeit – so übermächtig bzw. atemraubend werden. Der mit meinem eigenen Rhythmus absolut unvereinbare Rhythmus der Geräusche macht sie so mächtig. Aber ich kann mich ihrer ja leicht erwehren: ich gehe zum Schalter, mache das Licht an, alle Geräuschprobleme sind verschwunden. Ich sitze wieder ruhig und ruhig atmend in meinem

Sessel und schaue dahin, wo ich gerade hinschaue. Zum Glück brauche ich auch keinen besonderen Punkt, kein Objekt. Ich kann überall hinschauen, auf jede Stelle; das spielt überhaupt keine Rolle, da ich ja, obwohl ich auch nicht mit Gedanken beschäftigt bin, die Stelle, die ich anschaue, nicht sehe, nicht wahrnehme. Auch Gestern und Morgen spielen keine Rolle in meinen Gedanken. Auch nicht Heute. Und am wenigsten der augenblickliche Augenblick. Das Schönste ist, finde ich, daß es mir überhaupt nicht langweilig ist. Ich spüre weder Drang noch Leere, weder Furcht noch Hoffnung, noch Sehnsucht. So füllt mich das Sitzen aus.
So interessant ist es, sich weder innen noch außen an etwas zu verlieren, was dann doch nicht ich selber bin. So interessant ist es offenbar, auf die Stelle zu schauen oder auf der Stelle zu sein oder auf die Stelle zu schauen und auf der Stelle zu sein, die weder innen ist noch außen. Ich habe das Gefühl, es herrsche in der völligen Ausgeräumtheit dieser Weder-innen-noch-außen-Stelle ein Gleichgewicht. Woher sonst die Ruhe. Es ist wirklich eine große Ruhe an meiner Stelle.
Wenn mich plötzlich – was oft genug vorkommt – die Erinnerung an die Welt und ihre Zustände überfällt, und zwar mit der Wucht einer Explosion, daß ich erschrecke und zuerst einmal eine Zeit lang zittere, wenn ich mich dann fassen will und mich dann wieder gehenlassen will, wenn ich dann merke, daß ich schon wieder auf dem Weg zu meiner Stelle bin, daß ich sie gleich wieder erreicht haben werde, dann denke ich jedes Mal noch daran – weil ich jetzt doch gerade von der Welt zurückkehre und sie mir sozusagen noch in allen Knochen steckt –, ob mein Zustand, in dem ich gleich wie-

der sein werde, vielleicht schon in einem Philosophiebuch beschrieben ist als das Beste-Schönste, das allen zu wünschen wäre. Aber dann bin ich schon wieder in meinem Zustand und solche Überlegungen entfallen, sind schon entfallen, lang schon. Ich bin wieder ruhig. Muß nichts tun.

Dann wäre mit mir also alles in Ordnung? Bin ich nicht mit Recht dabei, mich der ganzen Menschheit zu empfehlen? Habe ich nicht die ideale Stelle entdeckt? Ja, ja und noch einmal ja. Wenn ich noch einen Rest von Verantwortungsgefühl für alles hätte, müßte ich sogar ganz dringend um meine Aufnahme in alle Lehr- und Beispielbücher der Menschheit bitten. Ich habe die Lösung. Ich bin die Lösung. Aber – und ich kann, wenn ich das sage, eine Art mir sonst fremd gewordener Energie nicht ganz am Aufwallen verhindern – es gibt noch etwas, das mich immer noch hindert, meinen Zustand als schlechterdings beispielhaft zu empfehlen; so komisch das klingt, ich schäme mich für diesen Zustand. Und diese Scham ist offenbar wachsamer und stärker und größer und umfassender als alle Segnungen, die mein Zustand erbringt. Sie hüllt ihn sozusagen ganz ein. Es ist schon alles so ideal, wie ich es dargestellt habe, aber ich kann keine Sekunde vergessen, daß ich mich genau dafür schämen muß. Das muß etwas Altes sein. Eine Energie vielleicht. Die mich hindert.

Die Rede des vom Zuschauen erregten Gallistl vom Fernsehapparat herunter, daß es keine Wirklichkeit geben dürfe

Als das Fernsehprogramm zu Ende war und aus dem Apparat nur noch ein gemeines Prasseln kam, stellte er sich auf den Apparat und sagte unter dem Schutz dieses Prasselns leise in den Raum: Am besten wäre es, wenn das Fernsehen uns ganz übernehmen würde. Es käme ganz zu uns. Ins Haus. Es würde uns leben. Wir müßten nicht mehr selber leben, sondern auch nur noch darstellen. Das Schlimmste ist ja die Gewalt des Dargestellten über einen und dann muß man doch draußen bleiben in der undargestellten Wirklichkeit. Das Dargestellte ist das Wirkliche, dem eine Belohnung hinzugefügt wird. Das Dargestellte ist erträglich. Alles andere ist unerträglich. Der Sinn, den das eigene Leben abwirft, ist unannehmbar. Man flieht vor dem Deutlichwerden dieses Sinns überall hin. Am liebsten zu den Darstellungen. Die bieten einfach einen besseren Sinn oder mehr Sinn oder doch eine wunderbare Entschädigung für Sinnlosigkeit oder wenigstens Heroisches bzw. Orgelmusik. Wie ungerecht, den Darstellungen vorzuwerfen, sie lenkten uns ab. Gerade das tun sie nicht. In ihrer Schönheit und immer abgerundeten Gelungenheit weisen sie uns andauernd auf die Unschönheit und Ungelungenheit unseres eigenen Daseins hin. Der Zuschauer verlange jeden Abend, wenn er, gefoltert von den provozierenden Vollkommenheiten der Darstellungen, zurück muß in die Wirklichkeit, eine Kompagnie Soldaten, ihm unterstellt, damit er sich mit

Hilfe dieser ihm willenlos ergebenen Horde und ausgerüstet mit ALLEN Machtmitteln noch während dieser Nacht Genugtuung in Wirklichkeit verschaffen kann. Und zwar will er sich mit Hilfe von Gewalt in Wirklichkeit so befriedigend bewegen dürfen, wie es den Darstellern in der Darstellung auf Grund der grundsätzlichen Verlogenheit der Darstellungswelt möglich war. Er will ganz rasch einen Streifzug machen durch Verhältnisse, die ihm wirklich Sinn, Glück und Sieg bieten. Und das wenigstens so lange, wie er das in der Darstellung anschauen mußte. Länger nicht. Er will nicht unbescheiden sein. Aber so lange, wie das dort lief, soll es jetzt bei ihm auch laufen. Triumph. Rache. Verantwortungslosigkeit. Guter Ausgang. Befriedigender Ausgang. Belohnung. Egal welcher Art. Auf jeden Fall nicht mehr dieses direkte Hinüberächzen ins reale Schlafzimmer. Dieses Hineinplumpsen ins durchgelegene Bett. Bleibt doch mal auf'm Teppich, Leute! Was hat er denn grad noch für Betten gesehen. Das könnt ihr mit ihm doch nicht machen. Dieser Geruch seiner Nachtwäsche. Diese flankierenden Schmerzen. Und diese steinerne Gewißheit, daß es morgen vormittag noch schlimmer werden wird. Und keine Waffe in der Hand. Die Waffen sind alle in Händen der Darsteller. Wenigstens eine Bartholomäusnacht, bitte. Alle Darsteller aus den Betten holen und auspeitschen, federn, pfählen, henken, verbrennen. Alle Vormacher, Gelungenheitsveranstalter, Feinsinnigkeitsproduzenten, Sensibilitätsprotze, Talentlumpen, Politlächler, Sinnlosigkeitsvirtuosen, Menschheitsbeleidiger, Einzigartigkeitsbehaupter, alle, die man anschauen soll, die einem die Welt als eine gelungene oder mißlungene darstellen, alle, die nichts anzubieten haben zur sofortigen, in dieser Nacht noch zu beginnenden Verbesserung des Lebens des Zuschauers, soll man totschlagen noch in dieser Nacht. Aber wirklich. Bloß keine Gnade. Jetzt kein liberales Winseln mehr und dann alles nochmal von vorn. Schluß jetzt mit dem Gewinsel aus Hamburg, München usw. Schluß mit der Bosse-Kultur. Zündet an. Sprengt die Darstellungsanstalten. Zerschlagt die Medienpaläste. Henkt die Clique aus Springer-SPD-Grunerjahrbertelsmann-Regierung-Opposition-plus-Spiegel-plus-Millionäre-plus-Bankiers-plu-plu-plus, bis kein Bild mehr zustande kommt, bis jeder leben muß und nicht mehr abhauen kann in die Darstellung. Entweder alle werden aufgenommen, und zwar Tag und Nacht, daß wir nicht mehr leben müssen, sondern nur noch darstellen ... ODER: Schluß mit der Darstellerei, Todesstrafe für jeden, der noch was darstellt. ALLE müssen leben und sterben. KEINER darf überleben. Wer das Wort Unsterblichkeit in den Mund nimmt oder etwas in Gang setzt, um sich eine solche zu erschleichen, wird sofort erschossen, erschossen von jedem, der ihn dabei ertappt. Es gibt aber für das Erschießen von anderen keinerlei Belohnung, Auszeichnung oder auch nur Anerkennung. Es gibt keine Beförderung für irgend etwas oder zu irgend etwas. Es gibt überhaupt keine Betonung oder Entwicklung von Unterschieden. Das nackte Leben soll endlich durchbrechen dürfen. Bis alle Zensuren verrottet sind und jeder, der lebt, lebt. Unverstellt. Ununterdrückt. Mit Haut und Haaren. Von keinem Vorbild beleidigt. Auf ihn kommt es an. Er falle aus, wie er wolle. Gibt es Musik? Es gibt auf keinen Fall einen, der Musik machen darf.

Wenn es trotzdem Musik gibt, soll es uns recht sein. Wir würden uns freuen. Es darf nur keine Macher mehr geben. Stürmt, Leute, die Zwingburgen. Denkt daran, welche Burgen und Klöster gestürmt werden mußten, damit es weitergehen konnte. Da waren höhere und schönere und bessere darunter als die Darstellungspaläste. Und keine Unterschiede, kein Hinhören, egal ob es sich um so eine fluoreszierende Magermilchkuh wie die englische Königin handelt oder um einen Hamburger Meinungsadmiral mit Tressenschnauze. Weg damit. Ich werde weich. Fort damit. Aber deportiert werden sie! Auf Inseln. Bitte schön. Noch weicher werde ich nicht! Dann werden diese Inseln millimeterdicht mit einer Palisade aus genauesten Nachbildungen der amerikanischen Freiheitsstatue im Maßstab 1:1 umstellt, daß kein Entkommen mehr möglich ist und die Herrschaften im Schatten dieser Figur noch gar verhauchen können. Denn mit dieser Figur haben sie uns alle drangekriegt. Das soll ihr Dasein beschließen, ein Riesenzaun aus in Beton gegossenen Freiheitsstatuen, damit sie nie vergessen, warum sie da drin sind: um unserer Freiheit willen. Solang sie draußen waren, waren wir Gefangene, die die Freiheit nur anschauen durften in ihren Darstellungen. In ihren unsere Gefangenschaft besiegelnden Darstellungen.
Er sprang vom Apparat herunter und sagte noch leiser: Jeder ist eine unendliche Fülle von Erscheinungen, die von keinem je wahrgenommen, geschweige denn erlebt wird. Die unendliche Vielfalt jedes Menschen bleibt zeugenlos. Dann löschte er das Licht und ging so leise als möglich ins Bett, um Marianne, die vor ihm aufstehen mußte, nicht zu stören.

Annemaries Geschichte

Der Fabrikant Dr. Freund, genau in der Mitte zwischen Haustür und Gartentor. Der rothaarige Angestellte Sinz, das Fahrrad an der linken Hand, vor dem niederen Gartentor. Beide einander unwillkürlich konfrontiert. Der Angestellte Sinz hat dem Fabrikanten nichts zugerufen. Der Fabrikant ist von selbst stehengeblieben auf dem Weg vom Gartentor zur Haustür. Hat er gespürt, daß Sinz ans Gartentor getreten ist? Hat er ihn noch herfahren sehen, als er die Post aus dem Kasten nahm? Er bleibt stehen und tut so, als müsse er, noch bevor er die Haustür erreiche, sehen, was für Post heute gekommen ist. Erst da hat ihn Sinz mit einem Gruß angerufen. Erst nach dem kleinen Grüßgott will Dr. Freund bemerkt haben, daß am Gartentor ein Mann mit kurzgeschnittenen roten Haaren stand, der eine violette Warze im Gesicht hatte; genau da, wo man sie erwartet. Oder so: Wenn man die Warze sieht, findet man sie da, wo sie sitzt, richtig. Diese violette Warze sitzt so richtig, daß davon, nach Dr. Freunds Eindruck, für den Betrachter eine Art Befriedigung ausgeht. So drückte es gestern Annemarie Schulze aus. Sie hatte mich im Café Rommelsbacher entdeckt und war sofort auf mich zugegangen, hatte sich gesetzt, ihren Weißherbst bekommen und hatte angefangen zu reden.
Der Mann mit dem Fahrrad stellte sich vor. Herr Doktor, ich bin der Bruder von Max Sinz. Ich bin Herbert Sinz. Dabei habe dieser Sinz den Kopf nicht leicht ge-

neigt, wie es bei Vorstellungen bürgerlich üblich sei, sondern, im Gegenteil, den Kopf so zurückgeworfen, als wolle er ihn nach hinten abwerfen.
Annemarie verfügt über einen sozusagen sprungbereiten, auf jeden Fall agilen Wortschatz. Sie war selber dabei, als Dr. Freund an einem Sonntagabend auf seiner Terrasse erzählte, wie er plötzlich ein leises Grüßgott-Herr-Doktor rufen hörte, sich umdrehte und den Mann am niederen Gartentor stehen sah. Annemarie Schulze ist, glaube ich, einmal die Geliebte dieses Dr. Freund gewesen. Vielleicht ist sie es noch. Sie weiß Sätze von ihm auswendig. Dr. Freund muß über eine Art Wortkräftigkeit verfügen, die ihr, der Reporterin, imponiert. Wahrscheinlich beeindruckt aber auch ihre Sprachkraft den Wörterliebhaber Dr. Freund. Man kann sich vorstellen, daß sie, wenn sie zusammen sind, andauernd formulieren, weil sie wissen, daß beide daran Freude haben. Annemarie arbeitet an der hiesigen Zeitung. Sie hat Dr. Freund interviewt. Mich auch. Für die Spalte »Köpfe aus unserer Stadt«. Ich kannte sie schon vor dem Interview. Es gibt in einer Stadt, die trotz aller Eingemeindungen noch keine Großstadt ist, Anlässe, da treffen Leute aufeinander, die glauben, nichts miteinander zu tun zu haben. Aber wenn sie dann eine Zeitlang in der düsteren Gemütlichkeit des Restaurants, das als das beste gilt, an einer L-förmigen Tafel sitzen, beschleicht sie vielleicht alle das Gefühl, einander nicht mehr entkommen zu können. Das kann dazu führen, daß ein Mann und eine Frau, die nicht nebeneinander sitzen, unter Einhaltung einer Anstandsfrist, nacheinander den Raum verlassen, sich draußen treffen, als seien sie verabredet, sich hastig in

ein großes Auto werfen und im draußen immer noch bereitstehenden Wald verschwinden. Wie für immer. Ich romantisiere. Man darf nicht vergessen, daß alles überwacht ist. Ich könnte über Annemarie und Dr. Freund wahrscheinlich alles erfahren. Ich will aber nicht mehr wissen, als sie mir sagt. Ich bin verliebt in sie. Seit jenem Interview. Also schon fast drei Jahre lang. Das ist hier fast das Normale. Irgendwann einmal werde ich aufstehen, den Raum verlassen usw. Vielleicht auch nicht. Nie. Dann würde sie mir erhalten bleiben. Bevorstehendes gibt Sinn. Solange ich nicht sicher weiß, daß Annemarie sich von Dr. Freund getrennt hat, werde ich jede Regung, die mein Interesse an ihr verraten könnte, unterdrücken. Viele Bewegungen, Anlässe, Versammlungen in unserer Stadt bekommen durch diese Nötigung zum Aufschub eine Spannung, eine Süße fast, die sie sonst nicht hätten. Wahrscheinlich hat jeder von uns hier irgendeine Verbergungs- und Aufschubs- und Beobachtungsstrategie zu besorgen. Anders wäre es nicht zu erklären, warum die Gesichter der Leute hier so lebensvoll und so gefaßt wirken. Jeder hat etwas vor, was er keinem verrät. Die Leute gehen hier nicht gebückt, gebeugt, nachdenklich, sich hinschleppend oder finster, sondern mit immer wieder in die Höhe ruckenden Köpfen. Als wollten sie mit jedem Schritt noch höher hinauf. Als sei es sicher, daß sie hinaufkommen. Als schwebten sie schon bald. Vor allem: als sei es hell und spannend. Das Leben. Hier. Bei uns. In der durch Eingemeindungen fassungslos wirkenden Stadt. Oder täusche ich mich? Wird jeder von einem anderen gestachelt, getrieben, verfolgt? Ist dieses Kopfrucken Nervosität, Schmerz?

Wollen die eigentlich schreien? Rennen die gleich davon?
Ich weiß es nicht. Ich kann nämlich nicht fragen. Das liegt mir nicht. Annemarie wüßte mehr. Aber da sie sicher mit vielen eine Fülle sehr unterschiedlicher Beziehungen unterhält, müßte sie weitergehende Fragen für eine Aufforderung zum Verrat halten. Sie sitzt mit einem im Café und redet, als gebe es in dieser Stadt nur das, was man sieht. Vielleicht will sie mich in einer deutlichen Distanz halten. Ich gehe pro Jahr zehn- bis zwanzigmal grüßend an Annemarie vorbei. Zwei- bis dreimal treffe ich sie, so wie gestern, im Café Rommelsbacher. Gewöhnlich spricht dann sie. Auch wenn man meinen könnte, sie steuere auf etwas Privates zu, stellt sich bald genug heraus, daß es wieder nur um ihre Arbeit geht. Dabei würde mich Annemarie persönlich viel mehr interessieren als die ehrenwerte Arbeit einer Journalistin in einer Stadt, in der es ohne Wiederholungen nichts Neues gäbe.
Nachdem also der rothaarige Herbert Sinz gesagt habe, daß er nicht in eigener Sache, sondern in der seines Bruders Max komme, habe er, gewissermaßen lächelnd, gesagt, was er zu sagen habe, sei auch nicht für Herrn Dr. Martin Freund, sondern für dessen Bruder, Helmut, den Chef der Firma bestimmt. Was er, Herbert Sinz, über seinen Bruder Max Dr. Freunds Bruder mitteilen müsse, sei der Art, daß Max Sinz das sicher niemals seinem obersten Chef, eben dem Dr. Helmut Freund, ins Gesicht sagen könne. Selbst er, Herbert Sinz, möchte das lieber nur dem Bruder des Chefs seines Bruders als dem Chef selbst ins Gesicht sagen. Natürlich wisse Max nicht, daß Herbert jetzt vor einem

Freundschen Gartentor stehe. Es gehe nämlich um die Entlassung seines Bruders Max. Er, Herbert, sei zum Glück, wenn auch nicht in den Dr. Freund-Werken, so doch bei Elma-Küchenbau in guter Arbeit. Sein Bruder Max aber sei entlassen worden. Schon vor elf Wochen. Max habe das seiner Frau noch immer nicht gestanden. Jeden Tag fahre er zur Arbeit ins Industrieviertel hinaus. An der Pforte werde er jetzt nicht mehr durchgelassen. Es komme zu Szenen, die Max furchtbar peinlich seien. Er, Herbert, sei von ehemaligen Kollegen seines Bruders aufgefordert worden, den Bruder endlich mit seinem Schicksal zu versöhnen. Das habe er wirklich versucht. Leider ohne den geringsten Erfolg. Max behaupte, er sei ein Gewohnheitsmensch. Einundzwanzig Jahre sei er ins Werk gefahren. Er könne jetzt nicht plötzlich aufhören damit, das müsse die Firma doch einsehen. Seiner Frau könne er die Entlassung überhaupt nicht mitteilen. Niemals. Seine Frau sei noch viel mehr ein Gewohnheitsmensch als er.
Annemarie erzählte, was sie von Dr. Freund gehört hatte, als eine zähe Szene. Wie lange würde sich Dr. Freund die Samstagsvormittagsruhe von einem Menschen stören lassen, der der Bruder eines früheren Angestellten war? Als habe sich das der eher vor sich hin als zu Dr. Freund Redende selber gefragt, habe der plötzlich ein erregendes Moment eingeführt. Sein Bruder drohe neuerdings, den Augsburger Schornstein zu wiederholen. Dann habe Herbert Sinz eine künstlich übertriebene Verwunderung demonstriert. Daß der Herr Doktor vom Augsburger Schornstein noch nichts gehört haben wolle, könne er nicht glauben. Ein entlassener Betriebsschlosser klettert auf den Fabrikschorn-

stein, schließt sich mit Kette und Schloß an den obersten Eisentritt, wirft den Schlüssel in den Schornstein, Tausende laufen zusammen, mehrere Feuerwehren sind nötig, den Angeketteten loszuschweißen, herunterzuholen, das alles kann dem Herrn Doktor nicht unbekannt geblieben sein! Er glaube nicht, daß sein Bruder Max den Augsburger Schornstein nachmachen könne. Aber etwas in der Richtung habe er vor, daran könne kein Zweifel sein. Vielleicht sogar noch etwas Sinnloseres, Blödsinnigeres. Er, Herbert Sinz, müsse das einfach aussprechen, um sich nicht später, wenn es zu spät sei, vorwerfen zu müssen, er habe, was er befürchtet, nicht ausgesprochen. Dabei habe er wieder das Kopfrucken gezeigt, das aussehe, als versuche er, seinen Kopf abzuwerfen. Dieses trotzige oder rechthaberische oder verzweifelte Kopfrucken sei ihr übrigens von ihrem Vater her nicht unbekannt, sagte Annemarie.
Wenn Annemarie einem etwas erzählt, kommt auch ihr Vater vor. Annemaries Vater ist an einem Silvesterabend gestorben. So etwas erfährt man bei uns unweigerlich und kann es dann natürlich nie mehr vergessen. Er hat in der Innenstadt ein Hosengeschäft gehabt. Das sogenannte Hosen-Eck. Er hat sich offenbar, gegen jede wirtschaftliche Vernunft, geweigert, sein Angebot zu erweitern. Er ist bankrott gegangen. Lieber gehe ich bankrott, als daß ich Krawatten verkaufe. Das muß einer seiner stolzen, sinnlosen Sätze gewesen sein. Alle Sätze, die Annemarie von ihm wiedergibt, sind stolze Sätze eines Untergehenden. Es muß Annemaries Vater geradezu eine Art Lust bereitet haben, seinen geschäftlichen und dann auch gesundheitlichen Untergang mit

Sätzen zu begleiten, in denen zum Ausdruck kam, daß er zwar untergehe, moralisch aber Sieger bleibe. Ich muß immer, wenn Annemarie mit grün blitzenden Augen, gleißenden Lippen ihres Vaters Sätze hervorbringt, an Helden Schillers denken. Schillers Helden sind mir die liebsten. Für sie wäre nichts leichter, als etwas gegen ihren Untergang zu tun. Aber sie tun, was sie zugrunde richtet, wie mit Fleiß. Das macht sie zu Helden Schillers bzw. zu meinen Lieblingshelden. Annemaries Vater, der Hosenhändler Bernhard Schulze, war bestimmt ein Schillerheld. Ihm fehlte wahrscheinlich nur die Bühne. Annemarie selbst sieht ihn offenbar mehr als eine Art Kapitän; Kapitän eines Segelschiffes, das in einer Seeschlacht von einem äußerlich als Segelschiff aufgemachten, innen aber von einer Dampfmaschine angetriebenen und dadurch überlegen manövrierbaren Schiff in den Grund gebohrt wurde. Oder ist jeder Vater ein solcher Kapitän, der von unfairer Überlegenheit in den Grund gebohrt wird und dabei solche in den Himmel oder in die Nachwelt gezielten Breitseiten abfeuert, bevor er mit Gurgeln absäuft? Der Sterbende hat nur Feinde. Und das Leben eines Kindes, besonders einer Tochter, wird dann ein Leben lang von solchen Sätzen begleitet sein. Vielleicht müssen alle eigenen Sätze des Kindes mit solchem Untergangspathos konkurrieren und geraten dadurch gern groß.
Annemarie ist, zum Beispiel, völlig geduldlos. Plötzlich aber doch wieder demütig. Manchmal rundet sie ihre Schultern, zieht den Kopf ein, die Knie an, daß man meint, jetzt müsse man nur die Hand offen hinhalten, sie finde Platz darin. Und dann gleich wieder erregt man – wenn man nur wüßte, wodurch – ihren

jähen Zorn. Sie nimmt, zum Beispiel, Unrecht und Leid, das anderen passiert, von dem sie, wie wir alle, nur durch Hörensagen weiß, furchtbar ernst. Sie rennt hin, recherchiert, rennt zurück, schreibt, erzählt, verbreitet. Sie weint, wenn sie erzählt, was sie in dem Haus, in dem die sieben Türkenfamilien wohnen, gesehen hat. Wenn sie weint, strömen ihr die Tränen über das Gesicht; ihre Nase ist sofort wie vom schlimmsten Schnupfen verstopft. Dann flucht sie auf ihre Schleimhäute. Ich will damit nur sagen, daß Annemarie das, was sie von Herrn Dr. Freund erfahren hat, wahrscheinlich anders erzählte, als sie es gehört hat; auch wenn sie Formulierungen des formulierfreudigen Dr. Freund benutzte. Sie hat kleine Augen, eine orientalische Nase, und unter der Nase gleißt sofort, als eine Art trotziger Fleischschnurrbart, ihr Mund. Einen solchen Mund erbt man nicht; der bildet sich wahrscheinlich, weil man oft, anstatt etwas zu sagen, trotzig die Lippe vorwölbt. Ihr Lebensziel ist es, das sagt sie immer häufiger stoßgebethaft auf, von hier wegzukommen, in eine große Stadt, in ein großes Zeitungshaus. Eine Redaktion, in der der Besitzer nicht in jedem Zimmer an der Wand hängt, ist ihr Ideal. Sie sagt aber dazu, einer, der nicht an der Wand hänge, sei wahrscheinlich noch schlimmer. Und selbst wenn sie ihr Lebensziel erreiche, sagt sie, es bringe nichts mehr. Ihr Vater sei gestorben, bevor ihre erste Reportage gedruckt worden sei. Damit sei alles, was sie noch schaffen könne, halbiert, dezimiert, vernichtet.

Und schon weint sie wieder. Holt mühsam Luft. Trinkt ein Glas Wein in drei Schlucken aus. Ich halte es für möglich, daß sie die Geliebte von allen Leuten ist,

die sie je kennengelernt hat. Von allen Fabrikherren, Chirurgen, Türken, Rechtsanwälten, Zirkusmännern, Zeitungsbossen, Müllabführern, Kirchenfürsten, Ministern, Schiffsanbindern, Regierungsdirektoren, Afghanen, Kellnern, Namenlosen, Männern und Frauen. Ich bin froh, daß sie noch nicht in der Großstadt ist. Solang ich sie noch wild und weich und stolz durch die Straßen unserer Stadt gehen sehe oder – weil ich sie, weil ich in meinem Zimmer bin, nicht sehe – wenigstens weiß und mir vorstellen kann, daß sie jetzt gerade in ihrer nachlässigen und kraftvollen Art durch die Straßen geht, solang ist es hier noch zu ertragen. Sie hält vielleicht alles noch zusammen, durch ihre Berichte, denen vom Chefredakteur immer deutlicherer Widerstand geboten wird. Der Chefredakteur bezeichne seine Haltung ihr gegenüber selber als Widerstand, sagt Annemarie. Er sehe sich als Widerständler gegen Sentimentalität und Chaotik. Sentimentalität und Chaotik seien, sagt der Chefredakteur, Annemaries Feinde, aber auch die Feinde unserer Gesellschaft.
Annemarie hat Herbert Sinz, sobald sie durch Dr. Freund von ihm gehört hatte, aufgesucht. Seit ich Annemarie Schulze kennengelernt habe, stelle ich mir vor, in einem Reporter sehe es aus wie in Sophokles. Vielleicht sagt jetzt ein sehr guter Reporter, er möchte nicht mit einem solchen Opportunisten wie Sophokles verglichen werden. In diesem Fall würde ich den Vergleich zurückziehen. Daß Sophokles als Opportunist aufgefaßt werden kann, weiß ich weder aus eigener Kenntnis noch von einem Philologen, sondern von einem arbeitslosen Hotelkaufmann in Garmisch-Partenkirchen. Der hat mich gewissermaßen gewarnt vor Sophokles.

Arbeitslose tun so manches. Gestern im Café ging ein wie Odysseus aussehender Grieche an unserem Tischchen vorbei, der mit einer am hängenden Arm aufwippenden Faust herübergrüßte. Annemarie grüßte mit einem unverständlichen griechischen Namen zurück. Ein Kunde von mir, sagte sie und grinste stolz. Der sei in Göttingen droben entlassen worden, weil er verlangt habe, in der Kantine des Betriebes sollten Gewerkschaftszeitungen ausliegen. Der Unternehmer untersagte das. Diese Zeitungen seien doch nicht für, sondern gegen die Arbeiter geschrieben. In ihnen würden Streiks propagiert, die wiederum müßten zum Ruin des Betriebs, also zum Verlust der Arbeitsplätze führen. Der Grieche: Die »Bild«-Zeitung liege aus, und die sei nun wirklich gegen die Arbeiter geschrieben. Acht Tage später war er entlassen.
Die Arbeit, die er für fünf zwanzig gemacht habe, mache jetzt eine Frau für drei zwanzig. Annemarie habe ein Porträt des Griechen geschrieben, der hierhergezogen sei, um, so weit als möglich von Göttingen entfernt, Arbeit zu finden. Für »Köpfe aus unserer Stadt«. Der Chefredakteur habe gesagt: O Annemarie, wie leicht machen Sie sich das Gutsein! Sie: Ob der Grieche vielleicht nicht Beherzigenswertes vorgebracht habe? Zum Beispiel, daß Griechen freier seien als Deutsche! Daß ein Grieche jeden Tag seine Zeitung lese. Habe er keine, gehe er ins Café. Sehen Sie, sagte Annemarie und ließ einen kleinen Zeigefinger in die Richtung schnellen, in der der Odysseus saß und eine Zeitung studierte. Der Chefredakteur behaupte einfach, Annemarie sei ihm im Innersten dankbar für den Widerstand, den er ihr entgegensetze. Daß sie das Gutsein

genießen könne, nehme er es auf sich, der böse Reaktionär zu sein. Als der das gesagt habe, habe sie unheimlich lachen müssen. Und der Chefredakteur sofort: Jetzt lachen Sie wenigstens, danke.
Im Herbst 77, als unsere Verhältnisse ein paar Wochen lang ihre andere Seite zeigten, sagte mein Tankwart, der als französischer Legionär in Vietnam gekämpft und offenbar auch getötet hat, wenn er 50 000 Mark bräuchte, würde er einfach die Terroristen unter Annemarie Schulzes Bett vorziehen und bei der Polizei abliefern; was habe die schnelle Annemarie wieder für ein Glück, daß er gerade keine 50 000 Mark brauche. Tatsächlich hat Annemarie im Herbst 77 in einer Reportage über eine Ausstellung von Bildern, die in Haftanstalten gemalt und drüben in Konstanz in der Universität ausgestellt worden waren, eine Gedichtzeile von Peter Paul Zahl zitiert, ohne dazuzusagen, wer der Dichter sei. Ein Professor, der sich um den Umweltschutz immer schon verdient gemacht hat, hatte in der Zeile den radikalen Dichter Zahl erkannt, hatte Alarm geschlagen, die Atmosphäre wurde ganz schnell giftig. Annemarie Schulze rief mich an. Ob sie auf mich zählen könne? Sie sei jetzt einfach genötigt, ihre Freunde durchzumustern. Wahrscheinlich müsse sie sich bald als Arbeitslose betrachten. Der Chefredakteur fühlte sich von ihr hintergangen. Dann hörte und las ich eine Zeitlang nichts mehr von ihr, aber in der Weihnachtsnummer war sie doch wieder vertreten. Sie schrieb über eine zwölfjährige Türkin, die einen Weihnachtsbilderwettbewerb gewonnen hatte. Vater und Mutter des Türkenkindes waren ein Vierteljahr vorher auf der B 31, als sie auf Arbeitssuche nach Friedrichshafen gefah-

ren waren, kurz nach Meersburg tödlich verunglückt. Der Vater hatte im Nebel zu überholen versucht. Mit diesem Türkenwaisenporträt erschrieb sich Annemarie wieder unser aller Sympathie. In dem Zimmer des Mädchens sähe es aus wie in einer Heiligenseele. Alles stehe miteinander in einer geradezu glühenden Verbindung.

Die vom Erlebnis bewegte Ausdrucksweise Annemaries steht mir natürlich nicht zu. Ich bin, verglichen mit ihr, ein indirekter Mensch. Wenn ich etwas erfahre, betrifft es mich vielleicht auch, aber mich lähmt es, während es sie aktiviert. Dr. Freund hatte ihr von dem rothaarigen Mann mit Warze und Fahrrad erzählt wie von einem Kuriosum. Das Kurioseste scheint für ihn gewesen zu sein, daß dieser für seinen Bruder Max bittende Herbert Sinz ihn als Dr. Martin Freund ansprach und alles, was er ihm anvertraute, weitergegeben wissen wollte, an den Firmenchef Dr. Helmut Freund, der doch er selber ist. Wie dieser Herbert Sinz dazu gekommen sei, ihn, Herrn Dr. Helmut Freund, für einen Bruder Dr. Martin Freund zu halten, den es gar nicht gebe, habe er nicht herausgebracht. Ist das nicht bizarr, habe Dr. Freund gerufen, mich als meinen eigenen Bruder anzusprechen, den ich nicht habe, um mich zu bitten, mir etwas auszurichten, das ist doch bizarr, oder?!

Annemarie sagte, sie habe gehofft, Dr. Freund werde, irgendwie gerührt von dem Vorfall, seiner Personalabteilung raten, jenen Max Sinz wieder einzustellen; und sei es nur, sagte Annemarie, um eine Anekdote zu stiften, wie es auch Könige und Bischöfe getan hätten. Aber Dr. Freund hatte ihr erklärt, daß eine Volkswirtschaft nicht geeignet sei, das in jedem Menschen andauernd wache Bedürfnis wohlzutun zu befriedigen. Das sei für ihn als Chef überhaupt das Schlimmste, daß er den Wohltäter nur außerhalb des Betriebs spielen dürfe; siehe unser Musikleben. Die Betriebsvernunft verbiete Wohltäterei im Betrieb. Wenn er einen Mann wieder einstelle, der durch eine billiger arbeitende Maschine freigestellt worden sei, das heiße, wenn er ein einziges Mal teurer anstatt billiger produziere, dann könne er beim nächsten dringenden Fall – und der komme ganz sicher, noch bevor der Monat um sei – nicht mehr auf das Existenzgesetz, nämlich das der Wirtschaftlichkeit, verweisen, sondern müsse – wozu er doch nur zu sehr neige – ein zweites Mal den Menschenfreund spielen – der er doch sei –, und so weiter, bis der Betrieb erledigt und die gesamte Belegschaft arbeitslos sei. Um der Mehrheit willen müsse er immer gesündere, leistungsstärkere, unüberwindbarere Arbeitsplätze schaffen und schwache, d. h. unproduktivere Arbeitsplätze stillegen.

Annemarie sagte, der schöne Mächtige – einmal hat sie ihn auch einen »silbernen Berber« genannt – habe ihr leid getan, aber sie hätte ihm auch ins wunderbar knochige Gesicht spucken können. Deshalb sei sie so rasch als möglich abgehauen, habe beim Hinausgehen noch den Weg zwischen Haustür und Gartentor inspiziert und sei zu der Meinung gekommen, daß Dr. Freund den Rothaarigen mit dem Fahrrad schon gesehen haben müsse, als der herfuhr und abstieg. Annemarie recherchierte. In einem ehemaligen Bauernhaus am augenblicklichen Stadtrand wohnt Max Sinz. Er ist nicht verheiratet. Und er hat keinen Bruder Herbert. Er ist rothaarig und hat die Warze tatsächlich genau an der richtigen Stelle im Gesicht. Sie blieb einen ganzen Abend bei ihm. Sie holte immer noch eine Flasche Weißwein aus ihrem Auto. Dann schrieb sie den Bericht: »Die Brüder Sinz«.

Max Sinz hatte sich offenbar geniert, für sich zu bitten, deshalb hatte er sich seinem Chef gegenüber als Herbert Sinz ausgegeben. Er wollte ja, wie er Annemarie sagte, dick auftragen dürfen, und das kann man natürlich leichter, wenn man für einen anderen bittet. Deshalb hat er den entlassenen Bruder auch verheiratet sein lassen und mit Arbeitslosengeschichten ausstaffiert, die er in letzter Zeit gehört und gelesen hatte. Im vergangenen Sommer hatte er ein Zimmer des unter sein Dach geduckten Bauernhauses, das er von einem Onkel geerbt hat, für drei Wochen an einen arbeitslosen Schauspieler vermietet; der hat ihm die Geschichte vom Augsburger Schornstein erzählt. In der »Bild«-Zeitung hat er gelesen, ein arbeitsloser Ingenieur habe seiner Frau monatelang nicht gestanden, daß er arbeitslos sei. Max selber tue gegenüber den Leuten in der Nachbarschaft so, als sei er noch in Arbeit. Er verlasse das Haus jeden Morgen, als gehe er zur Arbeit. Das Schwierigste sei eben, sich acht Stunden in der Umgebung des Werks aufzuhalten. Er habe leider den Fehler gemacht, seinen Schrank im Betrieb pünktlich zu leeren und das Gelände zu verlassen. Bleiben hätte er sollen. Nicht so wie der Augsburger. Schornsteinbesteigen und Sichanketten, das sei nicht sein Fall. Aber einfach am Arbeitsplatz sitzen bleiben, das wäre seine Lösung gewesen. Die Kollegen hätten ihn ernährt. Er hätte auf alle Aufforderungen, wegzugehen, freundlich lächelnd geantwortet: Ich würde gern noch ein bißchen bleiben. Wenn ihm das rechtzeitig eingefallen wäre, hätten die ihn doch nicht hinaustransportieren können. Ich würde gern noch ein bißchen bleiben. Das wär's gewesen. Aber leider falle ihm das Richtige nie rechtzeitig ein. Also sei nichts übrig geblieben, als sich an den Herrn Direktor selber zu wenden. Da ihm das natürlich auch peinlich gewesen sei, habe er so getan, als sei er sein eigener Bruder. Er habe übrigens einen Bruder gehabt, einen älteren, der habe Herbert geheißen, sei aber mit neunzehn gefallen. Der wäre sicher auch arbeitslos heute. Aber warum er denn den Dr. Helmut Freund nicht direkt, sondern als dessen Bruder angesprochen habe? Das habe er natürlich auch gewußt, daß der Herr mit den drahtigen Silberhaaren und den Augenbrauen sein oberster Chef, der Direktor Dr. Helmut Freund selber gewesen sei und daß es gar keinen Bruder Martin gebe. Warum dann diese Vortäuschung? Da habe, sagte Annemarie, der einzige Sinz gelächelt. Daß er das recht gemacht habe, sehe man schon an der Reaktion des Direktors. Solange Sinz mit dem Direktor gesprochen habe, habe der mit keinem Wort darauf hingewiesen, daß es einen Martin gar nicht gebe und daß er selber der Dr. Helmut Freund sei, an den alles gerichtet sei. Vielmehr habe der Herr Direktor am Schluß sogar zu ihm, Sinz, gesagt: Ich werde mit meinem Bruder über Ihren Fall sprechen. Dr. Freund hatte das anders dargestellt! Mein Gott, habe der einzige Sinz gerufen, es sei doch wohl klar, daß es dem Herrn Direktor peinlich sein müsse, von einem Mann angesprochen zu werden, den er durch seine jedes Jahr noch bessere Geschäftsführung um seinen Arbeitsplatz ge-

bracht habe. Eben deshalb habe er, Max, sich nicht nur in den Bruder dieses Arbeitslosen verwandelt, sondern habe dem Direktor die Peinlichkeit auch noch dadurch ersparen wollen, daß er so tat, als halte er ihn nur für einen Bruder des Direktors, der einen Arbeitsplatz nach dem anderen wegrationalisiert.
Der Chefredakteur hat, als er »Die Brüder Sinz« gelesen hatte, gesagt: Annemarie, das machen Sie doch mit Fleiß! Sie wollen demonstrieren, daß es für Sie nur noch Arbeitslose gibt und sonst nichts mehr. Was Annemarie da abgeliefert habe, sei wieder keine Reportage, sondern ein weiterer, schon fast brutaler Akt der Selbstbefriedigung. Mehrmals habe er nur noch ihren Namen so ausgesprochen, als kniee er sich beim Aussprechen in diesen Namen hinein und dehne ihn dabei. Dazu eigne sich ihr Name leider nur zu gut. Wozu, frage ich. Zum beschwörenden Dehnen, sagte sie. Damit sei sie hier am Ende, das wisse sie. Der Widerständler habe deutlich gesagt, daß er es auf sich nehmen müsse, ihr eine Besinnungspause aufzuerlegen. Aus den Pressehäusern der Großstädte seien bis jetzt nur wachsweiche Hinhaltungen gekommen. Zum Glück, müsse sie jetzt sagen. Ich glaubte ihr das nicht. Ich wagte eine Zeitlang gar nicht mehr hinzuschauen zu ihr. Sicher saß sie elend da. Versackten Gesichts, zum Beispiel. Und diese miese, sofort in mir aufleuchtende Befriedigung darüber, daß ich nie versucht hatte, Annemarie herumzubringen! Dann hätte ich sie jetzt am Hals! So etwas Tränenschweres, Nichtabzuschüttelndes! Wenn ich jetzt zu ihr hinsähe, begegnete ich in ihrem Gesicht sicher der dringenden Bitte, etwas für sie zu tun, wenigstens den Eindruck zu erwecken, als

wolle ich etwas für sie tun. Ich sah nicht hin. Sie sprach weiter. Sie wisse inzwischen längst, daß sie in einer großen Zeitung nichts zu suchen habe. Sie sei Vor-Ort-Reporterin. Ich verstand zuerst »Vorort-Reporterin« und dachte gleich: ach du Arme. Je größer aber eine Zeitung, desto kleiner komme die Wirklichkeit in ihr vor. Sie müsse das endlich zugeben. Die wirkliche Wirklichkeit sei einfach zu unwichtig für eine große Zeitung. Bitte, das Thema Arbeitslosigkeit, zum Beispiel, das wird da auf der Ebene Bucerius plus Blüm plus Biedenkopf abgehandelt, also sie und Max Sinz paßten da hin wie Fliegen ins Labor. Sie betrachte sich als arbeitslos. Basta.
Ich dachte daran, daß ihr Vater so einen Untergang mit ganz anderen Sätzen begleitet hätte. Mir fiel nichts ein zu ihrer Lage. Plötzlich fing sie wieder an. Das sei ihr einziger Trost, daß sie jetzt arbeitslos sei. Wäre ihr Artikel erschienen, hätte sie sich gefürchtet, Max Sinz auf der Straße zu begegnen. Sie verkauft einen Artikel über seine Arbeitslosigkeit, ohne an seiner Arbeitslosigkeit durch ihren Artikel auch nur das Geringste ändern zu können! Das wäre doch wohl das Letzte! Sie habe auf diese Geschichte stoßen müssen, sonst wäre ihr die Unerträglichkeit ihres Berufes nicht bewußt geworden. Max Sinz verdanke sie diesen Lernprozeß. Zum Glück sei sie jetzt arbeitslos und könne ihm, wenn sie ihm auf der Straße begegne, ruhig in die Augen schauen.
Ich hob meinen Blick. Ihr Gesicht sah nicht versackt aus. Ich hatte sie mir die ganze Zeit, in der ich sie nicht anzuschauen gewagt hatte, falsch vorgestellt. Ob ich es glaube oder nicht, rief sie fröhlich, für sie sei es im Augenblick ein noch gar nicht auszuempfindendes

Glück, arbeitslos zu sein. Einfach wegen Max Sinz. Jetzt erinnerte sie mich doch wieder an das, was ich, durch sie, von ihrem Vater wußte. Ich wollte ihr Strahlendes ein bißchem zum Verblassen bringen. Zum ersten Mal ärgerte mich ihre Kraft. Sie sah schon wieder so aus, daß man es für unmöglich hielt, sie nicht zu lieben. Das treffe sich doch alles sehr gut, sagte ich, ich hätte gerade einen Brief von Dieter E. Zimmer bekommen. Zimmer wolle für das wöchentliche Liberalblatt eine Geschichte von mir. Jetzt könne ich doch einfach die Freund-Sinz-Geschichte ins Pressehaus nach Hamburg schicken und das Honorar mit ihr teilen. Mir gehe es nicht darum, in ihr eine Arbeitslose zu unterstützen, ich wolle nur bewirken, daß sie Max Sinz bei der sicher unvermeidbaren Begegnung nicht nur gerührt und unschuldig und solidarisch in die Arme fallen könne, sondern ein bißchen zurückgebunden bleibe an ihre und meine Welt, in der es üblich sei, Arbeit zu haben durch das Unglück anderer, ohne durch diese Arbeit dem Unglück der anderen abhelfen zu können. Die Befriedigung, zu den anderen zu gehören, sagte ich, nun meinerseits fröhlich werdend, gönnte ich ihr nicht. Sie werde gegen eine solche Veröffentlichung eine einstweilige Verfügung beantragen, rief sie übermütig. Ich werde alles so darstellen, sagte ich, daß Sie dazu keine Chance haben.
Während ich noch, von ihr hingerissen, redete, machte sie unverschämterweise einen großen jungen Kerl, der mit verschlafenen Bewegungen das Lokal betrat, auf unser Tischchen aufmerksam. Der setzte sich ziemlich lahm her. Die Bedienung brachte, ohne daß er etwas sagte, ein großes Glas Milch. Er war offenbar Milch-

stammgast hier. Er legte seine Hände auf seine Knie. Sein Gesicht zeigte keinerlei Interesse an unserem Gespräch. Sobald er saß, schien er zufrieden zu sein. Ich hatte aufgehört zu sprechen, sobald er saß. Sie hatte doch offenbar diesen langen Kerl förmlich zu meiner Abwimmelung hergerufen. Von mir war, solang der sein verschmitztes oder nur verschlafenes Gesicht zwischen uns hielt, kein Wort mehr zu erwarten. Da der auch nichts sagte und ganz offensichtlich nie etwas sagen würde, mußte Annemarie reden. Das sei Max Prinz. Auf eine jähe Kopfbewegung von mir wiederholte sie den Namen, Max Prinz, nicht Sinz. Er habe mit Sinz nur die Arbeitslosigkeit gemeinsam. Hatte der Chefredakteur nicht recht? Sie übertrieb es mit ihren Arbeitslosen. Mein Gott! Allerdings sei Max Prinz dreiundzwanzig. Er habe eine Steuerhelferlehre hinter sich, habe im letzten Lehrjahr praktisch schon Gehilfenarbeit getan, bekommt deshalb jetzt 400 Mark Arbeitslosenunterstützung und habe, da er während der Lehre vor allem den Beruf, den er erlernen sollte, hassen gelernt habe, überhaupt nicht vor, ihn je auszuüben. Was er aber tun solle, wisse er von Monat zu Monat weniger. Nicht wahr, Max?! Max nickte und lächelte ein klein wenig. Als er seine Milch ausgetrunken hatte, ließ die Bedienung sein Glas wieder füllen. Ich bewunderte und beneidete beide wegen der Kühnheit, die mir aus ihren Biographien zu schimmern schien. Da ich gegen so etwas nicht ankämpfen kann, sagte ich, wenn ich jetzt nicht gehe, sei die Post zu. Da weder Annemarie noch ihr Kerl mich zu halten versuchten, mußte ich tatsächlich gehen. Aber ich ging doch gern. Ja, schon. Aber auch ungern. Sobald ich draußen die mir wohlbekannten Häuser und die vielleicht von Zuversicht ganz erfüllt dahineilenden Menschen sah, kam ich mir komisch vor. Was hatten wir im Café alles geredet, und wie irreal wirkte das vor der Festigkeit der sanft gebogenen Wilhelmstraße im alles betonenden Nachmittagslicht. Es war heiß, die Apotheker standen ruhig in ihren Gewölben. Am besten wäre es, dachte ich, man gehörte irgendwohin.

Ich hatte plötzlich das Gefühl, allen etwas schuldig zu sein. Ich durfte die Leute, denen ich begegnete, nicht mehr anschauen. Jeder von denen war wunderbar. Daß keine Katastrophe mir den Heimweg verlegen konnte, hatte ich ihnen zu verdanken. Auf der Eisenbahnbrücke wäre ich am liebsten stehengeblieben. Was konnte ich tun? Wem danken? Wie? Ich spürte, daß mir, wenn ich mich nicht sofort ausdrückte, Undankbarkeit vorgeworfen werden konnte. Plötzlich kam es mir vor, daß ich verfolgt gehörte. Und zwar von den Arbeitslosen. Unter der Führung von Max Sinz. Ich mag es überhaupt nicht, wenn mein Bewußtsein an Vorstellungen festgehalten wird. Deshalb will ich wahrmachen, was ich im Café nur gesagt hatte, um zwischen Annemarie und mir Nähe zu erzeugen. Ich will die Geschichte loswerden. So wie man einen Schwarzen Peter loswerden will. Sollen die in Hamburg sehen, wem sie ihn unterjubeln können. Basta.

Selbstporträt als Kriminalroman

Unser Freund hat ein harmloses Verbrechen begangen. Er hält sein Verbrechen für harmlos. Er tut zumindest so, als halte er sein Verbrechen für harmlos. Er ist nicht bereit zuzugeben, daß sein Verbrechen ein ernsthaftes, ein schlimmes Verbrechen sein könne. Er ist sehr empfindlich, wenn jemand auf sein Verbrechen zu sprechen kommt. Auch wenn jemand sein Verbrechen voller Verständnis und Toleranz erwähnt, fährt er auf. Wie auch immer jemand sein Verbrechen erwähnt, seine Reaktion ist jedesmal unverhältnismäßig.

Es gibt nur eine Möglichkeit, ihn zu milderen Reaktionen zu bewegen: man muß ihn hemmungslos loben für sein Verbrechen. Man muß so tun, als sei man von seinem Verbrechen so hingerissen, daß man sprachlos sei. Erst dann lächelt er, und zwar wie ein dreizehnjähriges Mädchen, dem man gesagt hat, es sehe einhundertmal verführerischer aus als Marilyn Monroe in ihren besten Zeiten. Man muß das schon eine Zeitlang durchhalten, das Vor-Hingerissenheit-Stammeln. Man muß es durchhalten, bis es ihm selber zuviel wird. Das kann allerdings lang dauern.

Während er so lächelt, bringt er zwar zum Ausdruck, daß es ihm peinlich ist, so gelobt zu werden. Aber man sieht ihm an, daß ihm nichts in der Welt lieber ist als diese Peinlichkeit. Man merkt, er widerspricht dem Lob nur, um uns zu weiterem Lob zu veranlassen. Solange er so tut, als könne er dieses Lob nicht annehmen, denkt er, können wir nicht aufhören, ihn zu loben. Wir müssen ihn, denkt er, zuerst durch unser Lob davon überzeugen, daß er es verdiene, dann erst dürfen wir aufhören mit unserem Lob. Also läßt er sich nicht überzeugen, sondern tut weiterhin so, als sei es ihm peinlich, so gelobt zu werden. Für ein Verbrechen! Man bedenke!

Ja, ja, sagen wir, kann sein, aber erstens ist es vielleicht ein harmloses Verbrechen, zweitens – und darauf allein kommt es an – wie hast du das Verbrechen ausgeführt! Dein Verbrechen ist ein Kunstwerk! Ein ganz großes Kunstwerk! Verbrechen hin, Verbrechen her, uns kommt es auf die Form an, nicht auf den Inhalt! Und wie lange hat es so etwas nicht mehr gegeben wie dieses dein Verbrechen! Er lächelt, widerspricht weiter, sagt: Nein, nein, er selber könne einfach nicht davon absehen, daß er ein Verbrechen begangen habe! Ja, wer denn nicht, sagen wir dann! Ob er uns jemanden sagen könne, der in der Geschichte der Menschheit irgendeine Rolle spiele, und kein Verbrechen begangen habe! Schon eine Rolle zu spielen, oder spielen zu wollen in der Geschichte der Menschheit, sei ja der Beginn jedes großen Verbrechens . . .

So reden wir auf ihn ein. Und so widerspricht er, immer glücklich und mädchenhaft lächelnd. Wir, das heißt, seine Freunde, wir sind Leute, denen er aus irgendwelchen Gründen leid tut. Einige von uns hassen ihn auch allmählich. Sie haben es einfach satt, daß einer andauernd gelobt sein will für etwas, was doch ein Verbrechen ist und bleibt, wenn auch – vielleicht – ein harmloses. Aber die Harmlosigkeit dieses Verbrechens ist genau so wenig beweisbar wie die Schwere. Es führt zu einem schwindelhaften Zustand, wenn man sich bemüht, diesem Verbrechen gegenüber ins reine zu kommen. Es werden längst Doktorarbeiten darüber geschrieben.

Unser Freund hat den Verdacht, daß wir ihn alle hassen, daß wir alle lügen, daß unser Lob nur eine Lüge sei. Wir widersprechen natürlich. Er dagegen behauptet, wir alle stünden in Wirklichkeit auf der Seite des Inspektors. Und irgendwann einmal würden wir alle öffentlich überlaufen zum Inspektor und dem jenen Rest an Beweisen liefern, der noch zur völligen Überführung fehle. Der Inspektor, also. Die große Gegenfigur unseres Freundes. Er redet andauernd von diesem Inspektor.

Die wenigsten von uns kennen den Inspektor persönlich. Wir sind also auf das angewiesen, was unser Freund uns über den Inspektor erzählt. Aber er sagt jedes Mal, wenn er den Inspektor erwähnt, dazu: Ich kann nichts sagen über den Inspektor, wir sind Gegner, nur einer von uns wird den Kampf überleben. Ich habe den Kampf nicht gewollt, der Inspektor hat den Kampf angefangen. Ich habe allerdings das Verbrechen begangen, das stimmt. Ein harmloses Verbrechen zwar, aber ein Verbrechen. Ja, kann denn ein Verbrechen harmlos sein?

Wenn es ein Verbrechen ist, was ich begangen habe, dann ist es wahrscheinlich gleichgültig, ob es ein harmloses oder kein harmloses ist. Verglichen mit jemand, der keins begangen hat, bin ich ein Verbrecher. Und der Inspektor kann nur unterscheiden zwischen Verbrechern und Unschuldigen, und zu den Unschuldigen gehöre ich sicher nicht, also verfolgt mich der Inspektor, also kämpfen wir gegeneinander, also fragt mich nicht, was der Inspektor für ein Mensch sei, ich weiß es nicht, ich weiß nur, daß er ein Inspektor ist, durch und durch ein Inspektor.

Wenn unser Freund einmal vom Inspektor angefangen hat, kann er nicht mehr aufhören. Wir, hauptsächlich von ihm informiert, sehen das Verhältnis so: Der Inspektor will unseren Freund überführen und dadurch unschädlich machen. Bei aller Hochachtung, die unser Freund für die analytischen und logischen Fähigkeiten des Inspektors hat, kann er doch nicht hinlaufen zu dem und dem alles sagen, was der hören will. Das hieße, sich aufgeben. Unser Freund sagt, daß er früher oft in Versuchung war, den Inspektor aufzusuchen und sich ganz zu offenbaren. Er habe früher den Inspektor für einen freundlichen Menschen gehalten. Fast für eine Art Arzt. Aber inzwischen hat er offenbar soviel Erfahrung mit dem Inspektor, daß er sieht, es bleibt ihm nur der Kampf.

Er glaubt jetzt nicht mehr, daß der Inspektor das Verbrechen verfolgt. Der Inspektor verfolgt Menschen, sagt er. Der Inspektor ist glücklich über jeden, der auch nur die kleinste Verbindung zu einem Verbrechen hat. So hat er doch wieder jemanden, den er verfolgen kann. Aber anstatt daß der Inspektor nun dankbar wäre dafür, daß er wieder einen hat, den er verfolgen kann, anstatt daß er also bei der Verfolgung manchmal mit einem Auge blinzelt oder einmal eine gemütliche Pause macht, kennt er, sobald er seinen Verdacht hat, keine Grenze mehr. Dabei hat er nichts als seinen Verdacht. Keine Beweise. Verdacht und Routine, das ist alles, was er hat.

Es gibt keine Beweise, sagt unser Freund. Es gibt natürlich den großen Beweis, das Verbrechen. Das Verbrechen ist geschehen. Es liegt da vor unser aller Augen. Daß unser Freund der Täter war, ist auch klar. Jeder von uns weiß es. Der Inspektor weiß es auch. Aber er müßte es beweisen. Und weil er das nicht kann, ist er so böse. Deshalb verfolgt er unseren Freund so hart. Was der Inspektor will, ist das Geständnis. Vielleicht würde er dann sogar den ganzen Fall durchstreichen wegen Unerheblichkeit. Nein, sagt unser Freund, das habe ich einmal geglaubt, früher. Jetzt weiß ich, daß es ein absoluter Kampf ist. Na ja, absolut nicht, aber ein seriöser Kampf.

Der Inspektor ist ein Verbrecher, der nicht den Mut gehabt hat, etwas zu begehen. Also hat er sich auf die Seite von Gesetz und Ordnung gestellt. Noch wahrscheinlicher ist es, daß mich der Inspektor verfolgt hätte, egal was ich angefangen hätte. Seine Erfahrungen haben aus ihm jemanden gemacht, der meinesgleichen verfolgen muß. Meine Erfahrungen haben aus mir jemanden gemacht, der diesem Inspektor irgendwann einmal die Pfeife aus der Schnauze schlagen muß.

Natürlich hat er eine Pfeife. Und einen unverwechselbaren Hut. Und ein kleines Auto, das man überall parken kann. Und eine Frau, die nicht ungeduldig oder ängstlich wird, wenn er auch die ganze Nacht nicht heimkommt. Und einen Irish Setter, der immer vor Ergebenheit winselt, wenn sein Herr im Morgengrauen heimkommt. Unser Freund kennt jeden Schritt, den der Inspektor tut, und jeden Freund, den er hat, und jeden Vorgesetzten und jeden Mitarbeiter.

Unser Freund ist, genaugenommen, sehr viel mehr hinter dem Inspektor her als der hinter ihm. Wir haben sogar neuerdings den Eindruck, daß er dem Inspektor Nachlässigkeit vorwirft. Der Inspektor kümmere sich zu wenig um ihn, sagt er dann. Wahrscheinlich handelt es sich nur um eine neue Kampfart, sagt er. Der Inspektor will mich provozieren. Leider kann unser Freund die Abstinenz des Inspektors nicht mit gleichem beantworten. Er redet über den Inspektor um so mehr, je weniger der sich um ihn kümmert. Wir sagen untereinander, also, wenn unser Freund nicht dabei ist: Der Inspektor hat gesiegt.

Hoffentlich, sagen wir, weiß er es nicht. Wir befürchten, daß unser Freund seine letzte Chance zerstört. Wenn er sich beherrschen könnte, wenn er dem Inspektor nicht auch noch nachlaufen würde, wenn er dem Zwang, andauernd über sein Verhältnis zum Inspektor reden zu müssen, ein wenig besser widerstehen könnte, dann wäre noch Hoffnung, daß der Inspektor nicht erführe, wie sehr er schon über unseren Freund gesiegt hat. Wenn er nämlich das einmal erfahren hat, geht er mit unserem Freund um, wie er will. Und daß er dann zu allem fähig ist, das wissen wir. Dafür gibt es Beispiele.

Wenn der Inspektor einmal weiß, daß er einen seiner Verfolgten soweit hat, dann merkt man erst, worauf es ihm ankommt. Er geht mit seinem Opfer dann ganz genauso um, wie die Katze mit der Maus. Er will sein Opfer nicht aus dem Sonnenlicht wegschaffen, er will es auch gar nicht erledigen. Er ist an nichts so interessiert wie an den Bewegungen seines Opfers. Wenn der Partner dann einfach liegen bleibt, gelähmt oder tot, auf jeden Fall zu keiner weiteren Bewegung mehr fähig, dann wird der Inspektor so tief betrübt wie die Katze,

wenn die Maus sich nicht mehr regt. Da hat man soviel für diese Maus getan. Hat nur spaßhaft zugebissen, hat sie mit eingezogenen Krallen von Pfote zu Pfote geworfen ... und was tut dieses tückische Ding, es legt sich hin, spielt nicht mehr mit, streikt, steigt aus, läßt einen allein zurück in einer Welt ohne jeden Reiz.
Das Verhältnis zwischen dem Inspektor und unserem Freund als eines von Katze und Maus zu sehen, ist mehr als legitim. Ist nicht auch die Maus ein Verbrecher eigener Art, zu dessen Verfolgung die Katze eingesetzt wird? Und trotzdem ist keiner von uns nur auf der Seite der Katze. Die Maus geht uns auf die Nerven, die Katze bewegt sich wunderbar. Aber das ist doch längst nicht alles! Man sehe, wie die Maus bewegungslos zwischen den wartenden Fängen der Katze liegt!
Eine Zeitlang war es ganz schlimm. Unser Freund rührte sich nicht mehr. Er sprach nur, wenn man ihn bat, endlich wieder einen Satz zu sagen. Wollte er so den Inspektor endgültig abschütteln? Wollte er, daß der Inspektor vor ihm auf die Knie falle und bitte, diesen Reizentzug und Lebensstreik einzustellen? Vielleicht war die Phase vollkommener Bewegungslosigkeit der Höhepunkt des Kampfes. Gelöst wurde die für uns Zuschauer, für uns Freunde so quälende Erstarrung durch den Inspektor. Er muß irgendwo eine neue Bewegung bemerkt haben. Eine junge Maus sozusagen. Einen hübschen jungen Verbrecher.
Unser Freund ist dem Inspektor, sobald der sich nicht mehr um ihn kümmerte, nachgelaufen, als sei er jetzt der Inspektor und der der Verbrecher. Der Inspektor sei in einen Tänzelschritt verfallen, seit er hinter dem jungen Kerl her ist. Das sehe aus, als bewundere er den,

den er verfolge. Er, unser Freund, habe am Anfang auch den Eindruck gehabt, der Inspektor sei hinter ihm her, weil er ihn bewundere. Daß er, unser Freund, nicht bewundert, sondern verfolgt werde, habe er erst viel später begriffen. Erst durch das Verfolgtwerden sei in ihm Gewissen erwacht. Vorher habe er sich für jung und hübsch und begabt gehalten. Erst allmählich habe er bemerkt, daß er verfolgt werde wie ein Verbrecher.
Inzwischen hat unser Freund die Verfolgung des Inspektors eingestellt. Jetzt sitzt er zu Hause und schwärmt von der Zeit, als der Inspektor noch hinter ihm her war. Das waren noch Zeiten. Es klingt jetzt, als sei es mehr ein Tanz gewesen als eine Verfolgung. Ein Tanz, der einem Ringkampf gleicht, aber doch ein Tanz bleibt. Unser Freund hält sich jetzt für besiegt. Der Inspektor hat das Interesse an ihm verloren. Das ist für einen, dem das Verfolgtwerden zum Lebensinhalt geworden ist, offenbar das Schlimmste.
Stundenlang läßt sich unser Freund über die Charakterlosigkeit und Minderwertigkeit des Inspektors aus; aber wenn einer von uns nur nickt dazu, verbittet er sich das und fängt an, den Inspektor gegen uns in Schutz zu nehmen. Unser Freund ist uns jetzt vollends unerträglich geworden. Wir wünschen uns, das Ende unseres Freundes möge rasch kommen und glimpflich sein.

Maximale Entblößung

Gestern abend bog unser Harry, anstatt an der Einbiegung zur Zar Peter-Straße auf uns zu warten, in die Zar Peter-Straße ein; ich hätte ihn zurückgepfiffen, aber meine Frau sagte, wir könnten bei unserem Abendspaziergang auch einmal die Zar Peter-Straße mitnehmen und dann oben über die Mylius auf unsere Route zurückkommen. Nur deshalb kamen wir an dem Haus vorbei, in dessen sechstem Stock der Inspektor wohnt; nur deshalb sahen wir durch die winterlich kahlen Büsche in das grüne, hell erleuchtete Souterrainbad hinein und sahen dort den Inspektor schwimmen. Ganz allein schwamm er da. offenbar ohne Ehrgeiz. Er schwamm fast in einem meditativen Stil. Oder soll ich sagen: er schwamm auf eine säuglingshafte Art triumphierend? Sein Kopf, eine ziemlich vollkommene Kugel, schwamm auf einem mystisch schimmernden Wasser. Meine Frau zog mich fort. Mir wäre es im Augenblick egal gewesen, wenn mich jemand beim Gaffen ertappt hätte. Da wir nun über den Inspektor sprachen, mußten wir auch über unseren Freund sprechen. Unser Freund ist auf eine für ihn quälende Weise an diesen Inspektor gebunden. Wie diese Bindung genau beschaffen ist, kapieren wir nicht. Wollen wir gar nicht kapieren. Irgend etwas Unwürdiges, nicht Verallgemeinernswertes muß dieser Bindung zugrunde liegen. Harry bog am Ende der Zar Peter-Straße nicht in die Mylius ein, sondern nach rechts in die Meßmer. Der wollte uns wohl eine neue Route vorschreiben. Von der

Meßmer bog er in die Augustin ein. Kluger Harry. Genialer Hund. Rotes Wundertier. Er rannte los. Bei Nummer 19 wartete er ungeduldig auf uns. Wir gingen durchs Tor und um das Haus herum. Auch die hinteren Parterrefenster waren dunkel. Harry fuhr mit seiner langen Schnauze an der Tür auf und ab. Ich drückte die Klinke nieder, Harry drängte sich hinein, rannte uns voraus ins Wohnzimmer. Die Luft war abstoßend. Wir rissen die Fenster auf. Unter unseren Sohlen splitterten Scherben. Auf dem Sofa lag unser Freund. Tot? Harry tastete ihn mit der Schnauze ab. Unser Freund drehte den Kopf, sah herauf, sah uns an, erkannte uns wahrscheinlich, drehte den Kopf schnell wieder weg. Das wiederholte sich. Das Herdrehen, jedesmal langsam, vorsichtig, als hoffe er noch, er habe sich getäuscht; das Wegdrehen, jäh, ängstlich, als könne er im Kissen Schutz suchen vor uns. Er behandelte uns als einen Alptraum, dem man durch Wegschauen und Augenschließen entkommen will. Wir fingen an, das Zimmer aufzuräumen, deckten ihn zu, machten Tee. Eine Stunde verging, bis er den ersten Ton herausbrachte. Wir waren nicht überrascht, als wir hörten, er habe wieder eine Runde mit dem Inspektor hinter sich. Sobald er den Haß gegen uns überwunden hatte, sagte er, er sei froh, daß wir gekommen seien. Natürlich tat es ihm weh, sich Zeugen ausgesetzt zu sehen, in dieser Lage. Er war wieder besiegt worden. Hereingelegt. Es war ausgegangen, wie es bisher jedes Mal ausgegangen war. Der Inspektor verkörperte sozusagen das Wirklichkeitsprinzip, gegen das man schlechterdings nicht siegen konnte. Man konnte nur versuchen, sich mit ihm zu harmonisieren. Wer das nicht vermochte, mußte sich eine Niederlage nach der anderen beibringen. Das hatte unser Freund uns oft genug auseinandergelegt. Aber auf sein Verhalten hatte, was er wußte, keinen Einfluß. Zuerst sagte er uns also, wie sehr er uns hasse, weil wir seinen Zustand durch unser Dasein sozusagen zur Erscheinung brächten. Solange er allein sei, sei er nicht der Kaputtgemachte, Geschlagene, Besiegte, Lächerliche, Lernunfähige! Kaum schauten wir ihn an, sei er der arme Erledigte. Aber, das gebe er zu, wenn er uns nicht sagen könnte, was ihm passiert sei, dann würde es ihn auch nicht mehr verlassen. Begonnen habe es diesmal am letzten Tag des Jahres, also vor zwei Monaten, als er durch das Viertel geschlendert sei. Am 31. Dezember sei er immer in einer grellen Laune. Was ihm vor die Füße komme, kicke er durch die Welt; Frauen schaue er an, daß er jedesmal erwarte, sie schmölzen unter seinem Blick; daß sie's so gut wie nie täten, durchziehe seine Laune dann mit immer mehr Grimm. Also gut, die Hände in den Taschen, die Ellbogen so eckig als möglich, sei er unregelmäßigen Schritts durchs Viertel gestreift, bis er plötzlich in der Aida-Straße von einer rötlich durchs Wintergesträuch schimmernden Villa gebannt worden sei. Gebannt, kein Zweifel. Und während er noch starre, habe ein Auto gehalten, ein Mann und eine Frau steigen aus, verschwinden durch das Türchen neben dem Tor und dann in der Villa. Die Villa liege auf einem Hügel, dem man seine Künstlichkeit auch achtzig oder hundert Jahre nach seiner Aufschüttung noch ansehe. Dieser Mann und diese Frau seien dann täglich kurz vor sechs mit ihrem Kleinauto gekommen. Er habe sie jetzt jeden Tag beobachtet. Jedesmal wenn sie wieder gegangen

waren, brannte in einem anderen Teil des Hauses ein Licht. Sie hatten offenbar den Auftrag, Bewohntheit vorzutäuschen. Der Mann und die Frau sprachen nie miteinander. Sie wirkten auf unseren Freund wie unglückliche Leute. Als er lange genug beobachtet hatte, wie die sich während der halben Stunde ihres täglichen Besuchs im Haus herumbewegten, betrat er, als sie im Haus verschwunden waren, auch einmal das Grundstück. Der Mann ging zuerst in den Keller, die Frau kontrollierte die Räume im Hochparterre und im ersten Stock. Unser Freund wartete, bis die zwei wieder herauskamen und stumm zur Straße hinuntergingen. Solange mehrere Lichter brannten, hatte er unter zwei Giebeln die Kästchen der Alarmanlage schimmern sehen. Von jetzt an arbeitete er täglich von sechs Uhr morgens bis fünf Uhr nachmittags an seinem Projekt. Um fünf Uhr brach er auf, wartete hinter einer Plakatsäule, bis die zwei kamen und drin waren, ging hinter ihnen her und beobachtete, ob ihre Kontrollgänge immer gleich verliefen oder ob mit Varianten zu rechnen sei. Der Mann war immer früher fertig als die Frau. Er setzte sich dann in die Küche und wartete, bis seine Frau unter der Küchentür erschien. Zusammen gingen sie, ohne je etwas miteinander zu sprechen, zu ihrem Kleinauto zurück.
Die größte Mühe bei den Vorbereitungen machte die Lektüre der chemischen Literatur. Bis man, wenn man ganz von vorne anfangen muß, überhaupt einmal in die richtige Richtung liest! Wie oft man erst nach hundert Seiten feststellt, daß in der Richtung nichts zu machen ist! Er könne nur sagen, daß er schon jetzt nicht mehr begreife, woher er die Kraft genommen habe, wochen-

lang täglich 16 bis 20 Stunden diese nichts in Aussicht stellende, aber immer alles verlangende Lektüre durchzuhalten. Daß er zu dergleichen nie mehr im Stand sein werde, sei absolut sicher. Eines Abends sei er hinter dem stummen unglücklichen Paar nicht nur auf das Grundstück, sondern ins Haus vorgedrungen und habe sich dort gleich unter der Treppe verborgen. Sobald die draußen waren, hinunter in den Keller, sämtliche Sicherungen gekippt, dann die Hülle des Kästchens abgeschraubt, in das die Leitungen der Alarmanlage führten. Jetzt, der erste große Triumphmoment: das Leitungshirn der Anlage in vielfarbigen und schönen Windungen im Licht seiner Taschenlampe. Er öffnet die mitgebrachte Mappe, holt die Thermosflasche heraus, stellt noch den kleinen Kunststoffeimer unter das Schaltzentrum, dann schüttet er sorgfältig das zerstoßene Eis auf die Kabelstränge in drei Farben, bis jede Leitung in einem Bett aus feinem Eiskies versunken ist. Jetzt die Hauptsache: er übergießt das Eisbett ganz vorsichtig mit der Säure, deren Herstellung ihm soviel Arbeit gemacht hat. Dann 24 Stunden warten, bis das wortlose Paar wieder kommt. Und zwar auf einem Stuhl, der neben der Treppe an der Wand steht. Die Zimmer waren wahrscheinlich alle unter elektronischer Kontrolle. Sobald er den Mann und die Frau kommen hört, duckt er sich wieder unter die Treppe, die in den ersten Stock führt und wartet, bis der Mann im Keller und die Frau droben ist, dann schlüpft er hinaus. Wenn er richtig gedacht hat, ist die Alarmanlage spätestens nach 10 Tagen tot. Dann kann die eigentliche Arbeit erst beginnen. Noch einmal kommt er ins Haus wie beim ersten Mal. Aber diesmal muß er nicht 24

Stunden auf einem ungepolsterten Stuhl sitzen, sondern geht, sobald das Paar gegangen ist, durch das Wohnzimmer in den Wintergarten. Er hat bemerkt, daß die Frau den Wintergarten kein einziges Mal betreten hat. Er öffnet eines der Fenster. Die Anlage reagiert nicht. Er atmet wieder regelmäßig. Hätte sie reagiert, wäre er hinausgerannt, zum Zaun, den er von einer bereitgestellten Kiste aus überwunden hätte. Er läßt das Fenster offen. Für alle Fälle. Möglicherweise hat der Stahlschrank noch eine Extraanlage, die er nicht entdeckt hat. Er geht zum Stahlschrank, setzt sich in einen Sessel. Eine Stunde sitzt er so im Dunkel. Dann knipst er die Taschenlampe an. Dann greift er nach dem Griff, in dem das Zahlenschloß untergebracht ist. Dann macht er die Taschenlampe aus, legt sie auf den Schrank. Eine Hand bleibt am Zahlenschloß. Die zweite Hand kommt dazu. Die Finger tasten auf den Unebenheiten der kleinen Stahlkränze, mit denen man die Sesam-Zahl herdrehen kann. Fünf Ziffern muß man drehen, bis man die Zahl hat. Vielleicht jagt er hinter einer blödsinnigen Idee her. Vielleicht hat er ein paar Wochen bis zur Erschöpfung gearbeitet, einfach weil er glaubte, er sei auf etwas gekommen, worauf noch keiner gekommen ist, und er sei nicht nur darauf gekommen, sondern auch im Stand, diesen kostbaren Einfall in eine fast unmöglich scheinende Praxis zu überführen. Er wird also jetzt die Kränze drehen. Und zwar mit einem unendlichen Fingerspitzengefühl. Er glaubt nämlich, daß die Ziffern, die zur Sesam-Zahl gehören, mechanisch ausgezeichnet seien vor den anderen im Kranz erscheinenden Ziffern. Natürlich nicht auf eine grobe Art. Vielleicht überhaupt nicht auf eine bemerkbare Art. Aber daß sie ausgezeichnet sein müssen, ist ja klar. Sie müssen auf eine andere Art einrasten als die Ziffern, die für die Sesam-Zahl bedeutungslos sind. Und er, ein Rechthaber des Gefühls, er bildet sich ein, das zu spüren, zu fühlen, wenn er die Drehkränze von Ziffer zu Ziffer gleiten läßt. Er wird an jedem Drehkranz bei einer Ziffer einen Ausschlag spüren. Oder einen Anschlag. Oder eine Hemmung. Auf jeden Fall einen Unterschied. Also, ausgeatmet, ausgeatmet, ausgeatmet, einatmen und langsam drehen. Noch schöner, als das Schalthirn in Eis und Säure zu betten, war es, mit seinen Fingern, bis zur Zweifellosigkeit sicher, die Ziffern-Stellungen zu erfühlen, aus denen die Sesam-Zahl bestand. Als er ganz sicher war, richtete er die Taschenlampe auf die Zahl: 28 329. Er drehte die zwei Griffe. Wer hat es denn gesagt! Die schwere Stahltür glitt heraus, er sah ins Innere. Aber da ging schon das Licht an und eine Stimme, die er ihres nasalen oder mönchshaften Singsangs wegen nur zu gut kannte, sagte: Bitte, erschrecken Sie nicht zu sehr. Ich kann es einfach nicht länger mit ansehen, wie Sie sich hineinsteigern. Tatsächlich frage ich mich jetzt, ob ich Sie so lange machen lassen durfte. Aber Sie waren wieder einmal so hingerissen von Ihrer Idee. Fast kann ich zu meiner Entschuldigung sagen, ich sei selber fasziniert gewesen von Ihrer Arbeit. Das wäre aber gelogen. Und lügen will ich Ihnen gegenüber nicht. Das ist nicht meines Amtes. So wenig wie fasziniert zu sein. Damit war's der Inspektor. Und wie der jetzt redet. Geradezu hemmungslos. Auf jeden Fall hoch erregt. Und er redet genau jene Sorte Sätze, die unser Freund glaubt, nicht ertragen zu können. Das seien Sätze, in denen nichts zum Ausdruck komme als eine schon vollkommene Unempfindlichkeit gegenüber allem, worauf das Dasein unseres Freundes sich wohl oder übel gründe. Nichts, aber auch wirklich gar nichts gelte dem die Geduld, die unser Freund aufgebracht habe; nichts die Kraft, die nötig war; nichts die Arbeit, die Chemie, die Technik, die Konzentration, das Feingefühl, alles einfach nichts, nichts, nichts. Unfaßbarer Weise gelte dem alles, wozu unser Freund seinem innersten Wesen nach überhaupt fähig sei, noch weniger als nichts. Von Anfang an hat er unseren Freund beobachtet und seinerseits geduldig gewartet, bis unser Freund den Augenblick der größten Entblößung erreicht hatte, den Augenblick der Tat eben. Den der nur von außen kennt! rief unser Freund. Was ist eine Tat anderes als eine Entblößung, sagte er, nur erträglich, wenn man allein ist. Sobald ein Zeuge dazukommt, beginnt die Unerträglichkeit. Und die äußerste Steigerung der Unerträglichkeit ist natürlich die Zeugenschaft des Inspektors. Von dem ertappt zu werden, das ist der Inbegriff der Erniedrigung. Trotzdem, sagte unser Freund, könne er, solange er so etwas vorbereite wie das in der rötlichen Villa, nicht an den Inspektor denken. Solange er arbeite, könne er davon, daß es außer ihm auch noch einen Inspektor gebe, keine Notiz nehmen. Nichts schließe einander so aus wie seine Arbeit und der Gedanke an den Inspektor. Es ist nur für eines Platz in seinem Kopf. Leider sei das in der Wirklichkeit anders. Deshalb komme es auch in Wirklichkeit ganz unvermeidlich zu der peinlichsten Szene: er wird von seinem Verfolger, ja, von seinem höchstpersönlichen Verfolger im allerschlimmsten Augenblick ertappt. Obwohl das also gar nicht anders sein könne als es wieder einmal war, habe er, unser Freund, es wieder einmal überhaupt nicht fassen können. Oh hätte er doch sofort den Inspektor begrüßt und gesagt, auf ihn habe er nur gewartet! Aber zu solchen Wendungen sei er in diesem Augenblick nicht fähig gewesen. Er habe gar nicht anders gekonnt, als den Triumph des Inspektors durch vollkommene Fassungslosigkeit ins Unendliche zu steigern. Er habe ja überhaupt nicht sprechen können in diesem Augenblick. Den Inspektor aber beflügle nichts so sehr wie die Fassungslosigkeit unseres Freundes. Da unser Freund doch offensichtlich überhaupt nicht begreife, wie es zu diesem Augenblick komme, freue sich der Inspektor, unserem Freund den Hergang so genau und genußvoll als möglich zu schildern. Das sei dann eben die übliche, gemeine Kriminalromanschlußrechnung, in der sich die eine Seite auf das Widerlichste auf Kosten der anderen spreize. Aber eben daran sei der pervers auf die Inspektorperspektive eingeschworenen Welt ja gelegen. Er habe, sagte also der Inspektor in jenem höheren Referierton, den er so penetrant gregorianisch durch den Raum zu schicken weiß, er habe unseren Freund Ende Dezember beobachtet, habe an dessen Bewegungen das überbordend Launische bemerkt, habe ihn auf die rötliche Villa starren sehen, also habe er geahnt, daß sich etwas zusammenziehe. Rechtzeitig habe er auch noch das Hausmeisterpaar über unseren Freund instruiert. Also er habe wirklich alles getan, unserem Freund zu Erfolgserlebnissen zu verhelfen. Auf sein eigenes Risiko sei die Alarmanlage abgeschaltet worden, nachdem unser Freund Eis und Säure in den Schaltkasten gegossen habe. Er, der Inspektor, habe doch geahnt, daß unser Freund auf diesen Chemieeinfall besonders stolz sei. Der Inspektor erzählt jetzt alles, was unser Freund für einen Erfolg auf dem Weg zum Enderfolg gehalten hatte, als eine Folge von Inspektor-Arrangements. Unser Freund tappte in der Inspektor-Erzählung nur als blinde Ratte in eine als Versuchsanordnung aufgebaute Falle des Inspektors. Aber wie, bitte, hat der Inspektor überhaupt entdecken können, daß unser Freund aus zehntausend oder hunderttausend Häusern ausgerechnet auf die rötliche Villa scharf ist? Der Inspektor beantwortet diese Frage, ohne daß sie gestellt wird. Alle Menschen seien berechenbar. Ein vernünftiger Inspektor aber gebe sich nur mit den allerberechenbarsten ab. Unser Freund habe auch jetzt nichts gesagt. Nicht einmal angeschaut habe er den Inspektor in diesem Augenblick. Obwohl er jetzt alles darum gegeben hätte, auch noch zu erfahren, wie er zu einer solchen Klippschulaufgabe des Inspektors geworden war, spürte er doch, daß er sich jetzt beherrschen mußte wie noch nie. Er mußte alle Kraft aufbieten, um nicht zu erfahren, wie einfach es der Inspektor mit ihm gehabt hatte. Um seiner Selbstachtung willen. Wenn noch etwas, was man so nennen konnte, in ihm übrig geblieben war. Um seiner Zukunft willen. Obwohl es im Augenblick nicht so aussah, als könne es so etwas noch geben. Er habe allerdings selber gespürt, sagte unser Freund, daß das Gesicht, das er dem Inspektor jetzt bot, einer rückhaltlosen Auslieferung gleichkam. Sollte der Inspektor mit ihm machen, was er wollte. So etwas drückte, das spürte er, sein Gesicht jetzt aus, auch wenn er sich mit dem letzten Rest von Kraft bemühte, dem Inspektor nicht in die Augen zu schauen. Er habe, sagte unser Freund, nicht einmal mehr entscheiden können, ob ihm eine Art der Vernichtung lieber sei als eine andere. Der Inspektor habe, von Freiheit förmlich umstellt, natürlich die schlimmstmögliche wählen müssen. Und zwar ohne jede Überlegung. Es war doch klar, habe der Inspektor gesagt, daß Sie das Haus des Mannes wählen würden, dessen Schwiegersohn Sie ebenso hartnäckig wie erfolglos zu werden versuchten. Bei Ihnen muß man wirklich nur wissen, was Sie probierten, bevor Sie fünfundzwanzig waren, dann weiß man, daß Sie ein Leben lang versuchen werden, die Mißerfolge jener Jahre zu korrigieren. Amelie Morser, sagte der Inspektor, Sie erinnern sich, nicht wahr? Unser Freund sagte, er habe das Gefühl gehabt, er werde auf der Stelle verglühen. Er hatte also offenbar vor sich selber erfolgreich verborgen, was er dem beobachtenden Inspektor demonstriert hatte. Er hatte geglaubt, in ihm sei nichts als die Neigung zur Sache am Werk. Er hatte sich rein als Tätigen erlebt.Ganz aufs Technische glaubte er sich reduziert. Ohne niederziehendes Motiv. Ohne Absicht. Natürlich, sagte der Inspektor, so sicher wie er sich jetzt gebe, sei er auch nicht, deshalb habe er den Schmucksafe ausräumen und das Kombinationsschloß ausschalten lassen. Das habe andererseits den Vorteil, daß unser Freund ja nichts aufgebrochen habe und nicht einmal verhaftet werden müsse. Dies sei auch im Sinne der Familie Morser. Ihm genüge die größtmögliche Beschämung, habe Herr Morser gesagt, als ihn der Inspektor angerufen habe. In Port of Spain. Wo die Morsers den Hochwinter verbringen. Er wolle sich nicht loben, habe der Inspektor gesagt, oder doch, er wolle sich jetzt doch auch einmal loben, er glaube, es sei ihm gelungen, alles einen rein pädagogischen Ausgang nehmen zu lassen. Das Hausmeisterehepaar sei natürlich nicht in ALLES eingeweiht worden, keine Angst. Es handle sich ohnehin um ein taubstummes Paar, das ganz kontaktlos lebe. Daß er diese beiden nicht auch noch Zeugen der größtmöglichen Beschämung habe werden lassen, habe der Inspektor so mitgeteilt, als müsse unser Freund ihm dafür dankbar sein. Unser Freund habe aber nichts gesagt. Er habe sich allmählich gewundert, daß der Inspektor ihm so waffenlos und allein und entspannt gegenüberstand in einem verlassenen Haus auf einem künstlichen Hügel, abends. Der Inspektor jetzt: Falls Sie sich für gefährlich halten, täuschen Sie sich. Aber Sie halten sich ja gar nicht für gefährlich, ich seh's. Übrigens, die Familie Morser komme in einer Woche aus der Karibik zurück. Also er hätte unseren Freund, wenn der jetzt nicht tätig geworden wäre, bald auch noch mahnen müssen, da er doch der Familie Morser vor nunmehr sechs Wochen versprochen habe, das zu Erwartende vor ihrer Rückkehr sowohl stattfinden als auch auf möglichst beschämende Weise nicht stattfinden zu lassen. Am besten gehen Sie jetzt, sagte der Inspektor. Unser Freund sei gegangen. Ich gebe die Hoffnung nicht auf, merken Sie sich das, habe der Inspektor ihm nachgerufen. Eigenartigerweise, nein, furchtbarerweise habe ihn, als er die Villa verließ, ein Gefühl erfüllt, das er wohl Glück nennen müsse. Weil er spürte, daß er dazugehörte. Er war überhaupt nicht allein. Wir, seine letzten Freunde, seien doch hoffentlich nicht . . . nicht eifersüchtig, weil er wieder einmal so mit dem Inspektor in Berührung gekommen sei. Gesucht habe er sie nicht, diese Berührung, das sollten wir ihm glauben. Doch, vielleicht habe er sie sogar gesucht. Aber er habe sie sich wieder einmal völlig anders vorgestellt. Wie, das werde er nicht auch noch gestehen. Aber eines schönen Tages . . . Er verstummte. Wir verabschiedeten uns. Es schien nicht nur möglich, sondern geraten. Diskutieren wollten wir nicht mit ihm. Nicht dieses Thema. Harry, der uns hergeführt hatte, wartete schon ungeduldig auf den Aufbruch. Wir gingen durch die Zar Peter-Straße zurück. Harry wollte es so. Wir wollten es auch. An der Stelle, von der aus man in die kleine grüne Schwimmhalle hinabschauen kann, blieben wir stehen. Da drin schwamm, jetzt auf dem Rücken, der Inspektor. In dem pathetisch blassen Gesicht des sanften Schwimmers leuchteten die großen Lippen wie eine Frucht. Wollte man dieser Frucht einen Namen geben, dann den: Triumph.

Copyright-Nachweise und bibliographische Angaben

In Buchform erschienen:

Ein Flugzeug über dem Haus. Ich suchte eine Frau. Der Umzug. Die Klagen über meine Methoden häufen sich. Die Rückkehr eines Sammlers. Was wären wir ohne Belmonte. Templones Ende. Die letzte Matinee
Unter dem Titel: *Ein Flugzeug über dem Haus*
Copyright 1955 by Suhrkamp Verlag Frankfurt am Main

Mein Riesen-Problem. Nachruf auf Litze. Mitwirkung bei meinem Ende. Bolzer, ein Familienleben. Rohrzucker. Ein schöner Sieg. Eine unerhörte Gelegenheit. Nach Siegfrieds Tod
Unter dem Titel: *Lügengeschichten*
(c) Suhrkamp Verlag Frankfurt am Main 1964

Die *Gesammelten Geschichten* erschienen erstmals innerhalb des Weißen Programms im Suhrkamp Verlag Frankfurt am Main 1983

Erstmals in Zeitungen, Zeitschriften und Anthologien erschienen:

Fingerübungen eines Mörders. In: Akzente, 1961. Heft 5
Ein Angriff auf Perduz. In: Texte und Zeichen, Mai 1956. 2. Jahrgang. 3. Heft
Die Rede des vom Zuschauen erregten Gallistl ... In: Literatur Konkret, Hamburg, Herbst 1969
Erlebnis. In: Die Zeit, 17. 10. 1969. Nr. 42
Der Wurm. In: Prosa 60. 26 Erzählungen aus unserer Zeit. Berlin 1960
Eigentlich müßte immer Post da sein. In: Auf den Spuren der Zeit. Herausgegeben von R. Schroers. München 1959
Die Entdeckung des idealen Punktes. In: Stuttgarter Zeitung, 31. 12. 1977. Nr. 302

Annemaries Geschichte. In: Die Zeit, Zeitmagazin 44, 27. 10. 1978

Selbstporträt als Kriminalroman. In: Frankfurter Allgemeine Zeitung, 14. 10. 1978, Nr. 227

Bisher unveröffentlichte Geschichten, die in den Jahren 1960-1966 und 1981 entstanden sind:

Bericht eines Besuchers. Ich als Malteser. Der Halbierer. Maximale Entblößung

Inhalt

Bibliothek Suhrkamp

Verzeichnis der letzten Nummern

684 Robert Walser, Kleine Dichtungen
685 Reinhold Schneider, Verhüllter Tag
688 Hans Carossa, Führung und Geleit
689 Ferdinand Ebner, Das Wort und die geistigen Realitäten
690 Hugo Ball, Zur Kritik der deutschen Intelligenz
695 Gertrude Stein, Ida
696 Odysseas Elytis, Ausgewählte Gedichte
697 Wisława Szymborska, Deshalb leben wir
699 Machado de Assis, Dom Casmurro
700 Peter Weiss, Abschied von den Eltern
701 Wladimir Tendrjakow, Die Abrechnung
702 Ernst Weiß, Der Aristokrat
703 Christian Wagner, Gedichte
704 August Strindberg, Plädoyer eines Irren
706 Ernst Penzoldt, Zugänge
707 Mercè Rodoreda, Reise ins Land der verlorenen Mädchen
709 Yasushi Inoue, Das Tempeldach
710 Bertolt Brecht, Mutter Courage und ihre Kinder
712 J. Rodolfo Wilcock, Das Buch der Monster
715 Bohumil Hrabal, Schneeglöckchenfeste
716 Michel Leiris, Lichte Nächte und mancher dunkle Tag
717 Colette, Diese Freuden
718 Heinrich Lersch, Hammerschläge
719 Robert Walser, An die Heimat
720 Miguel Angel Asturias, Der Spiegel der Lida Sal
721 Odysseas Elytis, Maria Nepheli
722 Max Frisch, Triptychon
724 Heinrich Mann, Professor Unrat
726 Bohumil Hrabals Lesebuch
727 Adolf Muschg, Liebesgeschichten
728 Thomas Bernhard, Über allen Gipfeln ist Ruh
729 Wolf von Niebelschütz, Über Barock und Rokoko
730 Michail Prischwin, Shen-Schen
732 Heinrich Mann, Geist und Tat
733 Jules Laforgue, Hamlet oder die Folgen der Sohnestreue
734 Rose aus Asche
736 Jarosław Iwaszkiewicz, Drei Erzählungen
737 Leonora Carrington, Unten
738 August Strindberg, Der Todestanz
739 Hans Erich Nossack, Das Testament des Lucius Eurinus
741 Miguel Angel Asturias, Der Böse Schächer
742 Lucebert, Die Silbenuhr

743 Marie Luise Kaschnitz, Ferngespräche
744 Emmanuel Bove, Meine Freunde
745 Odysseas Elytis, Lieder der Liebe
746 Boris Pilnjak, Das nackte Jahr
747 Hermann Hesse, Krisis
748 Pandelis Prevelakis, Chronik einer Stadt
749 André Gide, Isabelle
750 Guido Morselli, Rom ohne Papst
752 Luigi Malerba, Die Entdeckung des Alphabets
753 Jean Giraudoux, Siegfried oder Die zwei Leben des Jacques Forestier
754 Reinhold Schneider, Die Silberne Ampel
755 Max Mell, Barbara Naderer
756 Natalja Baranskaja, Ein Kleid für Frau Puschkin
757 Paul Valery, Die junge Parze
758 Franz Hessel, Heimliches Berlin
759 Bruno Frank, Politische Novelle
760 Zofia Romanowiczowa, Der Zug durchs Rote Meer
761 Giovanni Verga, Die Malavoglia
762 Roland Barthes, Am Nullpunkt der Literatur
763 Ernst Weiß, Die Galeere
764 Machado de Assis, Quincas Borba
765 Carlos Drummond de Andrade, Gedichte
766 Edmond Jabès, Es nimmt seinen Lauf
767 Thomas Bernhard, Am Ziel
768 Ödön von Horváth, Mord in der Mohrengasse / Revolte auf Côte 3018
769 Thomas Bernhard, Ave Vergil
770 Thomas Bernhard, Der Stimmenimitator
771 Albert Camus, Die Pest
772 Norbert Elias, Über die Einsamkeit der Sterbenden in unseren Tagen
773 Peter Handke, Die Stunde der wahren Empfindung
774 Francis Ponge, Das Notizbuch vom Kiefernwald / La Mounine
775 João Guimarães Rosa, Doralda, die weiße Lilie
776 Hermann Hesse, Unterm Rad
777 Lu Xun, Die wahre Geschichte des Ah Q
778 H. P. Lovecraft, Der Schatten aus der Zeit
779 Ernst Penzoldt, Die Leute aus der Mohrenapotheke
780 Georges Perec, W oder die Kindheitserinnerung
781 Clarice Lispector, Die Nachahmung der Rose
782 Natalia Ginzburg, Die Stimmen des Abends
783 Victor Segalen, René Leys
785 Uwe Johnson, Skizze eines Verunglückten
786 Nicolás Guillén, Ausgewählte Gedichte
787 Alain Robbe-Grillet, Djinn
788 Thomas Bernhard, Wittgensteins Neffe

789 Vladimir Nabokov, Professor Pnin
790 Jorge Luis Borges, Ausgewählte Essays
791 Rainer Maria Rilke, Das Florenzer Tagebuch
792 Emmanuel Bove, Armand
793 Bohumil Hrabal, Bambini di Praga
794 Ingeborg Bachmann, Der Fall Franza/Requiem für Fanny Goldmann
795 Stig Dagerman, Gebranntes Kind
796 Generation von 27, Gedichte
797 Peter Weiss, Fluchtpunkt
798 Pierre Loti, Aziyadeh
799 E. M. Cioran, Gevierteilt
800 Samuel Beckett, Gesellschaft
801 Ossip Mandelstam, Die Reise nach Armenien
802 René Daumal, Der Analog
803 Friedrich Dürrenmatt, Monstervortrag über Gerechtigkeit und Recht
804 Alberto Savinio, Unsere Seele/Signor Münster
805 Henry de Montherlant, Die Junggesellen
806 Ricarda Huch, Lebenslauf des heiligen Wonnebald Pück
807 Samuel Beckett, Drei Gelegenheitsstücke
808 Juan Carlos Onetti, So traurig wie sie
809 Heinrich Böll, Wo warst du, Adam?
810 Guido Ceronetti, Das Schweigen des Körpers
811 Katherine Mansfield, Meistererzählungen
812 Hans Mayer, Ein Denkmal für Johannes Brahms
813 Ogai Mori, Vita sexualis
814 Benito Pérez Galdós, Miau
815 Gertrud Kolmar, Gedichte
816 Rosario Castellanos, Die neun Wächter
817 Bohumil Hrabal, Schöntrauer
818 Thomas Bernhard, Der Schein trügt
819 Martin Walser, Ein fliehendes Pferd
820 Gustav Januš, Gedichte
821 Bernard von Brentano, Die ewigen Gefühle
822 Franz Hessel, Der Kramladen des Glücks
823 Salvatore Satta, Der Tag des Gerichts
824 Marie Luise Kaschnitz, Liebe beginnt
825 John Steinbeck, Die Perle
826 Clarice Lispector, Der Apfel im Dunkel
827 Bohumil Hrabal, Harlekins Millionen
828 Hans-Georg Gadamer, Lob der Theorie
830 Jacques Stéphen Alexis, Der verzauberte Leutnant
831 Gershom Scholem, Judaica 4
832 Elio Vittorini, Erica und ihre Geschwister
833 Oscar Wilde, De Profundis
834 Peter Handke, Wunschloses Unglück

835 Ossip Mandelstam, Schwarzerde
836 Mircea Eliade, Dayan / Im Schatten einer Lilie
837 Angus Wilson, Späte Entdeckungen
838 Robert Walser, Seeland
839 Hermann Hesse, Sinclairs Notizbuch
840 Luigi Malerba, Tagebuch eines Träumers
841 Ivan Bunin, Mitjas Liebe
842 Jürgen Becker, Erzählen bis Ostende
843 Odysseas Elytis, Neue Gedichte
844 Robert Walser, Die Gedichte
845 Paul Nizon, Das Jahr der Liebe
846 Félix Vallotton, Das mörderische Leben
847 Clarice Lispector, Nahe dem wilden Herzen
849 Ludwig Hohl, Daß fast alles anders ist
850 Jorge Amado, Die Abenteuer des Kapitäns Vasco Moscoso
851 Hermann Lenz, Der Letzte
852 Marie Luise Kaschnitz, Elissa
853 Jorge Amado, Die drei Tode des Jochen Wasserbrüller
854 Rudyard Kipling, Das Dschungelbuch
855 Alexander Moritz Frey, Solneman der Unsichbare
856 Kobo Abe, Die Frau in den Dünen
857 Thomas Bernhard, Beton
858 Felisberto Hernández, Die Hortensien
860 Juije Trifow, Zeit und Ort
861 Shen Congwen, Die Grenzstadt
862 Ogai Mori, Die Wildgans
863 Karl Krolow, Im Gehen
865 Gertrud von le Fort, Die Tochter Farinatas
866 Joachim Maass, Die unwiederbringliche Zeit
867 Stanisław Lem, Die Geschichte von den drei geschichtenerzählenden Maschinen des Königs Genius
868 Peter Huchel, Margarethe Minde
869 Hermann Hesse, Steppenwolf mit 15 Aquarellen von Gunter Böhmer
870 Thomas Bernhard, Der Theatermacher
871 Hans Magnus Enzensberger, Der Menschenfreund
872 Emmanuel Bove, Bécon-les-Bruyères
873 Max Frisch, Biografie: Ein Spiel, Neue Fassung 1984
874 Anderson/Stein, Briefwechsel
875 Rafael Sánchez Ferlosio, Abenteuer und Wanderungen des Alfanhui
877 Franz Hessel, Pariser Romanze
878 Danilo Kiš, Garten, Asche
879 Hugo von Hofmannsthal, Lucidor
880 Adolf Muschg, Leib und Leben
882 Max Frisch, Blaubart
888 Thomas Bernhard, Ritter, Dene, Voss

Bibliothek Suhrkamp

Alphabetisches Verzeichnis